生活因阅读而精彩

 生活因阅读而精彩

汉武帝秘史

边锋 ◎ 著

中国华侨出版社

图书在版编目(CIP)数据

汉武帝秘史/边锋著.—北京:中国华侨出版社,2014.6

("翰林书院"帝王史系列)

ISBN 978-7-5113-4693-3

Ⅰ.①汉… Ⅱ.①边… Ⅲ.①汉武帝(前156~前87)-传记 Ⅳ.①K827=341

中国版本图书馆CIP数据核字(2014)第113411号

"翰林书院"帝王史系列:汉武帝秘史

著　　者 / 边　锋
责任编辑 / 棠　静
责任校对 / 孙　丽
经　　销 / 新华书店
开　　本 / 787毫米×1092毫米　1/16　印张/20　字数/256千字
印　　刷 / 北京军迪印刷有限责任公司
版　　次 / 2014年8月第1版　2020年5月第2次印刷
书　　号 / ISBN 978-7-5113-4693-3
定　　价 / 68.00元

中国华侨出版社　北京市朝阳区静安里26号通成达大厦3层　邮编:100028

法律顾问:陈鹰律师事务所

编辑部:(010)64443056　　64443979

发行部:(010)64443051　　传真:(010)64439708

网址:www.oveaschin.com

E-mail:oveaschin@sina.com

总序

滚滚长江东逝水,浪花淘尽英雄。是非成败转头空。青山依旧在,几度夕阳红。白发渔樵江渚上,惯看秋月春风。一壶浊酒喜相逢。古今多少事,都付笑谈中。

这首词是明代杨慎《说秦汉》的开场词,深沉悲壮,意境高远。后来罗贯中将其收入《三国演义》,更被广为传诵。

虽为《说秦汉》的开场词,但作者的视野却没有局限在秦汉两代上,而是高屋建瓴地从历史事件和人物经历中,概括出一些始终能让人产生共鸣的思想感情,比如"空"。古来多少英雄是非成败,犹如大浪淘沙转眼成空。字里行间抒发了对历史变迁、英雄故去的感慨:无数英雄豪杰长眠地下之后,生前的所有是非得失、荣辱成败又有什么意义呢?在横亘古今的"青山"面前,"夕阳红"不过是人生短暂的美好时光而已。一个"空"字,无限感慨,几多惋惜,尽在其中。

本序言为何以这阕词为引子?是因为笔者认为这阕词可称为"史论"。它综观历代兴亡盛衰,以英雄豪杰的成败得失抒发感慨,体现了一种旷达超脱的人生观和历史观。在这种人生观和历史观指导下,我们认识和了解本套书的诸多帝王才更有宏观感和穿透力。

中国正统朝代的皇帝,加上一些农民起义建立的政权,皇帝总数不少于四百位!如何在这么多君王中选出十二个,实在不是简单的事。丛书撰写组最终在名气、正史、评价等综合因素考虑下,遴选出了如下十二位帝王,作为"帝王秘史"

的第一辑。这十二位帝王分别是：

　　统一六国，结束战国乱世的秦始皇嬴政；

　　起于亭长，击败西楚霸王项羽的汉高祖刘邦；

　　平定内乱，北击匈奴的汉武帝刘彻；

　　统一北方，奠定魏国基业的魏武帝曹操；

　　一统华夏，被西方称为"中国最伟大皇帝"的隋文帝杨坚；

　　文武双全，堪称帝王典范的唐太宗李世民；

　　毁誉参半的历史上唯一一位女皇帝武则天；

　　弯弓射雕，横扫欧亚的一代天骄成吉思汗；

　　乞丐出身，推翻元朝残暴统治的明太祖朱元璋；

　　开创明朝辉煌时代的明成祖朱棣；

　　南征北战，在位61年的康熙皇帝玄烨；

　　在位60年，有"十全老人"美称的乾隆皇帝弘历。

　　这十二位帝王，毫无疑问都开创或推动了一个时代的文明与繁盛。无论是时势造英雄，还是英雄改变时代，他们都是华夏星空中熠熠生辉的历史"明星"。本丛书的每一分册，都在有限而真实的史料基础上，以生动的语言和独特的视角，叙写他们百转千回、波澜壮阔的一生，展示了他们的成功与失败、高潮与低谷、坚定与疑惑、气魄与迷茫……

　　每位帝王都曾抒写过一段历史，或雄壮或悲戚，给后人无穷的想象和感叹。你可以击节，可以唏嘘，更可以和篇首那阕词中通晓古今、豁达潇洒的"白发渔樵"一样，把古今多少英雄的是非恩怨、成败荣辱都化作可助酒兴的谈资，纵论古今、品评人物，笑谈之中，人生不亦乐哉！

　　是为序。

目录
Contents

上篇　惊蛰

第一章／梦日入怀
　　东宫易主　　　　　　　　　　003
　　王娡的野心　　　　　　　　　008
　　窦太后的如意算盘　　　　　　015
　　梁王之乱　　　　　　　　　　019
　　清除障碍　　　　　　　　　　025

第二章／皇帝的忧患
　　"海选"人才　　　　　　　　　034
　　董仲舒献策　　　　　　　　　039
　　窦婴封相　　　　　　　　　　043
　　皇权旁落　　　　　　　　　　047
　　歌女卫子夫　　　　　　　　　051
　　上林苑　　　　　　　　　　　056
　　漫长的等待　　　　　　　　　061

第三章 / 瓦解外戚

田蚡拜相　　　　　　　066
社稷重臣　　　　　　　069
灌夫使酒骂座　　　　　074
窦婴之死　　　　　　　080

中篇　鼎盛

第四章 / 国家意志

忍辱负重和亲路　　　　087
王恢成了替罪羊　　　　091
唐蒙通夜郎　　　　　　098
从"金屋"到"长门"　　102
卫青崭露锋芒　　　　　109
时来运转的老儒生　　　113

第五章 / 朝堂上下，云谲波诡

"推恩"背后的意图　　119
朔方初成　　　　　　　126
郭解灭族　　　　　　　131
主父偃逼死两王　　　　136
漫漫归途　　　　　　　142
公孙弘的野心　　　　　147

第六章　决胜千里，运筹帷幄

卫氏荣光　　　　　　　　　　154
骠骑将军霍去病　　　　　　　160
浑邪王归降　　　　　　　　　167
"飞将军"的末路　　　　　　　170
"胎死腹中"的叛乱计划　　　　176
北方有佳人　　　　　　　　　188

第七章　内政的改革

"儒式"强权　　　　　　　　　192
十大酷吏　　　　　　　　　　197
长史斗张汤　　　　　　　　　203
桑弘羊的"金算盘"　　　　　　209

第八章　兵锋向南国

张骞再次出使西域　　　　　　215
天威赫赫　　　　　　　　　　219
战火烧向朝鲜　　　　　　　　226
公主出塞　　　　　　　　　　230
千里征大宛　　　　　　　　　234
坚贞的苏武　　　　　　　　　241
李家的耻辱　　　　　　　　　247

下篇　暮色

第九章 / 寻仙问药，方士得宠
　　崇神敬鬼　　　　　　　　　　255
　　"文成将军"招魂　　　　　　　260
　　驸马栾大　　　　　　　　　　262
　　三临东海　　　　　　　　　　265

第十章 / 父子相残巫蛊祸
　　祸起　　　　　　　　　　　　270
　　子不类父　　　　　　　　　　274
　　惑乱朝纲　　　　　　　　　　278
　　难以弥补的遗憾　　　　　　　284

第十一章 / 垂暮不忘谋身后
　　轮台罪己诏　　　　　　　　　289
　　储君位的角逐　　　　　　　　293
　　钩弋"悲歌"　　　　　　　　296
　　顾托得人　　　　　　　　　　299
　　千秋功过　　　　　　　　　　304

第一章 / 梦日入怀

东宫易主

汉景帝七年（前150），一个原本极其普通的日子，在肃穆的汉宫之中，景帝突然将手中的奏疏丢在地上，拍案而起，愤然道："把大行给朕找来！这是他管的事吗！"

大行并非是个人名，而是一个官名，是大汉时期外朝专门管礼仪的官。大行的奏疏之中究竟写了什么大逆不道的事情，才让景帝如此勃然大怒呢？实际上，这奏疏之中不过是奏请了一个在众人看来似乎都顺理成章的事情罢了——请求景帝册封太子刘荣的生母栗姬为后。

众所周知，古代的皇位继承制度主要是嫡长子继承制，该制度的确立要追溯到殷商时期。在尧、舜、禹时代，皇位的继承主要是禅让制，由皇帝选出有能力的人作为自己的继承者，直到大禹的儿子启子承父业，才开启了以世袭制为主体的皇位继承制度。进入商朝，王位的继承有两种方式，一是"兄终弟及"，二是"父死子继"，其中又以前者为主。后来到了周朝，周公姬旦在前者的经验上经过创新，建立了以嫡长子为主的宗法制度，确立了嫡长子的核心地位。此后，到了秦汉时期，皇权日益发展，尤其是在皇室之中，真正占据统治地位的永远是"君统"而非"宗统"。因此，事实上，无论是皇室家族还是诸侯贵胄，真正具备发言权的人始终是一家之长。在皇室家族之中，一家之长自然就是皇帝。所以说，皇帝在选择继承人的问题上几乎具备完全的自主权。

虽然皇帝完全可以凭借自己的好恶来选择将来的继承人，但在一般情况下，立储问题首先要考虑的还是嫡长子。汉景帝的皇后薄氏没有儿子，因此"立嫡"成为了不可能的事情，故而作为皇长子的刘荣才有幸得封为太子，而其生母栗姬也"母凭子贵"，成为了皇后的"热门候选人"。

无子是宫闱斗争之中的致命伤，即便是皇后，若是无子，也无法确保自己的地位。就在皇长子刘荣被册封为太子之后不久，薄皇后的靠山薄太后去世，景帝便以无子为由废黜了这个自己一直不喜欢的薄皇后，从此后位空缺。到如今，刘荣已经被立为太子 3 年了，景帝却似乎一直无意立栗姬为后。

中国历来是母凭子贵，故而，这大行所上的奏疏似乎也合情合理，却不曾想到，竟激起了景帝排山倒海的愤怒。这一怒，在大汉王朝掀起了一阵惊涛骇浪。景帝一拍案，立即废黜了向来并无重大过失的太子刘荣，甚至一不做二不休，将栗姬在朝野之中的亲属尽数处死，断绝了栗姬母族在朝廷中的势力。而那个点起火头的倒霉大行，自然也就这样糊里糊涂地搭进了自己的脑袋。

诏书一下，朝野震动，年轻的刘荣甚至不明白自己究竟做错了什么，便被父皇赶出了长安，远赴那个陌生的南郡江陵，做了第二任临江王。对于"临江王"这个位子，刘荣心中总是埋藏着一些不安的。第一任临江王是刘荣的弟弟刘阏，在刘荣被废黜太子之位的前一年，刘阏便离世了。如今被贬谪之后，他竟接替了这个位子，始终有些不吉利。但尽管如此，刘荣的命运却不由得自己来左右。

废太子是件天大的事情，太子刘荣并无大过，突然被废，许多朝臣自然心中为其感到不平。但敢于直接与景帝唱对台戏，公然反对废黜太子的，只有两个德高望重的大臣，一个是窦婴，另一个则是一代名将周亚夫。

这窦婴乃是汉文帝皇后窦氏堂兄的儿子，曾因助景帝平定吴楚七国之乱而得以封侯，此后又被景帝任命为太子刘荣的老师。刘荣无辜被废，窦婴自然站出来反对，结果多次争辩之下也未能改变景帝的主意。窦婴一气之下竟推说自己身体不好，到了一个叫作南山的地方开始"隐居"，成天摆弄些花花草草，任谁来劝说都坚决不上朝，和景帝展开了消极对抗。

一直住了好几个月之后，窦婴的一个门客高遂前来探望他。高遂向窦婴陈述了利害，他说："在当今世上，能够让你获得权力和富贵的人是谁？是皇上！那最亲信你的人是谁呢？当然是太后！你是太子的老师，太子被废了，你做什么都没法阻止，也总不能因此就去殉职。现在好了，你采取消极对抗，不去上朝，这不是明摆着在责怪皇上吗？之前你已经得罪了太后，现在又得罪了皇上，等他们都恨透了你的时候，你和你的家族岂不是要惹上大麻烦了吗？"

这高遂的一番话确实是交心交底实实在在的话，也让窦婴顿时惊出了一身冷汗，这执拗的劲儿顿时过去了，这才赶紧再次回朝。可见，这窦婴也是有头脑的人，但耿直率性的脾气终究难以在朝堂之上安身立命。司马迁的《史记》里就评价窦婴"任侠，自喜"，《汉书》中也曾说他"侠，喜士"，而这个贵公子在文、景、武三朝的起起落落，也正与他率性妄为的个性脱不了干系。

窦婴反对景帝废太子情有可原，毕竟他是太子的老师，与太子有师徒之情存在，但周亚夫与太子却是毫无干系，却又为什么愿意不顾一切地为他说话呢？

唐朝诗人胡曾有一诗云："文帝銮舆劳北征，条侯此地整严兵。辕门不峻将军令，今日争知细柳营。"此诗中的条侯指的正是一代名将周亚夫，而诗中所描述的正是周亚夫与汉文帝之间一段流芳百世的故事。

汉文帝时期，为阻匈奴进犯，文帝调拨了三支军队，分别屯于灞上、棘门以及细柳，屯于细柳营的正是周亚夫的军队。为鼓舞士气，汉文帝御驾亲临，视察三军。视察灞上以及棘门军营的过程都非常顺利，无论是将领还是士兵都对文帝的亲临欢欣鼓舞。但当文帝一行来到细柳营之际，却遭到了冷遇。

汉文帝的先导部队率先到达了细柳营，向众士兵传递了消息，告诉他们："皇上亲自来犒劳你们啦！"可是谁知道士兵们却全然没有反应，甚至不允许先导部队进入军营。即便是他们将好话说尽了，细柳营却依然大门紧闭。万般无奈之下，还是汉文帝派人拿了信物去做证明，才总算是"敲"开了细柳营的大门。一进入营中，士兵们不仅没有一派欢欣鼓舞的气象，反而对文帝的队伍诸多告诫，例如骑马不能超速。到了将军营帐，周亚夫则依旧一身戎装，边拜见文帝边解释自己戎装在身，无法行跪拜礼。汉朝时候的戎装包裹十分严密，除了露出眼睛和双手之外，其余各处都包裹着硬邦邦的铠甲，所以周亚夫身着戎装，也确实难以向汉文帝行大礼。

三军检阅完毕之后，随行的众人都开始对周亚夫有所不满，认为他极其傲慢，但唯独文帝却对他甚是欣赏，一出军营便感慨："这才是真正的大将啊！灞上和棘门的军营与细柳营相比，一次偷袭或许就可攻破。但唯独细柳营，真是固若金汤，无人可以撼动啊！"

细柳营之会使得周亚夫为汉文帝所器重。文帝在临终之际甚至嘱咐景帝，若国家急难，起用周亚夫。此后，周亚夫助景帝平定吴楚七国叛乱，官拜丞相。从细柳营之会中便可看出，周亚夫此人作风严谨，秉章办事，不擅长曲意逢迎，也是个耿直性子，刚烈不阿，所以，他挺身而出维护太子，缘由十分简单：太子无大过错，绝不能轻易废黜！殊不知，周亚夫此举已经开始一步步将自己推向了深渊之中，景帝对他的器重和信任也在一点一点瓦解崩离。

此前说过，太子刘荣并不曾犯下什么大过错。作为父亲的第一个儿子，刘荣在景帝心目中应当有着无可取代的地位。而刘荣的母亲栗姬也应是备受荣宠的，据记载，景帝的前三个儿子都是栗姬所生。既然如此，那么究竟又是怎样的内情，使得汉景帝对自己曾挚爱的妻儿如此翻脸无情？这一切还要着眼于大汉皇室里风起云涌的宫闱斗争。

王娡的野心

要说这大汉皇室里的宫闱斗争，不得不提到一个非常关键的女人，这个女人名叫臧儿。想当年楚霸王项羽曾分封十八路诸侯王，其中燕王名为臧荼，而这个臧儿正是燕王臧荼的亲孙女。后来，臧荼曾先降汉朝，此后却又起兵造反，被刘邦大举镇压，臧氏家族从此消亡了。臧儿命大，侥幸活了下来，嫁给了一个叫作王仲的人。此后她还生了三个孩子，一男二女，男孩取名王信，女孩一个取名为王娡，一个取名为王儿姁。原本他们的日子过得还算安逸，但好景不长，臧儿的丈夫王仲很快就病逝了。失去丈夫以后，臧儿即刻改嫁去了长陵田家。臧儿不多久就给田家添了两个男丁——田蚡和田胜。

懂得为自己打算的臧儿自然也要积极地为女儿打算。大女儿王娡刚到了适婚年龄，臧儿就千挑万选为她选了一个金龟婿金王孙，并顺利将女儿嫁了过去。后来没多久，臧儿遇到了一个算命先生。这算命先生给臧儿卜了一卦，告诉她说："你的两个女儿将来都是大富大贵之人！"

算命先生的一席话激起了臧儿内心中一直深藏的"光复臧氏家族昔日荣光"的梦想。臧儿顿时深信，能够实现自己梦想的正是两个如花似玉的女儿。

此时，大女儿王娡已经和金王孙生了一个女儿，但臧儿却始终觉得不满足。在她看来，女儿的大富大贵命是金王孙这一介平民所承担不起的，于是她做了一个非常大胆的决定：让王娡和金王孙离婚！

在当时的汉朝，妇女离婚、寡妇再嫁并不是什么稀奇的事儿。《汉书·陈平传》里就记载说："户牖富人张负，有女孙，五嫁夫辄死，人莫敢娶，平欲得之。"一个女人嫁了五次，最终只要有合适的人选，依然可以再嫁，可见在当时的社会，女性从一而终的贞操观念还并未深入人心。也正因为如此，臧儿才敢果断地将女儿从金王孙家夺回来，为她另觅佳婿。

　　这段婚姻之所以能够结束，最关键还是在于王姁身上。虽说"母命大如天"，但若是王姁自己不愿意，臧儿也是拿她没办法的。但王姁却愿意了，抛夫弃女离开了金王孙家。很快，臧儿先后将两个女儿都送入了太子宫中。在臧儿眼中，唯有皇家威仪能够匹配得上女儿大富大贵之命！

　　虽然说汉代社会对妇女再嫁是非常宽容的，但也绝不可能让一个有过婚史的妇人进入太子的宫室。《后汉书·后妃序》里曾有过一段关于选妃的记载："汉法，常因八月算人，遣中大夫与掖庭丞及相工，于洛阳乡中阅示良家童女，年十三以上，二十以下，姿色端丽，合相法者载还后宫，择视可否，乃用登御。"按照汉法，在秋季的时候差不多皇室就要开始选美了。选美的时候，除了专门的官员以外，还有懂得相面算命的人随行。这些人将会去乡中挑选那些还未出阁的童女，也就是处女，但凡是年龄在13岁以上，20岁以下，长得端正漂亮，面相也合适的人，才能够被带入后宫，接受下一步的挑选，最后才能成为皇帝的妃子。

　　太子是未来的皇帝，给他选美也不能够马虎。所以可以推想，王姁能够进入太子宫，很有可能是隐瞒了自己的婚史的。仅仅为了相士一言，臧儿就做出了如此大胆的决定。仅仅因为母亲的鼓动，王姁就能毫不犹豫地抛夫弃女，为了不确定的未来押上自己的一生，可见，王姁的野心一点也不比臧儿小。

王娡入宫以后很快就得到了太子也就是后来的汉景帝刘启的宠爱，并且一连给他生了三个女儿。此后，妹妹王儿姁也被送入了宫中，先后为太子刘启生了四个儿子。相士竟一言中的，臧儿的豪赌也算初步取得了骄人的成果。

在生了三个女儿之后，王娡很快又怀孕了。有一天，王娡突然告诉太子刘启说她做了一个非常奇怪的梦。在梦里，有一个太阳从天上落到了自己怀里。太子一听大喜，要知道，太阳乃是帝王的象征，古人十分相信梦境，在他们看来，梦境正是对未来的一种预测，是上天下达的一种启示。从这个梦便能知道，王娡的野心并没有止步于此，她的野心是最终要将自己的儿子送上权力的顶峰，承袭帝王之位！若这个梦是她捏造的，那么她显然已经开始为自己尚未出世的孩子造势了；即便这个梦是真的，所谓日有所思，夜有所梦，也反映了她内心的期许。

此后，王娡果然为刘启添了一个儿子，乳名彘儿。就在这一年，太子刘启顺利登基做了皇帝，即汉景帝。王娡也被封为了美人。汉初后宫中的妃嫔品级制度基本上沿用了秦朝时期的称谓，除了皇帝的正妻被称为皇后之外，其余的妃嫔都称夫人。汉景帝时期，以品级来说，后宫之中立有八品，即皇后、夫人、美人、良人、八子、七子、长使、少使。可见，王娡在后宫之中的地位是不容小觑的，这自然与皇帝的宠爱息息相关。

梦日入怀的吉兆，为父亲带来的好运，以及深受宠爱的母亲，这一切都让彘儿无疑成为了汉景帝最为宠爱的儿子。彘儿是景帝的第十个儿子，单从论资排辈上来说，他的身份在皇子之中并不显要，距离母亲王娡的期望还有一段相当遥远的距离。汉景帝四年（前153），皇长子刘荣被册封为太子，皇十子彘儿被立为胶东王。

汉景帝一生共有14个儿子，但却没有一个是嫡子。薄皇后没有孩子这件事情使得汉室宫闱之中的局面变得非常复杂，皇后地位不稳，妃子们自然虎视眈眈。按理说，汉景帝有14个儿子，生育能力是绝对不可能有问题的，因此薄皇后之所以没有孩子，不外乎两个可能，一是不能生，二是不得宠。

薄皇后是景帝祖母薄太后家族的孙女辈。薄太后出身低微，为人谦恭，当年跟在刘邦身边也是个不受宠的普通妃嫔，也正因为实在不受宠，她才能避过当年吕太后的迫害。但自从他的儿子成为皇帝之后，薄太后的心境也随之发生了变化。她的地位不一样了，她再也不是那个低微的宫女，再也不是那个不受宠的妃嫔，她迫不及待地想要让她的母族兴旺发达。在这样的一种期盼下，薄太后为自己的孙子、当时的太子刘启钦点了薄氏家族的后人为太子妃。太子是不喜欢这个太子妃的，但在当时，他却不敢违背老太后的意愿。景帝登基之后不久，薄太后就去世了，失去了靠山的薄皇后自然也后位不保。

事情发展到此地步，一切关键点都在皇长子刘荣的亲生母亲栗姬身上。栗姬在后妃之中算是陪伴汉景帝较长时间的女人，她一共为景帝生了3个儿子。在长子刘荣被册封为太子的时候，薄皇后已经被废黜了，几乎所有人的目光都聚焦在了栗姬身上。皇后之选似乎非她莫属，但出人意料的是，景帝却只册封了刘荣为太子，没有册立栗姬为皇后。景帝这一举动无疑给栗姬泼了一盆冷水，同时也成为了栗姬心中一个难解的结。

栗姬是个非常没有远见的女人。在儿子刘荣成为太子之后，长公主刘嫖率先向她抛出了橄榄枝，想把自己的女儿许配给太子刘荣。在汉朝，"公主"指的是皇帝的女儿，"长公主"则是指皇帝的姐妹，而"大长公主"则是指皇帝的姑妈。刘嫖是景帝的姐姐，窦太后的第一个女儿，她虽身居高位，却依然野心勃勃。长公主有个非常有名的女儿——陈阿娇，在长公主看来，自己的女儿身娇命贵，只有皇帝的接班人才配得上她，也正因此，她才迫不及待地向栗姬示好。

长公主刘嫖与汉景帝的关系是非常好的，一直以来，她不断地为弟弟寻觅佳人，景帝宠幸的很多美人都是刘嫖一手促成的。亲缘关系再加上这一层隐秘的关系，使得长公主在汉景帝身边也算是说得上话的人。

对于和栗姬攀亲这件事，长公主原本十拿九稳。她的身份、地位摆在这里，任何人都没有理由拒绝自己的好意。但出人意料的是，栗姬却断然拒绝了这门亲事，并且表现得十分冷漠。栗姬向来就不喜欢长公主，在她看来，正是因为长公主不断地向自己的丈夫推荐美人，才使得自己备受冷落。如今，自己的儿子终于成为太子了，长公主竟还妄想着让自己的女儿成为将来的皇后，她怎么可能同意？！

栗姬向长公主拒亲这一举动为她和她的儿子带来了一系列的灾难。她忽略了一件重要的事情，刘荣能被立为太子，就有可能被废黜，太子之位眼看离皇帝之位似乎只有一步之遥，但这一步，却恰恰是最难跨越的鸿沟。

就在长公主自尊心受挫，遭遇了栗姬拒亲之后，梦日入怀的王娡王美人出现了。此前说过，王娡的儿子彘儿虽然是皇十子，但却十分受到景帝的宠爱，而王娡本人也是景帝心头喜爱的美人。于是，长公主立即转移了视线，向王娡提出了结亲之事。王娡自然是欣然同意，很快就和长公主在宫闱之中统一了战线。

王娡与刘嫖的结亲还流传着一个有名的故事。据说在彘儿小的时候，长公主曾把他抱在腿上，逗他说："彘儿想要娶老婆吗？"然后又接连点着身边的漂亮宫女们，问彘儿喜不喜欢。彘儿就一直摇头，统统都不喜欢。这时，女儿阿娇正在一旁玩耍，长公主的手指指向阿娇的时候，彘儿突然开口道："若得阿娇，当贮金屋。"这便是非常有名的"金屋藏娇"的故事。

此后，长公主成为了王娡强而有力的帮手，长公主开始旷日持久地在景帝面前诋毁栗姬。景帝虽然表面上并没有说什么，但听得多了，在心里自然对栗姬的好感也日益下降。但即便如此，景帝依然还没有生出废黜太子的心思。

直到某一年，景帝生了一场大病。或许是感到自己大限将至，景帝把栗姬叫到了床前，嘱托她说："朕死了以后，朕的孩子们就都依靠你来照顾啦！"正所谓人之将死，其言也善，景帝对栗姬的嘱托表露出他对栗姬母子依然是有感情的，他依然在考虑册封栗姬为皇后，同时也还不曾有过废黜太子的想法。但栗姬的反应如何呢？据史书记载，栗姬"怒，不肯应，言不逊"。

景帝这般示弱表白，栗姬不但不感动，反而怒了，不肯答应景帝的嘱托，还出言不逊，说难听的话来驳皇帝面子！栗姬的表现让景帝感到十分恼怒，虽然并未表现出来，但显然在景帝的心中，栗姬已经完全失去了做皇后的资格。想当年，吕太后专权，刘邦一去，8个儿子就被吕后杀掉了4个，顺带还死了一个皇孙。如今，栗姬所表现出的"善妒"和"狭隘"不得不让景帝提高警惕，为了后世子孙考虑，无论如何也是不可能再立她为后的。

不久之后，景帝的病竟然痊愈了，栗姬的幼稚和愚蠢为她自己和她无辜的儿子开启了死亡倒计时。

汉景帝七年（前150），大行请求皇上册封栗姬为后的一道奏疏被景帝怒掷于地。长久积压在景帝心中的对栗姬的强烈不满一触即发，排山倒海地涌了上来。在景帝看来，一个外朝大臣，居然敢对宫闱之中的事情指手画脚，必定是受人指使的。这个在背后指使的人，除了栗姬还会有谁？！之前他病中托孤的时候，栗姬全然不给自己面子，如今竟还敢勾结外朝大臣写奏疏来逼迫自己立她为后，简直是太胆大妄为了！如此一来，新仇旧恨一并算上，无辜的太子刘荣最终成为了宫闱斗争的牺牲品。

在太子被废黜之后没多久，忧愤攻心的栗姬就去世了。

栗姬这人幼稚愚蠢，并且还有点自视甚高，她希望自己的丈夫对自己一心一意，却忽略了他是高高在上的帝王；她认为儿子的太子之位固若金汤，却忘记了皇权斗争的残酷善变。她的喜恶全然表现得淋漓尽致，她不喜欢长公主便冷漠拒亲，她怨恨丈夫三心二意便出言不逊。这样的一个人真的会在背后指使大行上疏"逼迫"景帝吗？

答案当然是否定的。事实上幕后主使之人正是皇十子的生母——王娡王美人！王娡的野心非同小可，从投入宫廷斗争的那一天开始，她就已经目标明确。皇后无宠无子，使得立嫡为储的规则不攻自破；栗姬愚蠢善妒，又亲手葬送了皇长子登上帝位的机会。王娡深知景帝对栗姬的不满，鼓动大行上此奏疏，不过是为了激怒景帝，给他一个怨恨爆发的缺口罢了。可怜一个外朝的大行，全然不知自己正是压垮栗姬和太子的最后一根稻草，搭上了自己的性命还不知道发生了什么事情。

储君之位再次空缺，距离皇十子彘儿脱颖而出，究竟还有多远的距离呢？

窦太后的如意算盘

汉室宫闱之中,每个女人都怀揣着自己的野心。薄太后意图光耀母族,长公主刘嫖欲为女儿谋取后位,王娡王美人力求儿子登上帝位,栗姬则期望得到丈夫的专宠。但目前为止,却还有一个同样在汉代史书上占据非常重要位置的女人没有出场,她就是汉景帝的亲生母亲窦太后。

窦太后闺名漪房,原是赵国清河人,后来入宫成了吕后身边的一个小宫女。在刘邦病逝之后,吕后将诸位皇子送回国,同时赐给每个皇子五名宫女,窦漪房便是名单中的一人。为了返回家乡,窦漪房省吃俭用,将自己的所有积蓄用来贿赂主管太监,请求他将自己分给赵王如意,以便能够返回故乡,打听失散已久的兄弟们的消息。但窦漪房没有想到的是,那太监虽然收了钱,却并未将自己的事情放在心上。名单出来之后她才知道,自己竟然被分到了代国。走的时候,窦漪房哭得死去活来,却不曾想到,正是这辆车为她带来了一生的好运气。

五个宫女到了代国,代王刘恒一眼就看上了窦漪房。得宠的窦漪房又接连为代王生了一女二子,巩固了自己在代宫之中的地位。在窦漪房之前,刘恒已经有了一位王后,这位王后为刘恒生下了四个儿子。关于这位王后,能够找到的史料非常少,历史甚至没有记载她的姓氏,她就如同一个匆匆的过客,只在刘恒的生命里留下了几道细不可见的痕迹。早在刘恒成为皇帝之前，这位王后就死了，而更为不幸的是，在刘恒登上帝位成为汉文帝之后，王后所生的四个儿子又相继病死。王后母子一家的不幸却恰恰造就了窦漪房最大的幸运。窦漪房成为了窦皇后，而到了景帝时期，她自然就成了窦太后。

皇帝再大也是太后的儿子，因此，当太子刘荣被废之后，谁将成为下一位继承人，其关键的一票就落到了窦太后手里。那么，在储君之争中，窦太后的野心又是什么呢？

此前说过，窦太后有二子一女，长女刘嫖，长子刘启，以及幼子刘武。刘武被封为梁王，是窦太后最小的儿子。所谓"母怜幼子"，对于这个小儿子，窦太后多多少少是较为偏爱的。当太子刘荣被废黜之后，窦太后立刻跳了出来，开始为小儿子梁王刘武争取储君之位。窦太后这一举动并非突发奇想，早在刘荣被册封为太子之前，窦太后已经开始打着这如意算盘了。

在景帝登基之后，册立太子之前，窦太后曾在皇宫里主持了一场小型家宴。当时参加宴席的除了窦太后、汉景帝，以及梁王刘武之外，还有窦太后的侄子，也就是我们此前提到过的任性、具有侠气的贵公子窦婴。窦太后疼爱小儿子这件事景帝是十分清楚的，于是在酒酣之际，或许是为了讨好窦太后，汉景帝有意无意地说了一句："千秋之后，传位梁王。"

景帝一句话出来，窦太后非常高兴，梁王也顿时有些飘飘然了。可这个时候，偏偏窦婴不识趣，端起酒就义正词严地对汉景帝说："这大汉朝的祖宗制度是父子相传，怎么可以擅自决定要传位给兄弟呢？"

窦婴此话一出，窦太后就不高兴了，立马取消了窦婴自由出入皇宫的特权。在窦婴为太子刘荣请命无果隐居南山的时候，高遂曾说过窦婴得罪了窦太后，说的正是这件事情。

从窦太后的反应就能看出，她确实是一心希望自己的小儿子能够做皇帝的，而这种希望已经渐渐反映在了她的行动之中。但景帝说这句话却不见得出自真心，要知道，他有14个儿子，论感情，论伦理，怎么都不可能轮到梁王来做这个皇帝。景帝此言，一方面大约是为了讨好窦太后，而另一方面则很有可能是为了安抚并拉拢梁王。据《史记·梁孝王世家》中所记载，在家宴这件事情之后的春天，汉朝就发生了吴楚齐赵七国叛乱。

平乱之际，景帝遵循了文帝的嘱托，起用了名将周亚夫。周亚夫分析了当时的形势，向景帝汇报了作战计划："楚兵剽轻，难与争锋，愿以梁委之，绝其粮道，乃可制也。"也就是说这吴楚的军队非常强悍，士气高昂，绝对不能和他们硬碰硬，那么如何才能避开锐气呢？倒不如把富庶的梁国作为诱饵扔给他们，以此来牵制他们的兵力，让他们阵脚自乱！

梁国是梁王刘武的封地，是窦太后最宠爱的小儿子的封地，这梁国若是被攻破了，梁王必定没有好下场，那么这窦太后若是追究下来，那可怎么办？但周亚夫这个人此前说过，是个非常耿直、只会以事论事而不以人论事的人，所以当他提出这个计划的时候，并未考虑过自己的利益问题。最终，汉景帝批准了这个计划。

之后，在叛军猛烈的攻击下，梁国上下苦苦支撑。梁王每天派一名使者前去请求救兵，但周亚夫却全无反应，不肯支援一兵一卒。梁王直接上告汉景帝，于是，汉景帝立刻就下了诏书，责令周亚夫即刻出兵援助梁国，但周亚夫却依然不理会。3个月后，叛乱平定，汉景帝不但没有对周亚夫实施任何惩罚，反而拜他为相。显然，对这个弟弟，景帝是有所保留的，他绝非自己心目中的继承者，为了帝国的稳固和兴盛，他也不过是随时能够牺牲的一枚棋子罢了。

平叛之后第二年，汉景帝便册封了皇长子刘荣为太子，彻底绝了窦太后和梁王的念头。

如今，刘荣被废，太子之位再次空缺，窦太后自然要迫不及待地抓住这次机会，旧事重提。面对窦太后的卷土重来，景帝思虑再三之后将这个难题丢给了大臣们。在窦太后面前，景帝表现出一副欣然应允的样子，但同时又提出，这件事事关重大，他一个人说了也不能算数，必须要经过"朝议"，让众大臣们表态。景帝要求合理，窦太后自然也不反对，而朝臣们商议的结果，当然只可能是一致反对。此后，汉景帝又请了袁盎出山。袁盎带领着一众大臣直接到宫中面见了窦太后。

袁盎是汉文帝时期非常有名的大臣，曾屡次对皇帝谏言。袁盎为人正直无私，又颇具才干，在当时被人誉为"无双国士"。这窦太后一见到大臣们，便直接亮出了自己的观点，要立梁王为储君。袁盎不慌不忙、恭恭敬敬地问窦太后说："那这梁王之后，又该谁来继承这皇位呢？"窦太后直接回应说："当然是再传回景帝的儿子了！"

听到窦太后这句话，袁盎不紧不慢地对太后说道："这春秋时期有一个宋国，宋国的国君宋宣公和他的弟弟关系特别好，于是在死的时候就将王位传给了弟弟。后来，弟弟心怀感激，做了几年国君之后留下了遗诏，再次把皇位传回给哥哥的儿子，自己的儿子则遭到了郑国去居住。从血缘关系上说，无论是哥哥还是弟弟都有继承王位的资格，于是宋国的权臣们为了各自的利益展开了经久不息的斗争，各自拥立一派，搞得宋国国无宁日，深陷在血雨腥风的权力斗争之中！"

这袁盎话一说完，窦太后就沉默了。窦太后还算是个明理之人，经袁盎那么一说，心里也顿时有了顾忌。今天她可以凭着对梁王的疼惜为他争得储君之位，那么等到日后梁王死了又该怎么办呢？如果将皇位传回来，但梁王的子嗣不同意，两边打了起来，岂不是要弄得家无宁日，国无宁日！

袁盎的一席话直陈利害，由于担心因自己一时的私心而导致兄弟失和，内乱不断，窦太后终于偃旗息鼓，放弃了自己的如意算盘。但窦太后的却步未能打消梁王继承皇位的念头，失去了母亲的支持，梁王的心越发躁动不安起来。

梁王之乱

梁王刘武是窦太后最小的儿子，也是汉景帝刘启的亲弟弟。刘武为人虽有些任性虚荣，但极重孝道，再加上又是窦太后的幼子，因而一直得到太后的偏爱。

在汉景帝登基之初，吴楚等诸侯国骄横无礼，对天子时有不敬。为了增强自身实力，与各诸侯王相抗衡，同时也是为了讨好窦太后，景帝一直极力拉拢自己的亲弟弟刘武，常常会邀请他和自己共同乘坐一辆车辇出入。甚至在窦太后所主持的一场家宴上，景帝还曾亲口承诺说以后要将皇位传给弟弟梁王。对于汉景帝这句话，梁王听在心里是十分受用的，或许从一开始梁王就该知道，哥哥这番话不过只是随口说说，又怎么会是真心的呢？可是窦太后的大力支持，却让这件事情有了成真的可能，梁王的野心也日益增大。

有了窦太后做后台，再加上景帝的万般礼让，梁王日渐恃宠生骄。据记载，梁王"出入游戏僭于天子。天子闻之，心弗善也"。梁王出入游戏，其排场甚至超过了汉景帝，这副做派使得汉景帝非常不高兴，朝廷上下自然也对此议论纷纷。梁王的举动甚至连一直偏爱他的窦太后都看不下去了，窦太后何等聪明，怎么会不知道景帝此时已经对梁王大有意见。为了避免兄弟相残，窦太后多次斥责梁国派来的使臣，想以此来警告梁王。可谁知梁王却始终没有放在心上，在他看来，母亲对自己的偏爱就是一把强大的"保护伞"，在这柄"保护伞"下，他可以为所欲为，无法无天。

几次之后，窦太后见梁王依然毫无悔意，愤怒之余拒绝接见任何梁国派来的使者。直到这个时候，梁王才感到大事不妙了，急忙派出了韩安国前去"灭火"。

韩安国是个非常有雄韬伟略的人，在吴楚七国叛乱的时候，梁王任命韩安国和张羽等人担任将军之职，抵御吴国的军队。在韩安国和张羽联合抵御之下，吴国大军最终未能越过梁国的防线，从此韩安国名声远扬。

韩安国很清楚，窦太后是梁王最大的依靠，如果失去太后的信任，那么梁王日后恐怕再难立足。但如今，窦太后因恼怒梁王而不愿意接见梁国的使者，这样一来，该如何去挽回太后的信任呢？韩安国将视线转移到了长公主刘嫖身上。

当年在七国叛乱的时候，周亚夫把梁国扔给了叛军，战事紧张，梁国眼看朝不保夕之际，梁王曾将以韩安国为首的六大将军请出，一一跪送，请求他们一定要尽力守住梁国。韩安国如今重提此事，对着长公主哭哭啼啼，避重就轻地打出了亲情牌。

韩安国对长公主哭诉说："梁王对窦太后是无比孝顺的，对皇上也是最为忠诚的。当初七国之乱的时候，只有梁王一心捍卫朝廷，站在皇上这一边，甚至不顾自己的尊严，向众将军下跪，其目的不也是为了让太后和皇上在京城能够高枕无忧吗？梁王深受父兄的宠爱，在宫里的时候经常和皇帝一同出入，使用的礼仪都是天子的礼仪，可那个时候也没有人说梁王僭越啊！如今呢，梁王虽然排场大了一点，但他所使用的仪仗等物品，可都是皇上御赐的，梁王只不过是想炫耀一下，让梁国的子民们也见识见识皇家的威严罢了。可是如今，这太后责备梁王，斥责来使，梁王实在不知道该如何是好，日夜流泪，想尽办法也无法让太后和皇上明白自己的孝心和忠心啊！"

长公主看韩安国一副声泪俱下的样子，说的话似乎也在理，就将这番话转告给了窦太后，这才再次挽回了太后的信任，化解了梁王的危机。但即便如此，景帝表面上虽不再追究梁王的过失，心里却对他不免更加戒备了。

此次危机顺利渡过，梁王不免有些志得意满。加之太子刘荣被废，储君之位再次悬空，梁王的心思自然又再次活络了起来，日夜关注着朝廷之中的动向。可梁王却没想到，在这大好机会面前，窦太后却似乎突然之间偃旗息鼓了，不再像从前那样积极地为他争取储君之位。时间一久，梁王不免有些着急，暗自派遣了许多人前去打探消息。

不多久，探子回报了袁盎一众大臣觐见窦太后，并说服她放弃册立梁王为储君的事情。梁王一听，勃然大怒。

愤怒之余，心中也有些不甘，窦太后一直以来都是自己最大的支持者，如今怎么竟因为一群老臣而却步。思去想来，梁王心头的怨气越发难以平复。

梁王手下的谋士羊胜和公孙诡等人站了出来，主动请命要为梁王报这一箭之仇。这些人的想法非常简单，袁盎他们那群老臣和主子过不去，那就杀了他们，一了百了。羊胜等人的建议遭到了韩安国的强烈反对，但是却深得梁王的心。梁王大喜，一拍板，这事就这么定了！

于是，羊胜和公孙诡等人带领着一批刺客秘密潜入了京城，开始向那些反对立梁王为储君的朝中大臣实施惨无人道的报复。袁盎在关中已是声名远播，众人敬佩他为人正直无私，宅心仁厚。一名前去刺杀袁盎的刺客在听说了袁盎的为人之后，不忍心下杀手，还提醒袁盎说："我是收了梁王的钱来杀您的，但听说您是个让人敬佩的厚道人，我实在不忍心。除了我之外，还会有别人前来刺杀您，您好好防备一下吧。"几天后，袁盎果真在安陵城外被刺客杀死了。

十几个德高望重的老臣子先后被刺杀，一时之间，京城里人心惶惶。汉景帝大为震怒，派人对此事进行深入调查。很快，调查的矛头就指向了梁国。经过深入调查，刺客果真与梁王手下的人脱不了干系。而梁王在刺客事迹败露之后，竟让他们藏匿在自己的王宫之中！一时之间，朝廷和梁王之间僵持住了，汉景帝勒令缉凶，而负责此事的官员又不敢贸然进犯梁王宫殿。

梁王的想法非常简单，羊胜和公孙诡都是为自己着想的死忠之士，他们出了事，自己自然应该出来庇护。在矛盾越来越激化之际，韩安国及时站了出来，韩安国跪在了梁王面前，涕泪横流地进言说："大王啊，您可要好好想清楚啊，前太子刘荣和皇上的关系，比起你与皇上的关系来说，哪个更近？"

这梁王一听，想也不想就说道："当然是他们关系近了，他们可是父子。"

"正是啊！他们是父子，骨肉相连，但太子却只不过因为母亲说错了几句话而被废黜,大王您想过为什么吗?"韩安国正色道,"这朝廷办事,从来不会因为私情而枉废公法。大王您率性而为,做了这么多事,却一直没有被问罪,那都是因为太后在力保您啊!倘若太后百年,大王您还能如此吗?"

韩安国一番话顿时点醒了梁王。梁王大惊失色,这才意识到事态的严重性,无奈之余,只得将一干刺客交了出来,并派韩安国押解刺客先行赶往长安去向景帝请罪。对于羊胜和公孙诡等人,梁王不忍将他们交给朝廷,只得挥泪下令,让他们自行了断。

此后,为了表明自己的悔恨之情,梁王也亲自赶往长安谢罪。据说,当时因为路上耽搁了些日子,迎接梁王的使者一时之间没有见到梁王,便向窦太后回报说梁王不见了。窦太后一听到这个消息,顿时脸色惨白,伤心地哭着说:"皇上杀了我的儿子……"好在后来梁王赶到了,这才宽慰了窦太后。

可见,梁王的所作所为甚至已经让窦太后感到心惊胆战了。尽管景帝一再隐忍,但知子莫若母,窦太后已经清晰地感觉到了景帝平静如常的表面下波涛汹涌的愤怒。

看在窦太后的面子上,景帝再一次原谅了梁王的胡作非为。但天子犯法当与庶民同罪,何况此次梁王所杀死的还是朝中重臣,若没有任何惩罚,不仅对朝臣,甚至对天下人都无法交代。于是,景帝决定"小惩大诫",下令将梁王刘武赶回其封地,并且不再准许他自由留在京城之中,更不得自由地探望窦太后。

梁王与窦太后一直母子情深,这个"小惩"对于他而言实际上是极其深重的折磨。回到梁国之后,梁王一直郁郁寡欢,期间每每听说窦太后身体不好,便担忧得寝食难安,虽然多次上疏,向景帝忏悔并请求能够再回到长安,留在宫里侍奉母亲，但却都被景帝驳回了。

之后有一天，心情郁闷的梁王外出打猎，恍惚之间突然看到了一头长相非常奇怪的牛，它的两只脚竟长在了背上！回来之后，梁王就感到身体不适，没多久就因中暑而死了。梁王去世的消息传到了长安，窦太后哭得几欲昏厥，连日都食不下咽，一直喃喃着："皇上果然杀了我的儿子……"

梁王之死，既是其骄横作孽的结果，却也离不开窦太后感情用事、贪霸愚钝的纵容。作为一朝太后，她不仅不规劝自己的幼子安守本分，反而一再支持纵容，助长幼儿野心，亲手将自己的骨肉推向了深渊，最终酿成了悲剧。

在梁王失利匆忙退出政治舞台之后，横在王美人面前的障碍尽数瓦解。一是立嫡，皇后无子，不战而败；二是立长，栗姬无谋，祸连长子；三自然就是窦太后的如意算盘。当然，这第三个障碍从一开始就是不可能实现的妄想。

轰轰烈烈的宫闱之争终于落下了帷幕，王娡处心积虑为儿子谋求的太子之路也终于近在眼前。年幼的彘儿在波谲云诡的宫廷斗争之中终于脱颖而出，迈向万众瞩目的储君之位。

清除障碍

汉景帝七年（前150），太子刘荣被废黜的同一年，王娡被册封为皇后，其子彘儿正式更名为刘彻，立为皇太子。

前太子刘荣被贬为临江王之后到了南郡江陵，养尊处优惯了的他怎么也住不惯江陵的小宫殿，于是便生了想要扩建的心思。宫殿扩建本不是什么难事，但却苦于这宫殿外实在没有什么合适的土地。汉朝时候的各个诸侯国以及郡府所在地都有两大祖庙，即汉高祖的庙以及汉文帝的庙。当时江陵的祖庙周围有一圈低矮的围墙，刘荣找人一合计之后，便决定将祖庙外围的土地占用，作为宫殿扩建用地。刘荣虽然并未占用祖庙内院的土地，但实际上，外围的土地范围依然有一部分是属于祖庙的。显然，刘荣此举是和律法在打擦边球，这个临江王此刻或许依然没有意识到自己身份的敏感性以及自己所处地位的岌岌可危。

汉景帝中元二年（前148），一封检举信直抵京城，其检举内容正是临江王刘荣占用祖庙土地扩建宫殿，有"逾制"之嫌。汉景帝立刻下令，将刘荣召进京城问罪。据闻，刘荣起程上京的那一天，他所乘坐的车轴突然断裂，百姓们纷纷落泪，并传言称国君此去怕是再也回不来了。

一语成谶。

刘荣一进京就即刻被送进了中尉府。中尉在汉朝是武职，主要负责管理维持京城的治安，当时京城的禁卫军部队就是由中尉来指挥的。刚一进中尉府的时候，刘荣心很宽：自己的父皇毕竟是皇上，有他在，天大的事情也应该变得没有事情才对。可是没想到，这中尉却是一点儿面子也没给刘荣，刚一见面就对他声色俱厉，冷言恶语。刘荣哪里经历过这样的事情，一时之间乱了方寸，羞愤交加。

无奈之下，刘荣想要写信向父亲求救，一来将情况说明白，二来也主动谢罪。可没想到的是，中尉竟连这点小小的要求都不应允。就在刘荣求救无门之际，还是他昔日的老师、窦太后那个任性的侄子窦婴站出来了。窦婴偷偷给废太子刘荣送了纸笔，受了羞辱的刘荣此时已经是万念俱灰，写完信后就自杀了。

小小的中尉竟在牢狱之中逼死了皇长子，朝野上下，无不震惊。这个连皇长子的面子都不给的中尉，正是《史记·酷吏列传》中所记载的一个有名的酷吏郅都。

郅都原本是汉景帝身边的一个随从。一次，郅都随汉景帝外出打猎。在途中，汉景帝的一个宠妃贾姬去了茅厕。就在贾姬刚进入茅厕不久，突然冒出来了一头大野猪，跟在贾姬身后也进了茅厕。众人大惊失色，汉景帝忙向身旁的郅都使眼色，要他去解救贾姬。可谁知，这郅都一动也不动，装作没看见。景帝急了，提了剑就要往茅厕里冲。这时，郅都突然"扑通"一声跪在了景帝面前，抱着景帝的腿喊道："皇上啊！即便您不爱惜自己的性命，也该为太后和大汉江山着想啊！您万万不能为一个女人而让自己身陷险境！"好在后来那野猪在茅厕里转悠了一圈之后便出来了，贾姬花容失色，安然脱险。事后，窦太后知道了这事儿，大大奖励了郅都一番，并连连夸他是个忠臣。这件事让景帝对郅都这个人有了初步的印象。此后不久，又发生了一件事情，使得郅都进一步成为了景帝所倚重的酷吏。

西汉初年，皇室推崇黄老思想，更是主张"无为而治"，使得地方上豪强地主势力膨胀。当时齐地就有一个家族，倚仗着财雄势大而称霸地方，太守也没法制伏他们。于是，景帝就将郅都派去了齐地。郅都刚一上任便采取了以暴易暴的方针，将其家族几个领头人全家诛杀，全城上下无不震惊。甚至连临城的郡守都惧怕了郅都，每每见到他都是低眉顺目。

后来，在汉景帝废黜太子，杀尽栗姬母族的时候，郅都再次被提拔。据说当时原本负责栗姬案的人并不是郅都，而是一个叫作卫绾的人。但景帝却嫌卫绾为人太过忠厚老实，于是便故意将卫绾调走，让郅都接替了卫绾的工作，一出手便将栗姬的亲属斩尽杀绝。

可见，对于郅都的为人和手段，景帝都是十分了解的。郅都就如同一把锋利的剑，出鞘必会见血，景帝知道何时该用他，何时该将他收起来。但这一次，景帝却向他的皇长子刘荣亮出了这柄利剑，其用心不言而喻。

刘荣被逼自杀之后，窦太后震怒非常，对郅都更是充满了怨恨，恨不得将其"食肉寝皮"。窦太后这个人和吕后不一样，她首先是一个母亲，其次才是站在权力高峰的皇太后。窦太后和所有女人一样，和风光无限的子孙相比，她们更容易因怜爱而心疼那些落魄潦倒的孩子。皇长子刘荣先是朝夕之间便被废黜，此后又早早失去了母亲，如今，他只不过犯了一点小小的过错，却赔上了自己年轻的性命，这让窦太后痛心疾首，恨不得立刻就将郅都抽筋剥皮！

但此时景帝的反应却令人疑窦丛生。本该"痛失长子"的景帝既不震惊，似乎也并不是很痛心。在窦太后的强烈控诉下，景帝非常不情愿地免了郅都的官职。几个月以后，他又偷偷令人下旨，将郅都调往雁门郡任太守之职，甚至还下放权力，让郅都在遇到紧急情况的时候可以不必报告，自行处理。

显然，景帝对郅都非但没有"杀子之仇"，却反而显得"垂爱有加"，实在是令人费解。如此一来，恐怕只剩下一个解释了：郅都逼死刘荣，即便并非景帝授意，至少也是景帝所默许的。

雁门郡比邻匈奴，常常受到侵扰，连年不得安宁。但郅都一上任，却吓得匈奴骑兵全军后撤，远远离开了雁门郡，郅都的威名连匈奴人都畏惧几分。据说匈奴首领曾经将木头刻成郅都的样子，用来给匈奴的骑兵们练靶，但匈奴骑兵却甚至不敢直视木刻的郅都，以致完全射不中箭靶。

郅都镇守雁门，对于匈奴而言是天大的麻烦，但慑于郅都的威名，匈奴人又难以将他除去。这个时候，匈奴的谋士得知了郅都与窦太后之间的过节，于是心生一计，开始四处命人散播谣言，诋毁郅都。当然，谣言只要能够得到证实，自然不会成为足以致命的武器，但匈奴人此举不过是为了让窦太后知道郅都还活着，并且还做了雁门郡的太守罢了。只要窦太后知道了这一切，以她的个性，又怎么可能放过郅都？

果然如匈奴人所愿，当窦太后得知郅都的情况之后勃然大怒，对所有指控郅都的谣言都不经查证，直接命人逮捕了郅都。得知消息的汉景帝心里头明白，窦太后针对郅都，不过是为了替刘荣报仇罢了，至于那些"罪名"，不过是空穴来风。

景帝一心想赦免郅都，对窦太后叹息道："郅都是忠臣啊！"但窦太后却不买账，愤恨地反驳说："难道临江王不是忠臣吗？"最终，景帝拗不过窦太后，向来孝顺的他也只得顺了母亲的意思，"挥泪斩郅都"。

正所谓"虎毒不食子"，景帝有什么理由非要对自己的儿子下此毒手呢？

想当年，景帝废黜太子之时，敢于抗议的大臣有两位，一位是名将周亚夫，而另一位则是窦太后的侄子窦婴。周亚夫和窦婴都是朝中举足轻重的人物，他们二人为了太子，不惜公然对抗景帝，这使得景帝不得不担心，他日自己百年之后，这二人是否会拥立废太子刘荣来与年轻的新太子刘彻相抗衡。

汉景帝是一位父亲，但同时他也是一位帝王。他所要考虑的，不仅仅是父子家庭之间的亲情，压在他身上最重的担子，是大汉王朝未来的命运。为了让自己的继承人刘彻顺利登上帝位，景帝终于从刘荣开始，展开了一系列的"清障行动"。

废太子已死，景帝的目光落到了周亚夫身上。周亚夫此人刚直不阿，知无不言、言无不尽，时常会因为其过于耿直的个性得罪景帝，其中最重大的事情有三桩。

第一桩事情，自然就是太子刘荣被废的时候，周亚夫公然反对，使得景帝从此对他生了嫌隙。

这第二桩事情，则是与新皇后王娡有关。王娡这人非常懂得拉拢人心，册封为后之前就已经收服了长公主，登上后位之后又对窦太后千依百顺，讨得了窦太后的欢心。于是，在窦太后的示意下，景帝决定给王娡的哥哥王信封侯。这时候，周亚夫再次站出来了，坚决反对皇帝这一举措，其反对的理由十分充分——高祖刘邦曾在白马盟誓的时候说过三句话：不是刘姓的子孙不能封王，没有功劳的臣子不能封侯，谁若违背则是大逆不道。

想来景帝也并非真心想要给王信封侯，大约不过是碍于窦太后以及王娡王皇后的面子罢了，如今周亚夫站出来反对，景帝也就"默然而止"了。

而第三桩事情，则是与匈奴降将有关。在景帝当政期间，曾发生过一件让他扬扬得意的事情：匈奴五位大将投降汉室！为了彰显帝王的胸怀，景帝决定给这五个降将封侯。这一次，周亚夫再次站出来了。

周亚夫认为，这五个人本是匈奴将领，如今却投降敌人，不过是一群不忠不义的乱臣贼子，如果皇帝册封这样的人，岂不是鼓励大家变节吗？

景帝则认为，册封匈奴降将，从好的方面来说，能够鼓励更多的匈奴将领投降汉室，从而逐步减小匈奴对大汉王朝的威胁。

两人各有各的坚持和判断，谁也不肯让步，最终决定权当然是握在汉景帝的手里，汉景帝最后完全无视周亚夫的意见。周亚夫一生气，倒是学起了窦婴，告病不上朝。景帝也怒了，这一个臣子，竟敢如此不给皇帝面子，于是索性准了周亚夫的假，免了他丞相的职务。

虽然周亚夫得罪了汉景帝，但此时，景帝还没有将他彻底视作"障碍"。对于周亚夫，景帝心中还存有一丝的不舍。他决定设宴试探，给周亚夫最后一次机会。

一日，汉景帝设宴请周亚夫吃饭。周亚夫兴致勃勃地赶到了，一看自己桌子上只有一块四四方方的肉排放在中间，既没有放餐具，肉也没有切开。周亚夫一看，愣住了。于是，耿直的周亚夫也不曾多想，直接去找负责酒宴的尚席（官称）要餐具去了。

这景帝摆出这样一桌宴席，本意是想告诫周亚夫："你再怎么厉害，若是没有我的赏识，肉到了你嘴边你都吃不着！"这相当于给周亚夫一个下马威，让他知道，自己再怎么厉害，再怎么有本事，没有皇上的赏识，一切都是白费的。

可周亚夫呢，却未能参透景帝给他的最后一个机会，一头雾水地憋了一肚子气走了。他走的时候，还被景帝愤怒地斥责说："此人绝对不是侍奉少主的人！"显然，这一场误会彻底断绝了景帝对周亚夫的君臣之谊，同时也将周亚夫列入了"障碍"的行列。

臣子一旦成为君王的眼中钉，任何一次疏漏都可能成为致命伤，周亚夫的"致命伤"很快就如期而至了。

被赶回家的周亚夫一直郁郁寡欢,身体也每况愈下。或许是感到父亲大限将至,周亚夫的儿子托关系给他买了500套铠甲作为殉葬品。私人购买铠甲军械是违法的,周亚夫的儿子冒险做这件事情,也是为了给老父一些安慰。但没想到的是,一个小小的纠纷却将这件"尽孝"的事情变成了谋反的嫌疑。

周亚夫的儿子有个不好的毛病,他对下人十分严苛且小气,搬运铠甲是个力气活,他不但不打赏下人,甚至连原本说好的价钱都不给足。这样一来,搬运的工人们火了,一状告上了朝廷,举报说周亚夫的儿子要造反。

原本这事周亚夫肯服个软,好好解释解释,也不至于弄到不可挽回的地步。但这个时候,周亚夫的脾气上来了,面对前来调查的官员,却一语不发。文官无奈,只得据实上报,惹得汉景帝破口大骂:"不需要核实罪状了!"

周亚夫就这样莫名地下了大牢,进了廷尉府受审。这个时候,周亚夫无论再如何据理力争,也为时晚矣。据记载,周亚夫受审之时曾与审问官有这样一段对话:"廷尉责曰:'君侯欲反邪?'亚夫曰:'臣所买器乃葬器也,何谓反邪?'吏曰:'君侯纵不反地上,即欲反地下耳。'"意思是说,廷尉问周亚夫说:"你是不是要造反啊?"周亚夫回答说:"我买的东西都是陪葬品,怎么能说要造反呢?"于是廷尉便说道:"你不在地上造反,那就是要去地下造反!"

欲加之罪,何患无辞。廷尉的肆意侮辱让周亚夫痛心疾首,最终,周亚夫在大牢里绝食五日,吐血身亡,一代名将就这样结束了自己的一生。

在清除完儿子刘彻走向帝王之路的"障碍"后,汉景帝也没有忘记为年幼的太子刘彻安排一个"领路人"。这个被汉景帝选中的人,正是此前提到过的在栗姬一案中被郅都所替换下的卫绾。

据《史记》中记载，这卫绾本来只是一个驾车人，后来因为车技一流而被景帝的父亲汉文帝看中，于是便做了汉文帝身边的侍从。卫绾这人似乎总是默默无闻，但不知为何，偏偏汉文帝特别看重他。

在汉景帝还是太子的时候，曾有一次宴请了文帝所倚重的一些官员到府里吃饭喝酒。当时太子所宴请的官员里头，只有一个人以生病作为借口推托不去，这个人就是卫绾。结果最后，去的官员太子都没留下什么印象，倒是将这个没有到场的卫绾记在了心里头。之后，太子继位成了景帝，卫绾依旧在宫里头服侍，景帝故意对他不理不睬，一副"挟怨报复"的样子。这卫绾却也不惊惶，依旧勤勤勉勉地做自己的工作，完全不在乎景帝怎么对自己。

后来有一次，景帝突然一反常态，叫了卫绾随行去打猎，还令他陪自己一同坐车。上了车，景帝突然意味深长地对卫绾说道："我那一年请客，只有你没来，你当时为什么不来？"

卫绾微微颔首，毕恭毕敬地说道："圣上见谅，那天，我的的确确是病了。"

事实上，哪有这么巧的事情？善于察言观色的卫绾不赴太子的宴请，不过是害怕老皇帝对自己产生嫌隙，认为自己眼巴巴地找新靠山罢了。景帝对此自然也能领会一二，总不会真的相信他病了。对卫绾的行为，景帝既感到些许钦佩，同时又有一点儿不甘心。在景帝看来，这是一个忠臣，但他曾效忠的人是老皇帝，现在新皇当政，卫绾又是否会对新皇这般效忠呢？

下车之际，景帝突然又对卫绾说道："朕赏赐你一把宝剑吧！"

卫绾一听，回答说："这宝剑太贵重了！臣实在是不敢接受啊。当年先皇赏赐过我六把宝剑，还全部放在家里呢！"

景帝一听，立刻派人去了卫绾家，一查看，果然有六把御赐宝剑端端正正地挂在墙上,丝毫没有用过的痕迹。这一回,景帝更加看重卫绾了,认为他是个忠义之人。最终,凭借着高超的情商和智商,卫绾成为了太子刘彻的第一个老师,称太子太傅。

  在汉景帝无微不至的照顾下,刘彻平平安安走完了9年的太子之路,直至16岁终于登基为帝,君临天下。初登帝位,雄心勃勃的少年天子将做出怎样一番事业?窦氏与王氏两位太后又将对他造成什么样的影响呢?

第二章 / 皇帝的忧患

"海选"人才

　　秦朝暴政导致秦始皇辛苦统一的王朝急剧崩溃，汉初的统治者们牢记这前车之鉴，一度忍辱退让，采取"无为而治"的政策方针安邦定国，休养生息。自汉高祖刘邦，历经汉惠帝、吕后、汉文帝、汉景帝，60多年来，汉朝统治者的统治目标都是稳定局势，恢复生产，并巩固其政治统治权，这一统治的核心思想实际上就是自战国以来一直流行的"黄老学说"。

　　汉初诸帝王的统治方针很快就取得了卓绝的成效，司马迁《史记·平准书》中曾有这样一段关于当时社会情况的记载，曰："汉兴七十余年之间，国家无事，非遇水旱之灾，民则人给家足，都鄙廪庾皆满，而府库余货财。京师之钱累巨万，贯朽而不可校；太仓之粟陈陈相因，充溢露积于外，至腐败不可食。众庶街巷有马，阡陌之间成群……"翻译成现代汉语为："汉朝建国70多年，国家太平，基本上不曾发生什么大事。如果不是遇到了水旱天灾，老百姓都过得丰衣足食，这天底下的粮仓都堆得满满的，少府仓库之中甚至还储存了许多的布帛、货物。京城里头所积聚下来的钱币多得难以计数，连穿钱币的绳子都腐朽了；而太仓中的粮食更是满得堆积不下，有的粮食只能堆放在仓库外任其腐烂。而街巷之中，许多百姓都拥有自己的马匹，田野之间更是牛羊成群……"

司马迁所描述的这些景象正是汉武帝刘彻登基之初的景象。可见，刘彻从父辈手中接下的江山已呈现出一片富庶的太平景象。但刘彻并不满足于仅仅做个太平皇帝，他和所有君临天下的封建帝王一样，志在开拓疆土，建立属于自己的丰功伟业。

汉武帝建元元年（前140）十月，刚刚继位的刘彻便下诏要进行"海选"，令众大臣举荐各方"贤良方正、直言敢谏"的人才。此次"海选"不设门槛，只求人才，雄心勃勃的少年皇帝显然已经准备大刀阔斧地干出一番大事业。

刘彻此次选拔官员的制度正是从汉代开始一直持续到隋代的选举官吏的"察举制"，即通过考察推举选拔官吏。

察举制始于汉高祖刘邦。汉初选拔官员的制度主要延续了秦朝的制度，即通过军功、任子以及赀选三种方式进行官员的任命。所谓军功制指的就是在军队之中立有功勋的人才有资格做官；任子制指的是享受二千石（郡太守等官职）以上的官员，任职期限满3年之后，便能够从自己的子弟中保举一人出来做官；赀选制指的是依靠自己所拥有的财产来获得做官的资格。汉高祖十一年（前196），刘邦下诏求贤，令各郡国向中央推举有治国才能的贤才，从此才开启了汉朝察举制度的先河。到汉文帝十五年（前165）时，察举制正式成为了汉朝一项官员选举的制度。

汉代的察举制主要来源于原始社会末期氏族部落选拔首领时候的民主选举，最初施行的时候，并没有完善的程序和选拔标准，完全是统治者根据当时的施政情况进行自主调整的。察举制度以推荐为主，考试为辅，官员向中央推荐人才之后，这些人才要接受中央考试复核，以此决定其授予官职的大小。

刘彻求贤诏令一下，一时之间，各地的贤士纷纷上疏自荐，盛况空前。而就在这一次的"海选"中，刘彻得到了两大"宝贝"，一个就是对大汉王朝，乃至中国2000多年的封建统治造成巨大影响的书生董仲舒；另一个则是在历史上定论难下、让人感到匪夷所思的"旷世奇才"东方朔。

董仲舒才华横溢，是公羊派《春秋》的大师，自30岁始就四处讲学，声名极盛。他在刘彻的"海选"中以第一名的优异成绩脱颖而出，自然得到刘彻另眼相看，一部《天人三策》的理论更是让刘彻感到相见恨晚。

而东方朔吸引刘彻的方式则与董仲舒大相径庭，他并非凭借着一流的文采或治国的方略吸引了天子的目光，而是凭着其诙谐幽默的言辞。

东方朔给刘彻的"自荐信"足足用了3000片竹简写成，需要两个人才能勉强扛起。这封"自荐信"的规模之大，可谓先声夺人，从体积上就吸引住了刘彻的目光。据说，刘彻足足花了两个月的时间，才把东方朔的"自荐信"给读完。

这皇帝是何等忙碌尊贵之人，竟愿意花费两个月的时间去读一个名不见经传的小人物的上疏，可见东方朔的"自荐信"写得必然足够有吸引力。他是这么写的："草民东方朔，年少时就父母双亡，是由兄嫂抚养长大的。草民12岁才开始读书，但三个冬天读的文史已经足够用了。15岁的时候草民学习击剑，16岁学习《诗》、《书》，一共读了22万字。现在我22岁了，身高有九尺三（两米多）。双目如珍珠般闪亮，牙齿则像贝壳那样洁白而整齐，勇猛我比得过孟贲（战国时期的勇士），敏捷我与庆忌（先秦时期以敏捷著称）相当，廉洁我堪比鲍叔（齐国大夫，以廉洁著称），诚信我尤胜尾生（先秦人士，曾与友人相约桥下，河水涨而坚守不走，最后被淹死）。我这般文武全才，应该是有足够资格成为天子的大臣了吧！"

东方朔这番话倒是让刘彻乐不可支，立刻就记住了这个名字。即便东方朔的文章之中不曾有一句经纬之论，但依然深深地吸引住了刘彻。当然，虽然博得了天子的欢心，但刘彻并未忘记，自己"海选"的最终目的只是为了求贤。因此，他非常有分寸地给了东方朔一个"待诏公车署"的诏令，并未即刻起用他。公车署是武帝时期设立的一个接待应试学士的驿馆，而所谓"待诏公车署"，意思也就是让东方朔在公车署里头待着，等着哪天皇上想见他，自然就会召见。

从东方朔的"自荐"方式便可看出，此人并非是个中规中矩的读书人，他的身上自有一股诙谐诡诈之气。

在起初获得"待诏"令时，东方朔非常高兴。但时间一长他发现，皇帝似乎忘记他了。看着那些与他同期"海选"的文人一个个官位显赫，东方朔心里怪不是滋味的。于是，思来想去，东方朔决定再次引起天子对他的注意。

于是有一天，东方朔找来了给皇帝养马的侏儒，声色俱厉地对这些侏儒说："皇上说了，你们这些人，耕田没力气，当官没能力，打仗又不勇敢，实在是无用！你们这些人，留着也只会白吃白喝，不如统统杀掉！"

这些侏儒们一听，顿时吓破了胆，号啕大哭着向东方朔求救。东方朔佯装思索了片刻之后，道："这样吧，一会儿皇上路过的时候，你们就赶紧跪地求饶，兴许皇上一可怜你们，便不杀你们了！"

结果过了不久，刘彻路过的时候，侏儒们果真齐刷刷一片跪倒在地，哭得肝肠寸断，求刘彻饶了他们性命。刘彻莫名其妙，几经询问才搞清楚，原来竟是东方朔搞的鬼！刘彻忙令人将东方朔找了来，板着脸问道："你把那些侏儒吓个半死，是何道理啊？"

东方朔腰板一挺，理直气壮地说道："那些侏儒身高不过三尺，却有一袋米和二百四十钱的俸禄。我身高九尺有余，俸禄却也是一袋米和二百四十钱。这不是撑死了他们，却饿死了我吗？陛下你要是觉得小臣我还有点用，就得先让我吃饱饭。要是觉得我实在没用，那还请求陛下你赶紧罢免了我，也能给国家省点粮食。"

东方朔的一番话顿时让刘彻很是高兴，终于从"公车署"转到了金马门待诏，从此与皇帝接触的机会自然也就越来越多了。

董仲舒献策

董仲舒是广川郡人士,在汉景帝一朝就已经做了博士,负责讲授经学。博士是汉代时期的一个官职名,相当于皇帝的学术顾问。据《汉书·董仲舒传》中记载,董仲舒家里有一座非常漂亮的花园,但他一心只忙着钻研学术,习读儒学,春去秋来,整整三个寒暑不曾踏入过家中的花园一步,因此,他被人们称赞为"三年不窥园"。而"目不窥园"这个用来形容人刻苦学习、心无旁骛的成语便是由此演变而来的。

刘彻广纳贤才的时候,董仲舒得到了举荐,还以"第一名"的成绩脱颖而出,顺利进入了"皇帝提问环节",即皇帝提出问题,由考生来进行回答。这个过程称之为"对策",皇帝的提问也叫作策问,考生的回答则称之为策文。

刘彻一连对董仲舒进行了三次策问,董仲舒一个不落地以三篇策文应答。由于刘彻这三次策问的基本内容都与天人关系有关,因此,董仲舒的三篇策文又被称之为《天人三策》。天,指的是上天,古人常称之为"天道";人指的便是社会之中生存的个人。

刘彻第一次策问,主要问的是巩固政治的根本道理;第二次问的是治国政术;第三次问的是天人感应。而董仲舒的策问则主要讲了五个重点来回答刘彻提出的三个问题。

董仲舒的第一个重点就是新王改制。董仲舒提出，当一个王朝出现更迭，新的皇帝就是"新王"，新王即位，首先就应该改变王朝的制度和仪式，而要改变制度、仪式，首先就应该从外在的"仪式"开始，即"改正朔，易服色，以顺天命而已"。

"正朔"中，"正"指的是正月，即为一年之首；"朔"指的是初一，即为一月之首。改正朔实际上也就是要更改历法的意思。

"服色"所指的不仅仅是服装的颜色，其范围还包括祭祀的牲口、车马、颜色，等等。中国古代每一个王朝都有其所崇尚的颜色，例如夏朝以黑色为尊，商朝则以白色为贵，周朝则尊崇红色。所谓"易服色"实际上指的就是要改变一个朝代所崇尚的颜色。

为什么要改变王朝的制度和仪式呢？董仲舒进一步提出了"君权神授"的思想。董仲舒认为，王朝的更迭取代是天意，并非任何人都可以凭借武力和计谋而做到的。皇帝的权力是上天赐予的，君主就是"真命天子"，是命中注定要来拯救苍生的。因此，新王朝改变制度、仪式，实际上是其"顺应天命"、开启新时代的一种象征。

我们知道，西汉王朝的建立，实际上就是异姓武力夺权取代前朝的过程。而刘邦不过是区区一介草民，其身份背景与一般市井之徒并没有多少区别。这样的一个人可以做皇帝，那是不是意味着人人都有资格做皇帝？但如今，经过董仲舒"君权神授"的分析，刘邦的身份顿时与市井之徒区别开了，他摇身一变成为了上天选中的"真命天子"。这一论述显然从理论上捍卫了西汉王朝政权的合法性和神圣性，深得年轻皇帝的心。

"君权神授"的思想实际上是一把双刃剑，它既承认了君权的神圣，但同时又对君权有了制约。君权是由上天赐予的，神圣不可侵犯，但如果君主滥用君权，胡作非为，那么上天就会对你发出警告，最终甚至剥夺你的权力，正如秦朝灭亡，便是因为秦二世的倒行逆施一样。董仲舒用这样的理论表达了自己的政治思想，渴望能够用这样的方式来让至高无上的君主有所顾忌，从而谨言慎行，造福万民。

董仲舒《天人三策》的第二个重点是"大一统"。所谓"大一统"，指的就是天下的统一，这一点与刘彻的政治理想不谋而合。匈奴的虎视眈眈，诸侯的蠢蠢欲动，这一切都令刘彻深恶痛绝。平定匈奴，集权中央，最终达到天下的"大一统"，这正是刘彻一生的追求。

董仲舒《天人三策》的第三个重点是"兴太学，举贤良"。

太学指的是设立在京城的国家最高学府，所谓"兴太学"，实际上就是建议让朝廷自己培育人才，以供社稷之用。"兴太学"的好处就在于，朝廷可以根据自身需要培养定向人才，而不须毫无目标地进行搜寻。

所谓"举贤良"实际上就是建议刘彻将察举制规范化、制度化，让其成为一种能够定期为中央输送人才的官员选拔制度。董仲舒建议，每两年便面向天下的贤能之士开展一次选拔活动。此外，董仲舒还向刘彻建议，让各诸侯以及郡守等高官每年向朝廷举荐两名人才，借此来考察大臣们的识人能力，举荐不当的大臣要受到惩罚。

董仲舒的建议完善了汉代的察举制，使其正式成为了汉朝最重要的官吏选拔制度。

刘彻的政治理想是非常庞大的，要实现这个政治理想，自然是求贤若渴，而董仲舒"兴太学，举贤才"的建议正是造就汉武帝时代人才辈出的伟大创举。

董仲舒《天人三策》的第四个重点是"尊儒"。董仲舒认为，无论是官员还是百姓，只要读"六经"就可以了，其他的书没必要读，学通了"六经"，无论是做官还是做人，就都已经够了。董仲舒说，这天底下的臣民，最难约束的并非行为，而是思想，诸子百家各有各的思想，非常难以达到统一，达不到统一，国家的法纪制度就不能统一，这样一来，天下人也不知该遵从什么。但国家只要选择"儒学"作为正统来教育天下子民，禁绝其他的思想，这样一来，天下人的思想都统一了，法纪制度也就统一了，人民自然也就知道应该遵从什么了。

董仲舒《天人三策》的第五个重点是"更化"。所谓"更化"其实就是改革的意思。董仲舒认为，改革对一个王朝来说是非常重要的，汉朝自从建立以来，一直希望能发展壮大，但一直都不能如愿，其根源就在于没有进行切实有效的改革。

董仲舒一番理论显然完全与雄心勃勃的刘彻不谋而合，《天人三策》中所阐述的五大重点更是让刘彻心驰神往，跃跃欲试。尤其是一句石破天惊的"罢黜百家，独尊儒术"，更是击中了刘彻的心。西汉王朝自开国以来一直奉行黄老"无为而治"的政治主张，但意气风发的少年天子显然并不满足于祖宗创下的基业，生性活泼的他只盼能够一飞冲天，黄老思想显然只会成为他的阻碍，而今，董仲舒为他开启了积极济世的儒学思想，无疑是为他指明了一条实现其政治理想的光明大道！

《天人三策》虽然得到了刘彻的赏识，但刘彻却并未重用这个才华横溢的董博士，而是把他派给了江都易王刘非做国相。在确立了"尊儒"的基本国策之后，年轻的皇帝终于开始大刀阔斧地展开了大动作。

窦婴封相

卫绾是刘彻尚为太子时景帝亲自指派给他的老师，也就是太子太傅。此后，卫绾又被景帝任命为丞相。卫绾这个人谨慎小心，在政治上没有什么作为，对于朝政大事，更是几乎都不过问。虽然身为丞相，但卫绾却更像是皇帝的"传声筒"，只起到了上传下达的作用。尤其是在汉景帝临终之前，原本应该代理朝政的卫绾却制造了很多"冤狱"，暴露出了其能力上的不足。

卫绾的为官生涯处处都与黄老政治不谋而合，因此，在景帝死后，决心摒弃黄老政治的刘彻一即位，便即刻终止了卫绾的政治生涯。汉武帝建元元年（前140）六月，刘彻以"不称职"为由罢免了卫绾的丞相之职。

西汉实行三公九卿制，中央政府的最高行政权力分属三公掌管，即丞相、太尉以及御史大夫。其中，丞相位列三公之首，掌管全部外朝事务，对百官有选举、任官、升降以及刑赏的权力。按照汉朝的礼仪制度规定，皇帝在任免丞相的时候，必须亲自出席朝会，京师之中所有六百石以上的官员也都必须到会。而在接见丞相的时候，皇帝也必须在正殿中着朝服而见。甚至在丞相离去之时，皇帝也要起立将丞相送到大殿门口。若是丞相身患重病，皇帝还必须亲自前往问候。丞相死后，皇帝则要赐予棺木、陪葬品以及葬地等，并且要亲自前往吊祭。可见，在西汉时代，丞相的权力是非常大的，因此，任命丞相事关重大。

而在罢免卫绾之后，丞相之职该由谁来担任成为了让刘彻头疼的难题。其时，朝中最有资格担任丞相之职的人有两个，一个是祖母窦太后的侄子魏其侯窦婴；另一个则是母亲王太后王娡的弟弟田蚡。

田蚡是王娡同母异父的弟弟，相貌丑陋但却非常能言善辩，在汉景帝晚年时逐渐在政治舞台上崭露头角。到景帝死，刘彻登基之后，在王太后王娡的支持下，田蚡逐渐显贵起来。自卫绾被罢免之后，田蚡就一直垂涎丞相之位，摆出了一副志在必得的姿态。但就在他准备全力争取丞相之位的时候，他的一个门客却站出来阻止了他，门客说："大人，这朝堂之中，魏其侯窦婴辈分比您高，资历也比您老，且当初在景帝平叛七国之乱时战功赫赫，无论内外，他都胜过您。所以，就算皇上发话了，要拜您为相，您都应该主动谦让一番。只要窦婴能坐上丞相之位，大人您一定能做太尉。这太尉与丞相从官阶上来说是等同的，您不仅不会吃亏，而且还能显示出您'让贤'的大度。"

虽然田蚡的内心对丞相之位垂涎已久，但听完门客的话之后也觉得十分有道理，于是便侧面地向姐姐王太后讲述了自己的心事。

其时，刘彻正在为拜相之事寝食难安。王太后一听完田蚡的话，顿时灵机一动，心中有了主意，立马就去见了刘彻，拉家常一般地将田蚡说的那番话添油加醋一番，变成了自己的"意见"说给刘彻听。刘彻听完，心中琢磨了一番，这窦婴和田蚡都喜好儒学，任用他们正好符合自己尊崇儒术的政治方针，且窦婴是祖母窦太后的侄子，田蚡又是母亲王太后的弟弟，任用他们同时还能巩固自己的皇权，何乐而不为呢？

于是，窦婴走上了他政治生涯的巅峰，成为了刘彻钦点的丞相。而田蚡也果然如门客所说，官拜太尉，被封为武安侯。

为实现自己的"新政"，在窦婴和田蚡二人分别拜为丞相、太尉之后，刘彻又提拔了著名的儒者赵绾和王臧，任命赵绾为御史大夫，王臧则为郎中令，就这样，刘彻正式开始了西汉王朝的一系列改革。

要想达成"罢黜百家，独尊儒术"的目标，首先就要大兴儒学，与此前盛行的黄老思想抗衡。为实现这一目标，赵绾和王臧向刘彻举荐了他们的老师，当时颇具盛名的经学大师申培公。当时，申培公已经80多岁了，当刘彻以"束帛加璧，安车驷马"的隆重规格将他迎接到京师的时候，这位一生备受冷落的老人家却似乎再没有精力多说些什么了。当刘彻兴致勃勃地请教这位大儒家治国安邦的学问时，申培公竟只是简单地说了句："这治理国家不在于你的言论有多高，重点还是要看你怎么用力去做。"这句不痛不痒的话如同在年轻天子的心头浇了一盆冷水，原本热情高涨的刘彻心中顿时有些失望。但既然人都请来了，不任用似乎不合规矩，于是，刘彻给了申培公一个太中大夫的官位，安排他在鲁邸住下，与赵绾和王臧等人一同讨论"兴儒学"的诸多事宜。

除了"兴儒学"之外，汉武帝"新政"的第二件大事就是要"除弊政"，实际上也就是董仲舒《天人三策》中所建议的改革。

此前说过，刘彻的政治理想是要实现"大一统"，而要实现这一目标，就必须实现高度的中央集权。因此，刘彻所谓的"除弊政"，实际上就是直接向诸侯权贵开刀，限制他们的诸多特权，以强化皇权的统治地位。为达到这一目的，刘彻一连颁布了三条法令。

第一条法令就是要将所有滞留在京城的诸侯"赶"回他们的封地。

汉代封侯往往是将一个县作为封地封给某人，封地的名字叫什么，那这个人就称什么侯。比如皇帝将顺义县封给某人，那这个人的封号就是顺义侯，以此类推。能够封侯，自然任谁都不会拒绝的，但这些被封侯的人都知道京城繁华，于是有很多人在接受封侯之后，到封地一办完公职事宜，就立刻返回京城赖着不走了，对封地上的事不闻不问。

也有一部分的诸侯王则是因为娶了皇帝的女儿，而这些娇生惯养的公主习惯了京城繁华奢侈的生活，不愿前往诸侯王的封地，使得他们只得一同留在京城了。

还有一部分滞留京城不肯走的诸侯王则完全是为自己的政治前途考虑。在汉代，有这么一个不成文的规定：封了侯，往往才有资格做丞相。因此，许多成功封侯的诸侯王目光都紧紧盯着丞相之位。而要想成功得到这个位子，自然必须随时处在权力的中心，一旦离开京城，得丞相之位的机会就小了。

第二条法令就是解禁函谷关。

秦朝时候，为了首都咸阳的安全，设有这样一条法令：但凡是出入函谷关的人，必须持有特别通行证。有这样的法令，实际上是因为秦朝刑法严峻，盗贼叛乱之事屡禁不绝。而如今，大汉朝政通人和，人民安分守己，虽不敢说达到了夜不闭户的水平，但也称得上是国泰民安了。因此，为了"亲民"，并且彰显出天下的太平，刘彻决定解禁函谷关，让百姓能够自由出入。

第三条法令就是鼓励检举。

检举的对象当然就是刘姓宗室以及各外姓的皇亲国戚。刘彻鼓励众人对这些违法乱纪的皇亲国戚进行积极检举，以振朝纲法纪，巩固中央集权，同时维护社会安定。

刘彻的这一系列动作组成了他登基之初雄心勃勃的改革行动，史称"建元新政"。

刘彻的"建元新政"显然触犯了众皇亲国戚的切身利益，一时之间，已经嫁给诸侯王的公主、刘姓的宗亲贵族、窦氏家族子弟纷纷向窦太后进言，要求窦太后出来主持公道。

但在此时,发生了一件事情,让窦太后勃然大怒,将新政权推入了岌岌可危的境地。

皇权旁落

黄老学说起源于战国时期,实际上是综合了老子之言、道家学说以及法家理论而成的产物。西汉初的统治者们一直以黄老学说作为政治方针,到了窦太后时期,太后更是将其列为了皇家子弟必须习读的学说,甚至连窦氏一族的子弟也必须习读。窦太后对黄老学说的痴迷可见一斑。

儒家学说与黄老学说的争斗实际上早已存在。景帝年间,朝堂之上就曾展开过一场关于儒家学说与黄老学说的激烈辩论,辩论双方的主角分别是信奉儒学的《诗》学博士辕固生和提倡黄老的学者黄生。

此次辩论的议题是:商汤、周武取代前朝的行为究竟是顺应天命还是大逆不道?

"汤武革命,顺天应人",这向来是儒家的主张。因此,辕固生大胆陈词说:"夏桀、商纣都是慌乱残暴的人,天底下的百姓,无一愿为他们而出力的,商汤、周武之所以能够取而代之,完全是天下人心所向而导致的,所以说,商汤周武取缔前朝完全是一种自然而然、顺天应人的结果。"

黄生却全然不同意辕固生的主张,他说:"商汤、周武以臣子的身份杀死了君主,就是叛徒,何谈正义?就好像帽子和鞋子一样,无论帽子多么残旧,始终还是要戴在头上,而无论鞋子有多么崭新,也注定要踩在脚下。因此,这君主无论有多大的过错,他永远都是君主。臣子呢,无论多么有才能,也永远只能做臣子。君主即便有过失,臣子也应该尊奉他、匡正他,而不是诛杀他,自己取而代之。商汤、周武的所作所为,难道是臣子应该做的吗?难道不是以臣弑君吗?"

黄生这一慷慨陈词顿时暴露了一个致命伤:汉高祖刘邦不正是反秦灭项方才建立了西汉政权,代之为王的吗?

辕固生抓住这一要害,冷笑着突然问黄生道:"那这高祖皇帝究竟是鞋子还是帽子呢?"

黄生顿时哑口无言,好在景帝立即制止,方才阻止了这场触及敏感问题的辩论。但显然辕固生的儒家学说占据了上风,一时之间引起了众人热议。这件事情就这样传到了窦太后的耳朵里,窦太后何等笃信黄老,自然对辕固生有所不满。

找了个机会,窦太后召见了辕固生。一见到这位儒学斗士,窦太后就拿出了一本《老子》,问辕固生说:"听说先生你学问很高,那么认不认得这是一本什么书呢?"

辕固生瞟了一眼之后,不屑地应道:"此家人言耳。"这意思就是说,这就是那些没见识的老百姓看的东西。

我们知道,这窦太后是穷苦人出身,曾是社会最底层的老百姓,辕固生这句话不仅仅亵渎了窦太后对黄老学说的信仰,同时也对窦太后身世充满讽刺之意。当然,辕固生或许并非针对窦太后,而只是说出了自己的心里话,但这话却让窦太后怎么听都不是滋味。老太后一怒,直接令人把辕固生丢进了野猪圈里，让他赤手空拳地去和野猪搏斗。好在九死一生之际，汉景帝急忙递了把宝剑给辕固生。辕固生奋力一搏，用宝剑刺死了野猪，这才保住了自己的性命。此后，景帝为保辕固生，立即将他调职去了诸侯国。

从这件事情便能看出，窦太后对于黄老学说的维护。虽然武帝刘彻一登基就大刀阔斧地开始挑战窦太后的信仰，但面对自家孙子，窦太后还是给予了足够的宽容。即便子孙辈们怨声载道，窦太后也始终没有干预汉武帝刘彻的"建元新政"，一直到建元第二年的时候，窦太后的底线终于被触及了。

汉武帝建元二年（前139）十月，御史大夫赵绾为了向刘彻表忠心，联合王臧一起向刘彻上疏，提出了一个建议，说这以后朝廷里头的大事，由皇上决定就行了，没必要再去向东宫请示！

东宫指的正是窦太后窦漪房，这是建议年轻天子削太后的权。得到消息的窦太后拍案而起。

盛怒之下的窦太后一改此前宽容放任的态度，立即就采取了行动。她先是即刻派人暗中调查御史大夫赵绾和郎中令王臧二人，寻找他们的把柄。正所谓人无完人，果然窦太后还真从这二人身上找到了其所犯的错误。这些小过错放在平时或许睁一只眼闭一只眼也就过去了，但此时，窦太后却硬是抓住这些问题不放，直接向皇帝发难，并令人将赵绾和王臧二人投入了大狱之中。二人抓捕入狱依然不能消除太后心头之恨，在窦太后的授意下，赵绾和王臧二人最终被迫自杀。

把这两个人除去之后，窦太后的目标放在了刘彻的左右丞相窦婴和太尉田蚡身上。这窦婴是窦太后的亲侄子，田蚡又是王太后的亲弟弟，向来重感情的窦太后自然也不忍心对他们加以处罚，于是决定"宽大处理"，罢黜了他们的官职。

最后，窦太后要"对付"的，自然是她的亲孙子刘彻了。对于亲孙子，窦太后自然不会去动他一根汗毛，但这"下马威"却不能免。于是，在罢黜窦婴和田蚡之后，窦太后立即提拔了柏至侯许昌为丞相，武强侯庄青翟为御史大夫。这二人论功绩、论德行都没有什么值得称道之处，窦太后选择他们二人的唯一理由就是：他们都信奉黄老学说。

窦太后与汉武帝之间的博弈，既是皇权的斗争，同时也是黄老学说与儒家学说之间的斗争。自西汉建立以来，统治者向来尊黄老抑儒学，儒生在当时地位是极其低下的，想在仕途上有所作为更是难上加难。在《史记·郦生陆贾列传》中曾有这样一段记载："沛公不好儒，诸客冠儒冠来者，沛公辄解其冠，溲溺其中。与人言，常大骂。"沛公，也就是刘邦，他非常不喜欢儒生，有很多戴着儒生帽子的人来见他，他都会把这些人的帽子摘下来，然后在里头撒尿。而在和他们说话的时候，动不动就会对他们破口大骂。

可见，从汉高祖开始，儒学便处于举步维艰的困境之中。虽然武帝刘彻试图贯彻"独尊儒术"的为政方针，但其终究是羽翼未丰，难以与根基深厚的黄老学说相抗衡。再者，汉朝以孝治天下，窦太后是刘彻的亲祖母，是他不得忤逆的长辈，再加上窦太后历经三朝的影响力，无论如何，刘彻也不可能与她正面起冲突。

就这样，在窦太后大刀阔斧的干政下，刘彻的"建元新政"宣告失败。原本斗志昂扬的年轻皇帝在遭遇政治上的挫败之后陷入了长久的苦闷之中，高耸的宫墙，紧闭的门阙，一切都如同天子的囚笼。在这样的苦闷之中，汉武帝刘彻对政事不再像起初那般积极了，转而开始四处游猎玩耍。而就在这时，他与一个间接对西汉王朝的发展有着重要影响的女人结缘了。

歌女卫子夫

汉武帝建元三年（前138）春，汉武帝刘彻决定亲自去挑选一批在宫中用处不大的宫人，将她们遣散回家。

汉代的宫女得以离宫归家，大约有几种情况：一是皇帝亲自下令，让自己的妃子出宫改嫁。首先下达此诏令的皇帝是汉文帝，文帝临终之际下达了遗诏，将宫中夫人以下品级的妃妾遣返回家，能够再次改嫁。因文帝开了先河，所以到景帝时期，景帝临终之前也效仿父亲立下遗诏，除了有名号的妃嫔之外，普通的宫女也得以出宫归家。另外，在汉代，那些服侍皇帝夫人的侍女，在其所服侍的夫人死去之后，也都能够离宫去嫁人。

刘彻虽然尚且处于壮年，但或许是考虑到宫中实在有些人满为患，加之政事受挫之后空余时间多了出来，于是便决定"效仿"父亲和祖父，把宫里头那些年纪大了、不中用的宫人们都遣散出宫。

就在此时，一个哭得梨花带雨的柔弱女子跪在了刘彻面前，请求刘彻能够放她出宫。看着眼前楚楚动人的窈窕女子，一头乌发垂顺肩头，刘彻顿然动了怜香惜玉之心，对这般小女子家的姿态是又爱又怜。这个女子名叫卫子夫，早在一年前她就已经与刘彻有了短暂的情缘。

说起卫子夫与刘彻的交集，全然是一段平阳公主刻意为之却又是无意之中促成的姻缘。

在汉代，对公主的称谓一般是按照其食邑或夫家的封邑所在地来称呼。平阳公主在未出嫁之前的食邑在阳信，所以被尊为阳信公主。后来，她嫁给了平阳侯曹时，称谓便从了夫家，为平阳公主。

当年馆陶公主靠着为景帝举荐佳人得到了荣宠的地位，汉武帝刘彻的同胞长姊平阳公主也想依样画葫芦，靠给弟弟举荐绍美女来巩固自己的地位。但这就存在着一大问题了，刘彻的皇后那可是馆陶公主的掌上明珠陈阿娇陈皇后。想当年，若非王太后得到长公主相助，再加上年幼的刘彻那一段"金屋藏娇"的"许诺"，作为皇十子的刘彻怎么可能登上皇太子之位，最终继承大统？馆陶公主不仅对刘彻"有恩"，同时又是窦太后极其宠爱的掌上明珠，陈阿娇的地位自然也就更不一般了。自小就受尽万千宠爱的她，怎么容得下别人大张旗鼓地给自己的丈夫介绍美女呢？

即便如此，平阳公主虽然没有条件像当年姑母那样光明正大地给弟弟举荐美女，但始终没有放弃这个想法。她在丈夫的封地物色了一批出身良家的女子，养在自己的府邸之中，日夜加以训练，只等着有朝一日能够有机会送到刘彻面前。

平阳公主等待着的这个机会很快就到来了。建元二年（前139）春，刘彻遵循旧制在灞上参加了除灾求福的祭祀。之后在返回京师的途中，刘彻突然心血来潮，打算绕道前往平阳府去看望自己的姐姐平阳公主。得知天子驾临，平阳公主夫妇喜出望外，急忙张罗着办了一桌丰盛的宴席。平阳公主更是满怀欣喜地将自己准备许久的10余名经过精心培训的美丽女子传唤了出来，准备供刘彻进行选择。

但可惜的是，刘彻居然一个也没看上。而就在此时，当平阳公主失望地遣走这些美女，传唤府中歌姬进来表演歌舞助兴的时候，刘彻却一眼看中了歌女中乌发如云的清丽佳人卫子夫。

平阳公主对弟弟的心思还是十分了解的，她敏锐地注意到了刘彻对卫子夫的倾心，顿时喜上心头。在歌女表演完毕之后，她不动声色地安排了卫子夫到刘彻更衣的车驾中侍奉。当晚，刘彻便在车驾之中临幸了卫子夫。对于善解人意的姐姐，为表谢意，刘彻当场便赏赐给了她黄金千斤。趁此机会，平阳公主赶紧趁热打铁，向刘彻奏请，愿把歌女卫子夫随车驾送入宫中。沉浸在温柔乡中的刘彻欣然应允，平阳公主更是在卫子夫临行之前对她关怀备至，亲昵地拍着她的背说道："去吧！等哪天你飞黄腾达，富贵加身，可不要忘记了我啊！"

此时的卫子夫是带着美好的憧憬与她生命中的第一个男人，一个与众不同、尊贵无比的男人一同离开的。但进入宫中之后，卫子夫却发现，自己得到的不是那些美好的幻想与憧憬，而是日日夜夜的孤独与残忍。入宫一年多，皇帝再没有想起这个与他有着姻缘的女子。

按照汉宫之中的制度，除非得到皇帝钦点，否则妃嫔们是不能随意见到天子的。因此，在这一年多的时间里，卫子夫完全没有机会再与刘彻相见。直至入宫一年之后，刘彻亲自遣返宫人离宫，卫子夫才终于又见到了这个早已将她遗忘在某个角落的男人。

此时的二度相见让刘彻感觉非常玄妙，勾起了他一年前短暂而美好的回忆。一年前，他还是意气风发、雄心勃勃地准备大展宏图的天子，而今，他如被困蛟龙，心中苦闷无从诉说。重遇卫子夫，再见她娇弱可怜的样子，刘彻心中顿生怜爱，再度临幸了卫子夫。

这一次，卫子夫没多久之后便有了身孕。得知这一消息的刘彻大喜过望，顿时对卫子夫呵护备至，尊宠日隆。

卫子夫有孕对于刘彻而言是具有重大意义的。刘彻才刚被立为太子不久，就与陈皇后阿娇成了亲，到如今已是整整11年，皇后却始终一无所出。

刘彻虽然地位尊崇无比，但实际上却处处受制于人，无论是皇祖母窦太后，还是长公主馆陶，都对他有着某种程度的制约。而陈皇后阿娇则倚仗着母亲对刘彻的"恩情"，以及自己天之骄女的身份，骄横霸道，争风吃醋，在这11年间几乎不让任何女人有机会接近刘彻。

如今，卫子夫怀孕了，这是刘彻的第一个孩子，刘彻自然欣喜。

得到卫子夫怀孕的消息，陈阿娇如同五雷轰顶，尤其是当得知卫子夫竟然只是奴婢出身，陈阿娇更是气不打一处来，二话不说就摆着谱冲去找刘彻理论了。这一次，刘彻再没有像以往那般对阿娇万般忍让，两人在争执中不欢而散。素来了解阿娇蛮横无理的刘彻急忙将怀孕的卫子夫迁到了自己寝宫旁边，将她严密地保护了起来。

刘彻的这一举动更是让阿娇痛心疾首，哭着闹着去找馆陶公主刘嫖告状了。刘嫖这人向来贪婪又霸道，陈阿娇这点倒和她的母亲如出一辙。听女儿诉说了事情的原委，刘嫖怒极攻心，但她同时也知道，自己再怎么生气也不可能对刘彻怎么样。如今的他已经是天子，是高高在上的皇帝，不再是当初那个坐在她腿上吃果子的彘儿了。但气不能不撒，于是长公主把目标对准了卫子夫。皇帝要保护卫子夫，没关系，但她可以拿卫子夫的家人开刀。

卫子夫出身非常卑微，她的母亲也是平阳公主府上的女奴，人称卫媪。卫媪先是与一名男子生育了三女一子，长子卫长君，长女卫君孺，次女卫少儿，以及小女卫子夫。关于卫子夫的生父，历史上没有任何记载，因此他的身份、地位等我们都无从知晓。后来，卫媪又和平阳侯的一个小吏郑季私通生下了一个儿子，取名卫青。作为私生子的卫青先是由郑季抚养，但由于出身不好，郑季的夫人和几个异母兄弟都对他心怀怨恨，成天变着法地折磨卫青，逼迫他去放羊，做奴仆做的事情。后来，不堪忍受折磨的卫青逃离了郑季家，回到平阳侯府投奔母亲。此时，平阳侯府中正是平阳公主当家，平阳公主收留了卫青，让他做了为自己出行护驾的骑奴。后来，卫青的姐姐卫子夫进了宫，其时，刘彻正张罗着修建上林苑，平阳公主就将卫青送去了上林苑的建章宫里当差了。

长公主刘嫖实施对卫子夫的报复时，首先盯上的人就是她的同母弟弟卫青。在探查清楚一切之后，刘嫖很快就命人将卫青给抓了起来，意图秘密杀害他，给卫子夫一个"下马威"。好在卫青被抓的消息被好友公孙敖得知，公孙敖立即领着一帮人在千钧一发之际将他从长公主手上救了下来。公孙敖本是刘彻的骑兵侍从，两人相识之后一见如故，成了至交好友。

事情败露，刘彻大怒，立刻下了诏令，正式册封卫子夫为"夫人"，任命卫青为侍中，兼任建章监。此外，卫子夫的其他兄姊也都获得了封赏，卫长君封为侍中，卫君孺赐婚太仆公孙贺，卫少儿赐婚詹事陈掌（陈平的后人）。此后没多久，卫青又被任命为了太中大夫。而公孙敖也因救卫青有功而显贵起来。

原本出身低贱的卫氏一家摇身一变成了皇亲国戚，卫氏的显贵一方面得益于卫子夫的得宠，而另一方面实际上也是刘彻与陈皇后母女宣战的结果。刘彻用实际行动警告了长公主刘嫖和陈皇后阿娇，他要让她们认清楚这样一个事实：他才是大汉朝的天子，他才是真正可以决定别人命运的君主，他可以决定给谁荣宠，同样，也能决定让谁跌入万劫不复之地！

上林苑

年轻的刘彻生性活泼，血气方刚，向来钟情于游猎活动。尤其是在受到窦太后制衡，政治上不得志之际，更是将所有精力都转移到了纵情山水、游玩打猎上。

汉武帝建元三年（前138）开始，18岁的刘彻开始微服出游。虽说是微服，但实际上阵仗却也不小，每次出游，刘彻身边都会带着一众侍中、常侍、武骑以及待诏等官员，还特地从陇西、北地诸郡县选拔出了一批善于骑射的勇士作为随行人员。为了掩饰天子的身份，刘彻便冒用了姐夫的身份，让手下人都称他为平阳侯。

刘彻出游常常是天不亮就出发，抵达目的地之后便开始逐鹿赶兔，有时甚至会和狗熊也搏斗一番。其时，刘彻出游的范围还仅限于京城周围。有一次，刘彻带着众人一直策马到了终南山麓一带打猎。为追逐猎物，刘彻一行人的马直接闯入了终南山下的农田里，把农夫们的庄稼践踏得一片狼藉。

看着自己的庄稼被人肆意破坏，农夫们群情激奋，高声叫骂，并且立刻向当地的县长报告了消息。县长立刻带领了一众士兵赶到农田，准备围捕刘彻一行人。而此时，农夫们见县长来了，也都主动地从家里操起了农具前来帮忙。在士兵和群众的围堵下，不一会儿，刘彻一行人就被团团围在了农田之中。无奈之下，刘彻只得授意侍从们向县长透露了自己的身份。起初，县长并不相信，在查看了多件唯有宫中才可能有的东西后，吓得面色惨白，"扑通"一下跪在了农田里，不住叩头请罪。

刘彻倒也没把这事放在心上，只摆摆手，示意围堵他的众人撤开之后便带着侍从离去了。

这次事件之后，刘彻非但没有收敛玩性，出游的范围反而还越来越广了。

一次，刘彻一行人游猎得有些忘乎所以，这一走竟到了柏谷境内（今河南灵宝）。此时天色已晚，刘彻一盘算，这连夜赶回宫中怕是不可能了，于是遣人去找间客栈，打算暂住一晚之后，待天明再行回宫。

这些侍从平日里跟在皇帝身边，免不了有些自视甚高，不把寻常老百姓放在眼里。他们一到客栈就大声吆喝着让老板端汤水出来，一副傲慢无礼、耀武扬威的样子。这客栈老板也是个脾气挺大的人，见这帮子年轻人一个个骄横无比，气就不打一处来，恶言恶语地斥道："没有汤水，有尿要不要？"见老板竟是这般态度，侍从们也不高兴了，眼看着就要操家伙上去干一仗。刘彻虽然心中也有所不悦，但他并不想暴露自己的身份，节外生枝，于是用眼神制止了众人。

可谁知这客栈老板一见这帮子人居然都带着武器，竟怀疑他们是些盗贼匪徒，不由分说，便让人到镇上召集了一批青壮年来帮忙捉拿"盗匪"。

客栈老板娘却是个精明人，她一看便觉刘彻一身贵气，不像寻常老百姓，估摸着来头肯定不小。于是，老板娘急忙将老板找来的人都遣散了，并拿出一壶美酒把冲动暴躁的丈夫连哄带骗地灌醉后捆了起来，这才赶紧杀鸡宰鹅地款待这群年轻人。

第二天一早，刘彻一行人就急忙起程回宫了。刚到京城，刘彻就下令让人将客栈老板娘找了来，赏赐了她黄金千斤，此后又让她的丈夫，那个冲动易怒的客栈老板做了羽林郎。西晋著名诗人潘岳的《西征赋》中就曾记录了这件事情，赋文曰："长傲宾于柏谷，妻睹貌而献飧。"

这次有惊无险的事件后，刘彻开始反省自己的游猎行为。一方面，这种长途跋涉的游玩着实让自己感到疲劳；而另一方面，这样的游玩时常会骚扰到百姓，招致众人反感。于是，刘彻断然停止了这种微服出游、长途跋涉的游猎行为。

刘彻和那些荒淫无度、耽于玩乐的昏庸君主是不一样的，他有自己的政治理想和政治抱负。如今他寄情游猎，并非是要荒废政事，他只是在进行着一场漫长而隐忍的等待，等待着总有一天，政治大权握在自己手中的那一时刻。

游乐是刘彻在这场等待中消磨时间、消除压力的方法，因此，刘彻的游猎行为不会终止。那么，在不出巡的情况下又要如何才能保证自己游乐的质量呢？刘彻的脑海中其实早已经有了一个"完美"的计划——建立一个庞大的皇家苑囿。

有了这个想法之后，刘彻很快把这件事情交给了太中大夫吾丘寿王去办。吾丘寿王是赵人，曾跟随董仲舒学习过《春秋》。年少时因为善于下棋而被召为待诏，因聪明好学而得到刘彻喜爱，后随侍刘彻左右。接到命令的吾丘寿王很快就根据刘彻的要求和想法核算出了一套具体的筹建方案，大致确定了该皇家苑囿"上林苑"的规模与筹建事项。

就在这一年，齐地遭遇水患，黄河决堤，淹没了农田和庄稼，以致饿殍遍野，但这件事却丝毫没有影响到刘彻筹建上林苑的想法。此时的他只着眼于这座新的苑囿将为他带来的无穷乐趣，而不曾对处于水深火热中的人民有怜悯之心。

就在这个时候，东方朔站出来了。这一次，玩世不恭的东方朔一改往日嬉闹荒诞的态度，义正词严地公然反对上林苑的筹建。东方朔向刘彻提出了"三不可"："上乏国家之用，下夺农桑之业，是其不可一也；坏人冢墓，发人室庐，令幼弱怀土而思，耆老泣涕而悲，是其不可二也；一日之乐，不足以危无堤之舆，是其不可三也。"

也就是说，首先，筹建上林苑这件事情，上不能让国家获得税收，下却让农民失去了土地，这是第一个万万不可的理由；其次，毁坏百姓的坟冢，毁坏百姓的住宅，让百姓们陷入悲痛之中，这是第二个万万不可的理由；最后，为了求得短暂的乐趣，皇上飞车奔驰，身犯险境，一旦出事，那是万万不划算的，这是第三个万万不可的理由。

东方朔的"一不可"和"二不可"针对的是上林苑的建设方案。按照刘彻的设想，他准备将终南山一带和皇家御苑之间的农田都划入上林苑，连接起皇宫与终南山一带，这样他便能直接由宫中向南出猎而不惊扰百姓。这就意味着，终南山以及临近的山林一带的农民将要进行搬迁，他们的房屋和农田，甚至坟冢都将被迫毁坏。虽然刘彻已经命各官员登记其管辖区内的荒田数目，打算用来安置需要搬迁的居民，但东方朔认为，这并不能消除百姓失去故土的伤痛。

而"三不可"，东方朔所针对的，则是皇帝自身的安危问题，为了游玩而犯险，实非社稷之福啊！

陈述完缘由之后，东方朔还引经据典，以桀纣、秦王为例来劝诫刘彻。

听完东方朔的话，刘彻连连点头，很快就给东方朔升了官，让他做了太中大夫，还赏赐了黄金百斤。之后，上林苑依旧如期动工了。从这件事中，我们可以看到，武帝实非昏庸君主，他识贤臣，听忠言，但他同时也和所有的帝王一样，我行我素，刚愎自用。

上林苑建好之后，刘彻时常流连其中，将这里当作了属于自己的一片小天地。一天，刘彻无意中读到了一篇名为《子虚赋》的文章，感到十分震惊，以为是先人之作，于是便感慨道："朕怎么没有与此人生活在同一个时代啊！"

这时，帮刘彻管理猎狗的随从杨得意听到了刘彻的慨叹，急忙上前对刘彻说道："皇上，臣有一个老乡叫司马相如，臣记得他曾经说他写过一篇《子虚赋》。"

刘彻一听，大喜过望，急忙传旨召见了司马相如。

司马相如原名司马长卿，因为仰慕战国名相蔺相如，方才将自己也改名为相如。景帝时期，司马相如大约在20多岁的时候用钱捐了个官，做了景帝的武骑常侍，但由于景帝并不爱好辞赋，以致司马相如一直没有得到赏识。后来司马相如结识了梁王身边的一些辞赋家，在因病离职之后，便到了梁王封地与他们共事，《子虚赋》便是那时他为梁王而作的。

得到皇帝召见的司马相如喜出望外，随即又提笔为刘彻写了一篇《上林赋》。辞赋一成，刘彻读罢更为惊叹，即刻就让司马相如做了自己身边的侍从，并下令让尚书专门负责给司马相如提供写作工具。《子虚赋》和《上林赋》被后人合称为《天子游猎赋》，在文学史上占据崇高的地位，是汉代辞赋的代表大作。

漫长的等待

遭遇第一次政治挫败后的刘彻收敛锋芒，寄情游猎，小心翼翼地避开了与皇祖母窦太后之间的争端。在此期间，发生了两件对刘彻日后有着重要影响的大事。

第一件大事就是张骞出使西域。

刘彻继位的时候，张骞正在朝廷中担任侍从官。此前说过，刘彻的政治理想是一统华夏，而要实现这个理想，北方的匈奴无疑是一个巨大的阻碍。自西汉建国以来，匈奴就一直威胁着大汉王朝的统治，高祖刘邦曾亲自率领32万大军和匈奴首领冒顿单于有过一战，结果刘邦被困白登，险些丧命。此后，西汉再不敢贸然对匈奴用兵，一直到景帝时期，大汉朝一直都采取"和亲"和馈赠等方式安抚匈奴，战事上也主要采取消极防御的政策。

在一个很偶然的机会下，刘彻从一个匈奴俘虏口中得知，原来西域有个国家叫大月氏，这个国家曾受到匈奴人的压迫，大月氏王也被匈奴单于杀死了。后来，为摆脱匈奴的奴役，月氏人迁徙到了天山北麓一带，此后由于受到了乌孙国的攻击，月氏人又再次迁徙，到了妫水流域一带。月氏王一直都想为父报仇，杀死匈奴单于，但苦于势单力薄，无人相助，迟迟不能对匈奴下手。

了解了该情况之后，刘彻心中有了一个想法：联合大月氏，共同对抗匈奴。有了这个想法之后，刘彻很快就下了诏令，招募能够担任出使月氏任务的使者，张骞便是在这样的情况下前来应募的。

汉武帝建元二年（前139），就在窦太后出手干政的前夕，张骞奉召率领着百余人从陇西向着西域出发了。这就是历史上有名的张骞第一次出使西域。

还不等获得张骞的消息，窦太后就摧毁了刘彻的"建元新政"，使得刘彻只得收敛锋芒，韬光养晦。而就在这个时候，东瓯国突然派遣使者前来京城求救，给刘彻出了个大难题。

汉朝东南地区一共有3个小国，分别是南越国、闽越国以及东瓯国。此次发生战事的就是东瓯国与闽越国。东瓯国与大汉的瓜葛还要从景帝时期的七国叛乱开始说起。

汉景帝三年（前154），吴楚七国叛乱之际，吴王刘濞企图拉拢东南边的闽越、东瓯以及南越三国作为自己的后援，于是便派遣使者前去游说三国国王。当时，由于时常受到刘濞的小恩小惠，3个小国与吴王关系都甚为交好，但闽越和南越却没有贸然应允刘濞的提议，只有东瓯国王骆望因贪图小便宜，妄想趁火打劫，派遣了一支军队加入了刘濞叛军的行列。

结果，在周亚夫的运筹帷幄下，叛军兵败如山倒。眼看大势已去，在周亚夫的追击下，刘濞匆忙逃往了东瓯国。东瓯国王骆望面对周亚夫大军压境，心中甚是惊恐，但刘濞怎么说也是自己的盟友，却又不能不庇护他。再者，骆望也担心因自己曾派兵加入叛军，汉景帝不会善罢甘休，所以干脆心一横，试图联合刘濞残余的力量来奋力一搏，抵抗周亚夫的军队。

就在这个时候，有人向汉景帝进言说："这东瓯王骆望没有大见识，为了蝇头小利就能抛弃国家大义，这样的人本应诛之而后快。但是现在，朝廷刚经历了一场苦战，没有足够的力量一举将东瓯歼灭。但如果时间久了，刘濞很可能东山再起,重燃战火。所以,莫不如现在用重金去收买骆望,赦免他加入叛乱的罪责,以此作为交换,让他交出刘濞。这样一来,无须大动干戈便能除去心腹大患。"

景帝应允了此大臣的建议,对他进行了赏赐,并令他为使者前往游说骆望。

骆望本就畏惧周亚夫的大军,如今一听说景帝可以赦免自己的罪责,再加上使者带来的丰厚赏赐,顿时见利忘义,同意了使者的要求。

几天后,骆望以慰劳军队为由,请刘濞到东瓯的练兵场检阅军队。刘濞不知有诈,欣然前往。看着威风凛凛的东瓯士兵,刘濞心中大喜,顿时来了精神。这时,刘濞注意到了军队中一名引人注目的彪形大汉,此人威风凛凛,气度不凡。刘濞向他走了过去,正打算慰问他几句,怎料这名大汉突然之间举起长矛刺向了刘濞的胸口,刘濞还搞不清楚怎么回事便送了命。原来,这名大汉正是骆望所安排好的刺客。

当时,刘濞的儿子刘驹也在东瓯。听闻父亲被刺的消息后,刘驹急忙逃往了闽越,这才捡回一条小命。

如今已经过去16个年头了,景帝驾崩,刘彻继位。在窦太后的掌控下,大汉帝国讲求无为而治,故而对东南边的小国纷争也不予关注。

就在这个时候,隐忍了16年的刘驹看到机会来了,便撺掇闽越王说:"现在景帝驾崩,新的小皇帝继位,成天只知道游玩,大权都掌握在窦太皇太后的手里头。这窦太皇太后已经一把年纪了,没什么进取精神,我们何不趁此机会,赶紧扩张势力?到时候,即便朝廷想管我们的事,也必然要纠缠一番,等他们纠缠出结果来的时候,战事恐怕也尘埃落定了。"

刘驹一番话表面上是在为闽越国的利益考虑,但实际上却是想利用闽越国的军队为父报仇。闽越处于东瓯与南越之间，南越在三国之中国力最盛，东瓯最弱，因此，闽越要扩张势力，自然首拿东瓯来开刀。于是，闽越大军长驱直入，东瓯王骆望大惊失色，这才急忙派遣使臣赶往长安求救。

救与不救成了刘彻的难题。救，意味着朝廷要出兵，出兵必然遭到窦太后的反对，刘彻已经吃过一次亏，这次自然不愿意再与窦太后有所冲突。但若是不救，刘彻心中又有所不甘，这是他上任以来首次有机会展现大汉王朝的大国风范，此事若是做得漂亮，必然为自己树立威信，震慑番邦。

为此，众大臣在朝堂之上展开了辩论。实际上，在召开廷议之前，刘彻的心中早已经有了决策，只是由于缺乏经验而不愿贸然行动，召开廷议也不过是想找几个与自己想法不谋而合的人，一起讨论出个办法而已。

廷议中，中大夫严助力主救东瓯，深得刘彻赏识。在经过一番讨论之后，刘彻决定只进行小规模的调兵遣将，而不动用虎符，以此避开窦太后的反对。最终，刘彻委派严助作为使者，带着节杖赶往会稽郡，调用会稽郡的兵力对东瓯进行援助。

严助赶到会稽郡之后传达了皇帝的命令，但郡太守却因不见虎符而不肯发兵。在古代，虎符即是兵符，由金属所铸，分为两半，是调兵遣将的信物，只有下达命令和接受命令双方的虎符能够相合，才能进行军队的调遣。

无奈之余，为了不辱君命，严助当机立断，将反对发兵的会稽郡司马以违抗圣旨之罪杀了，以此威慑会稽郡太守。太守大惊，这才急忙交出了军队指挥权。闽越王一看朝廷居然立马出兵，心中不免有些慌乱，正在犹豫之际，有谋士向闽越王进言，戳穿了刘驹利用其为父报仇的私心，闽越王即刻下令军队撤出东瓯。就这样，朝廷的军队还没到，一场战事就被制止了。

东瓯王惧怕闽越再度来犯，主动请求将东瓯国迁至大汉境内，自己愿臣服大汉天子。汉武帝建元三年（前138）秋，得到刘彻恩准的东瓯王率其4万国民离开故土，全部迁居到了长江和淮河的下游地区，正式成为了大汉臣民。

处理此次事件的成功让刘彻在朝廷内外树立起了威信，其魄力与谋略让人刮目相看。

在隐忍的等待中又度过了3个年头，汉武帝建元六年（前135）五月，窦太后耗尽了她最后的生命力，终于闭上了她早已失明的双眼。皇祖母的去世让刘彻倍感哀戚，但同时又仿佛为他打开了束缚已久的枷锁，让他看到了终于能够自由驰骋的天空。少年天子已经积蓄了惊人的力量，他将推动着历史进入一个全新的时代。

第三章 / 瓦解外戚

田蚡拜相

汉武帝建元六年（前135），随着皇祖母的离世，少年天子刘彻终于正式走上了政治舞台，开始大展拳脚。他做的第一件事情就是将窦太后为了给他"下马威"而提拔起来的丞相许昌和御史大夫庄青翟罢官。要把他们罢官，总要有个罪名吧？刘彻昭告天下的罪名是：此二人治丧不利。窦太后亲自提拔任命的二人，最终却因为窦太后的丧事筹办得不够周道而被罢官。真是时移世易，不言而喻啊。

丞相之位再次空缺。在窦太后干政之前，刘彻任命做丞相的人是窦太后的亲侄子魏其侯窦婴。但此时，在所有人都以为窦婴将恢复丞相之位，再次回到朝堂之上的时候，刘彻却将丞相之位给了王太后的弟弟武安侯田蚡。

此前说过，刘彻的政治理想是"大一统"，是高度的中央集权。田蚡和窦婴都是外戚集团中的一员，将朝政大权交到外戚集团的手中，这原本就与刘彻的政治理想相悖。刘彻当初对窦婴和田蚡加以重用，一方面是因为他们二人都尊儒，另一方面，刘彻也是为了安抚皇祖母窦太后以及母亲王太后的情绪。而现在，窦太后去世了，这也意味着窦婴的政治生命从此走向了结束。

于是，在王太后的荣光照耀下，田蚡终于登上了他盼望已久的丞相之位。

姐姐是太后，外甥是皇帝，自己又是丞相，一时之间，田蚡得意非常。天下凡是有点本事，想要混个一官半职的人都纷纷前来投靠田蚡，门客趋之若鹜。

在这样的显贵之中，田蚡日益骄纵起来，在他看来。自己是皇帝的至亲心腹，而皇帝如今年纪尚轻，很多事情都要依靠自己。于是，田蚡开始积极参与朝政，每次觐见皇帝奏报朝廷里的事情，都要发表自己的高论。刘彻虽然心里对他颇有意见，但从来也不表露出来，对他一副言听计从的样子，这也就使得田蚡更加自视甚高了。

在田蚡任职丞相期间，他向刘彻推荐过不少人。这些人往往因为他的一句话便能平步青云，有的人甚至从赋闲在家一跃到二千石级别的官职。一时之间，田蚡在朝堂之上党羽众多，刘彻的权力正一步步转移到田蚡的手中。对此，刘彻当然不可能没有注意到，但窦太后的干政早已让他清楚地认识到一件事情，他虽然贵为天子，但在自己的势力没有巩固之前，依然有人可以制约自己。以前是窦太后，现在是自己的母亲王太后。

一次，田蚡又开始在刘彻面前"举荐贤良"。刘彻默然不语，直到听田蚡说完之后，才慢悠悠地说道："丞相，朕自己也想任命几个官员，你说行不行呢？"

这田蚡也是个聪明人，一听皇上的话有些不对劲，顿时敛口不言，此后对于官员的"举荐"任命也稍微有所收敛了。

身居高位的田蚡同时也是个非常骄奢的人。他仰仗着自己的权势，大量收受贿赂，不管是朝中大臣还是各地诸侯王，不管送来的珍奇古玩还是黄金白玉，田蚡一概照单全收。他家里的金玉、美女、牲畜几乎都数不胜数，府邸更是修建得豪华气派，一副穷奢极欲的样子。但即使这样，他依然不满足。一次，他想要扩建自己家的宅第，思来想去，居然看中了考工官署的土地。考工官署原名考公室，是朝廷设立的一个机构，专门负责监察国家的手工业，同时负责供应宫廷中的衣物、器皿，等等。田蚡看中了这里，这无异于自寻麻烦。但田蚡自己却没有这个觉悟，他堂而皇之地向刘彻奏请，要刘彻把这考工官署的地"送"给他扩建自家住宅。这一次，刘彻再不像此前那般忍耐，勃然大怒地对田蚡斥道："这宫里头的武器库，你要不要一并拿去？"

刘彻这一怒，吓得田蚡面色苍白，连连告罪，这才再也不敢提考工官署的事情了。

对于自己今日的显贵，田蚡处处"显摆"，不仅是在外人面前，而且在自家人面前也一样。有一次，他在家里摆酒席，其中邀请的一名客人是他的兄长盖侯王信。按道理来说，长兄为父，对于兄长，自然是应当尊重的，但田蚡却觉得，自己如今是当朝的丞相，地位尊贵无比，即使在兄长面前，也绝不能"贬低"了自己的地位。于是，他便安排盖侯面向南而坐，自己则面向东而坐。

古人是非常重视座次排位的，这是区别尊卑的重要标志。在宴习中，座次的排序是根据官阶的大小来分的，而座次的尊卑则通过所面向的方向来进行区分。而根据宴会举行的不同地方，座次面向的方向也有所区别。古代贵族的府邸一般都是前堂后室结构，一般而言，室是长方形的，东西方向比较长，南北方向则比较短，因此，在室内，最尊贵的座次是面向东而坐，其次才是面向南而坐，再者是面向北，最末是面向西。而一般来说，大部分的日常活动都是在室内进行的，田蚡这次的宴席当然也不例外。

对于田蚡的骄纵，刘彻心中一直有所不满，但碍于亲情的牵绊，王太后的面子，"以孝治天下"的压力，刘彻一直对田蚡采取了忍让的态度，但外戚这根心头刺却着实让刘彻深恶痛绝。

社稷重臣

在刘彻正式掌权，任用社稷重臣这一时期，还有两个人不得不提，他们分别是：辩士韩安国以及直臣汲黯。

韩安国此前说过，就是那个大名鼎鼎斡旋于汉景帝与梁孝王刘武之间的大臣。他曾替梁孝王挽回了窦太后的信任，又为汉景帝说服梁孝王主动交出了刺杀大臣的刺客，深得窦太后看重。他本是刘武的臣子，刘武死后，其长子刘买承袭爵位做了梁王，对韩安国并不是很看重。后来韩安国因犯法丢了官职，此后就一直闲居在家。

在刘彻刚做皇帝的时候，田蚡担任太尉之职。当时韩安国就贿赂了田蚡，得到了田蚡的举荐。再加上他也算得上是有些名气，很快就被朝廷召来当了北地都尉，后来没多久就升官做了大司农，主管全国的财政经济。

汉武帝建元六年（前135），也就是窦太后去世后田蚡当上丞相的这一年，闽越王突然发兵攻打南越国。南越王派人上疏向刘彻告急，称因曾与刘彻约定，不轻易动干戈，故而不敢贸然出兵抵抗。刘彻看到南越王的上疏，非常赞赏他的守信与忠义，即刻调兵遣将前往援救。当时，大行王恢负责率军从豫章郡出发，而大司农韩安国则负责率军从会稽郡出发，合力进军闽越。

这件事情被淮南王刘安知道了，刘安急忙上疏阻止刘彻出兵。刘安认为，这南越和闽越的人三天两头地打仗实属正常，要是他们一打仗朝廷就出兵阻止，那岂不是没完没了了吗？再说了，这天底下的百姓全都安居乐业，这个时候打仗，难免会让百姓心中生出许多担忧。最近几年收成也不怎么好，再打仗岂不是雪上加霜，让百姓怎么活呢？

刘安还向刘彻建议说，要是想让越人归顺，与其出兵攻打，倒不如派重臣前去慰问，以仁德来感化他们，招他们归顺。这样一来，不需要出一兵一卒就能解决争端。但如果派兵去攻打，这些人一定会四处逃窜，而等兵士们返回了，他们又该集结起来继续闹事了。刘安还列举了秦朝统治时期对越作战失利的事情来对刘彻进行劝说，力阻刘彻出兵。

当时，刘彻派遣的大军已经出发了，但还没有到达闽越国。朝廷发兵，闽越王却毫不畏惧，调集了重兵据守险要，作好了大战一场的准备。此时，闽越王的弟弟馀善却生了异心，偷偷和其他贵族重臣商量说："王擅自做主，发兵攻打南越，以致龙颜大怒，派了大军前来讨伐我们。与汉军相比，我们的实力实在微小，即使这一次王赢了他们，也只会激怒天子，使得更多的军队向我们涌来，我们的国家就岌岌可危了啊！如果现在，我们杀了王去向天子请罪，那么或许还能保全我们的国家。即使天子最终不原谅我们，大不了我们就与汉军拼死一战，不能取得胜利，我们就向海上逃亡！"

众人本就惧怕汉朝廷的威势，如今馀善这么一说，自然得到了众人响应。

于是，汉军还没有抵达闽越国，大行王恢就收到了闽越国使臣送来的闽越王的头颅。王恢大喜，安抚了闽越的使臣，即刻联络了韩安国停止进兵，并把这一消息上报给了朝廷。

刘彻大喜，随即下令撤回军队，并册封没有跟随闽越王一起造反的闽越王族丑为繇王。此时，带领众人杀死了原闽越王的馀善在众人的拥护下也自立称王。刘彻得知消息后，已经不想再大动干戈，于是便正式下诏，也册封了馀善为东越王。从此闽越一分为二，东越王与繇王各据一方。

处理完闽越国的事情之后，刘彻派遣庄助向南越王告知了这一消息。南越王大喜过望，连连磕头谢恩，并遣自己的儿子太子婴齐前往京师，去做刘彻的警卫，以报答朝廷的恩情。离开南越之后，刘彻又下令庄助特意前往淮南国，向淮南王刘安道明一切，并对刘安的上疏大加赞许。

此事过后，刘彻授命韩安国为御史大夫，韩安国成了社稷重臣。

再说汲黯。汲黯字长孺，是濮阳县人，在景帝时期靠其父保举做了太子洗马，即太子的侍从官。由于汲黯为人正直敢言，在刘彻登基之后，便封他做了谒者，即在皇帝近旁专门掌管传达命令等事情的近侍，当时谒者定员70人。

汲黯这个人非常尊崇道家学说，做事只讲求大原则，而不苛求小细节。当年闽越与东瓯发生战争的时候，刘彻曾派遣汲黯前往视察。结果汲黯还没到地方就中途折返了，回来以后就回报刘彻说："越人之间发生战争，完全是因为他们生性好斗，不值得天子的使臣浪费时间去过问。"

有一次，河内郡发生了一场火灾，刘彻又派汲黯去视察。结果汲黯回来以后却报告说："那场火灾不过是普通人家不慎失火罢了，因为房屋密集的关系，所以才蔓延开，没什么值得忧心的。倒是我路过河南郡的时候，发现当地的民众深陷水旱灾害，甚至出现了父子相食的惨况，所以我就擅自做主，利用皇上给的符节，下令发放官粮去赈灾了。现在请求皇上你治我假传圣旨的罪责吧！"刘彻由此对汲黯心生敬意，认为他是贤良的臣子，于是便免了他的罪责，调任他为荥阳县令。但汲黯却觉得，当县令简直是侮辱自己，于是便以生病为由向刘彻辞官。

刘彻一听，明白汲黯心中所想，于是便把他召了回来，让他在朝廷里做了中大夫。后来，由于汲黯这人屡次直言谏诤，没多久又被外放去做了东海郡太守。在担任太守期间，汲黯采取"无为而治"的态度，谨慎选拔官员之后放手任用，自己则由于身体多病而常常躺在房间里不出门。只一年多的时间，东海郡在汲黯的治理下清明太平，获得了百姓的一致称赞。于是，刘彻又将汲黯召回了京师，并让其担任主爵都尉一职，位列九卿。

汲黯这人非常倨傲。田蚡做了丞相之后，许多高官见到他都要行跪拜之礼，而田蚡常常都不予还礼。因此，汲黯见到田蚡从来都不下拜，经常是拱手作揖就完事了。不仅对丞相如此，对刘彻，汲黯也常常不给面子。在窦太后谢世之后，刘彻广招贤能，意欲大展宏图，常常大张旗鼓地说自己的政治理想。一次，刘彻又开始说着自己的远大理想，汲黯突然应声道："陛下的心里藏着这么多的欲望，表面上却做出一副施行仁政的样子，怎么可能真正做出尧舜那样的政绩呢？"刘彻一听，顿时脸色大变，敛口不言，沉默许久后宣布退朝，拂袖而去。一回到宫中，刘彻就气恼地对身边的侍从说道："这汲黯实在是太过分了！竟可以愚笨刚直到这种地步！"大臣里有人好心劝告汲黯，但汲黯却回答说："天子设置公卿百官，为的难道就是让这些人阿谀奉承、曲意逢迎吗？我身居九卿之位，就不能为了自己的区区性命而损害了朝廷大事！"

汲黯身体多病，常常一请病假就是几个月。后来有一次他病得实在太厉害，只能让庄助来帮他请病假。刘彻见庄助之后，便问庄助说："你觉得汲黯这个人怎么样？"庄助想了想，应道："汲黯这个人没有什么超越常人的才能。但他却是个忠心耿耿的人。他辅佐幼主，必定坚定不移，既不会因为利禄而变节，也不会因为君主驱赶而离去，更不会因为武功而屈服。"刘彻听完，笑道："确实如此。古人所说的安邦保国的忠臣，大概就是汲黯这样的人吧！"

可见，刘彻虽然极爱面子，但对于敢于直言进谏的刚直臣子，还是万般忍耐的。正所谓"明君惜直臣"，直臣也只有遇到明君才能成就千古佳话，正如汲黯之于汉武帝，魏徵之于唐太宗。若无明君相惜，直臣恐怕也只能落得屈原那般委屈投江的结局了。

汉武帝元光元年（前134），刘彻遵从董仲舒的建议，正式诏令各个郡国察举孝廉。其后几个月又诏令察举贤良，由刘彻亲自出题进行考试。

灌夫使酒骂座

在刘彻忙着招纳人才时，窦婴却和田蚡产生了矛盾。

这要从一个关键性的人物说起，这个人就是灌夫。

灌夫本姓张，他的父亲名叫张孟，是颍阴侯灌婴的家臣，后来在灌婴推荐下做了官。为感谢灌婴，张孟便冠了灌家的姓氏，改名为灌孟。在景帝时期的吴楚叛乱之际，灌孟在颍阴侯举荐下在周亚夫旗下担任校尉一职，而灌夫也在当时跟随父亲一同从军。当时灌孟年岁已大，大家并不看好他。憋着一口气，灌孟每次作战都不顾劝阻，常常自告奋勇地攻击叛军最坚固的阵地，没多久，灌孟便在与吴军作战的过程中战死了。根据汉朝的军法规定，如果父子一起从军，只要有一个战死，那么活着的人就能护送灵柩归来，不必再战。但灌夫却坚决不肯护送父亲的灵柩回去，坚称要取吴军将领的人头，以慰父亲在天之灵。于是，灌夫召集了与他交好的十几个勇士前去突袭吴军。结果，许多人才走出军门就胆怯了。最后，只有两名勇士和灌夫一起，率领着十几个奴隶冲入了吴军军营，一路冲到了吴军的将旗之下，砍杀一阵之后，急忙飞马离去。最终，去的人除了灌夫以外全数战死。灌夫也身受重伤，被砍了十几刀，好在军中还有些名贵的药材，这才保住了他的性命。

但灌夫伤势才刚刚好转，便又起了杀吴军将领的心思。当时，汉军的将领欣赏灌夫，认为他是个忠义勇敢的汉子，不忍看他孤身战死，于是把这件事情报告给了周亚夫。在周亚夫的极力劝阻下，灌夫这才没有再次孤身入吴军。后来，周亚夫大破吴军，灌夫的事迹也流传开来，自此闻名天下。

刘彻继位之后本想重用灌夫，先是调任他做了淮阳太守。当时，淮阳是天下的交通枢纽，对于国家而言，位置非常重要。一年后，刘彻又将灌夫内调为太仆。太仆相当于皇上的车队队长，景帝时期，做太仆的是卫绾，后来卫绾成了丞相。显然，刘彻这一调任是想重用灌夫，同时也观察他是否能够担起重任。但这灌夫做太仆后成天喝酒，不到酩酊大醉是绝对不会回家的。汉武帝建元二年（前139），也就是灌夫担任太仆的第二年，他喝醉后把一个人给狠狠地揍了一顿。这个人偏偏是窦太后的娘家兄弟，长乐宫卫尉窦甫！这长乐宫就是窦太后的寝宫，窦太后不可能忍气吞声。为了保住灌夫的性命，刘彻急急忙忙下了道诏令，把灌夫调派去了燕国做国相。

刘彻这一调任原本只是权宜之计，他心里依然打算重用灌夫。但让刘彻感到失望的是，灌夫才被调任没多久，又再次因为酒后犯法被免了职。自此，刘彻放弃了灌夫，让他赋闲在家。

其时，魏其侯窦婴失势，门客作鸟兽散。而灌夫虽家中富有，却也因为失了权势而乏人问津。在灌夫看来，窦婴虽然退隐，但他依旧是诸侯，是皇亲国戚。况且，二人性情颇有相似之处，一来二去结下了忘年之交。

后来，灌夫的姐姐去世了，据汉朝时候的礼法规定，服丧期间是不能饮酒的。一次，身着丧服的灌夫去拜见丞相田蚡，田蚡便跟灌夫开玩笑说："我本来是想哪天跟你一起去找魏其侯喝酒的，可是你还在服丧，只能算了。"

原本田蚡此话只是戏言一句，但老实的灌夫却心中一喜，以为可以借机结交田蚡，急忙应道："丞相您既然想去拜访魏其侯，我怎么能因为服丧在身就推辞呢！没事没事，明天一早我们就一起去魏其侯家里吧！"

和田蚡"约好"之后，灌夫第一时间去了窦婴家里，跟窦婴说了情况。这窦婴一听灌夫这么说，顿时喜不自胜，连夜把家里打扫得干干净净，天不亮就命人备下了酒席，就等着丞相大驾光临了。此时，田蚡对于窦婴和灌夫而言，就是一棵帮助他们东山再起的大树，能结交到这个新贵，他们的政治生涯也就有挽救的希望了！

但窦婴和灌夫等啊等，田蚡始终都没有出现。一直到了中午，灌夫等不及了，亲自去丞相府里请田蚡。但没想到的是，灌夫到了田蚡家里的时候，田蚡居然还在倒头大睡。知道灌夫来了，田蚡磨磨蹭蹭地起了床，对灌夫说道："昨个夜里喝多了，这脑袋还昏昏沉沉的，就把这事儿给忘了。你既然都来了，那我们走吧。"

田蚡一路上晃晃悠悠，心不在焉。灌夫心里窝着火，但碍于田蚡的身份，也没说什么。贵客既然到了，宴席也就开始了。灌夫几杯酒下肚，心里的火气再也憋不住了，开始冷眼看着田蚡，尽说些嘲讽他的话。窦婴一看势头不对，生怕灌夫又醉酒生事得罪了田蚡，赶紧把田蚡给扶了出去，一路上不断地赔礼道歉。田蚡倒也没放在心上，喝得酩酊大醉回去了。

这酒一醒，田蚡心里就打起了小算盘。这窦婴显然是想巴结自己，既然如此，何不趁机"敲诈"一笔！田蚡早前就看上了窦婴在长安城南的一块地，只是碍于窦婴的身份而不便开口，如今他既然自己送上门来，哪有不收之礼？于是，几天后，田蚡就找了一个门客前去窦婴家里索要那块地。窦婴一得知田蚡的心意，顿时大怒，斥责道："他这不是欺负我老了不中用，趁火打劫吗？"当时，灌夫也在一旁，得知此事，更是指名道姓地大骂田蚡。后来这件事被田蚡知道了,田蚡也一肚子气,自此与灌夫和窦婴结下了梁子。

这灌夫家是非常有钱的,在颍川一带堪称豪强。灌夫的宗族和宾客们在颍川横行霸道,恶名昭彰,坊间的孩童甚至有歌曰:"颍水清,灌氏宁;颍水浊,灌氏灭族。"当时,刘彻正重用酷吏打击豪强,田蚡抓住了灌夫家族这一弱点,收集了许多灌氏一族为非作歹的证据,于汉武帝元光四年(前131)在刘彻面前参了灌夫一本。

原本灌夫家族的事情并不是什么大事,要杀要剐都是田蚡一句话。但田蚡显然醉翁之意不在酒,他的矛头指向的是灌夫身后的窦婴。窦婴与他一样同为外戚,要想撼动窦婴,他就必须获得皇帝的支持。而此时,刘彻根本无暇去理会这些小事情,于是便摆摆手,让田蚡自己去处理灌夫家族这些小事情。

结果,还不等田蚡开始处理灌夫,灌夫就开始四处嚷嚷开了,说自己握着田蚡的重大把柄。

关于田蚡的把柄,那还要从刘彻继位第二年田蚡任职太尉的时候说起。那一年,淮南王刘安进京,田蚡与他往来甚是亲密。为了巴结淮南王,田蚡不断地对他说奉迎的话。有一次,田蚡甚至对淮南王说道:"您可是高祖皇帝的亲孙子,这当今的皇上要是有什么不测,您可就是最有资格成为皇帝的人!"这淮南王听着高兴,还给了田蚡不少的财物。

作为臣子,私自结交诸侯,并且还在背地里说出"当今皇上有什么不测"这样大逆不道的话来,一旦败露,完全可以治个谋逆罪。这对于田蚡来说,可当真是个大把柄啊!自此,二人展开了一场"拉锯战",表面上达成了默契,敌不动,我便不动。

如果说之前田蚡意图惩治灌夫是为了挽回面子,这次田蚡为了保住自己的脑袋，才真是对灌夫下了杀心。田蚡的机会很快就来了。

就在这一年的夏天，田蚡迎娶燕王的女儿。王太后亲自下诏，要为田蚡举行盛大的婚宴，并要求所有在京城里的诸侯和大臣都去参加。窦婴作为诸侯自然要前往祝贺，而灌夫身无官职，原本无须出席。但此时，窦婴却想调和灌夫和田蚡之间的矛盾，于是就特地去了灌夫家，拉上他一起去参加田蚡的婚宴。

婚宴上，田蚡首先向众人敬酒，众人纷纷"避席"。所谓避席，指的是古人的一种礼节。在宋朝以前，古人基本上都是席地而坐的，为了表示对对方的尊敬和礼节，一般在和比自己年长或尊贵的人说话时，古人都要起身，离开自己的席位，以示谦卑，这就是避席之礼。避席之礼起源于历史上非常有名的一个典故——曾子避席。曾子即曾参，是孔子的一名学生。有一次，孔子问曾子说："以前圣贤的君王们用至高无上的德行和精妙绝伦的理论教导天下人，让人们可以和睦相处，你知道是些什么吗？"曾子一听，马上从坐着的席子上站了起来，走到一旁，恭恭敬敬地对孔子说道："学生愚笨，哪里能知道这些道理，还望老师传授。"后来，古人们纷纷效仿曾子的行为，认为这是一种对别人表示尊重的礼仪。

田蚡当时在朝野之中地位极高，又是婚宴的主角，人人都畏他几分，敬他几分，自然不敢在礼节上有所怠慢。而等到窦婴敬酒的时候，除了那些昔日与他有交情的长者行避席之礼外，其他人几乎都只是稍稍欠身，对他甚是怠慢。窦婴此时心中虽然少不了几分落寞，但倒也泰然处之，一旁的灌夫却是憋了一肚子气。

轮到灌夫敬酒，灌夫首先敬了宴席的主角新郎官田蚡。谁知田蚡不仅没有行避席之礼，甚至酒也没有喝完，只轻轻啜了一口，便对灌夫说道："喝不了啦。"一看田蚡这种态度，灌夫心里更火了。但苦于田蚡的身份，灌夫只能暗自憋着心中的怨气，继续向各位宾客敬酒。当灌夫敬酒敬到自己本家兄弟临汝侯灌贤面前的时候，灌贤正和将军程不识相谈甚欢，没留意到灌夫已经走到自己跟前。灌夫原本心里就不痛快，如今自己本家兄弟也这样怠慢，登时就火冒三丈，气呼呼地指着灌贤的鼻子大骂起来："你平日里一提到程不识就骂得他一文不值！现在你的长辈来给你敬酒了，你倒跟他交头接耳，装模作样！"

这灌贤辈分确实比灌夫低，礼数上又是自己做得不周到，故而也就乖乖地低着头任由灌夫发泄。但这时，田蚡却说话了。田蚡不紧不慢地说道："这程不识将军和李广将军，一个是东宫皇上的卫尉，一个是西宫太后的卫尉，你今天当众这样侮辱程不识将军，那是将李广将军置于何地啊？"

田蚡这招够阴险，这灌夫原本发泄的对象是灌贤，经田蚡这么一说，程不识倒成了"主角"，顺便还挂上了一个李广，紧接着把皇上和太后也给端出来了。但此时，灌夫借着酒劲儿正发泄，哪有脑子再去考虑田蚡的话中之意。

灌夫直接就嚷嚷道："今儿个你就是杀了我的头，穿了我的胸，我也不在乎了！哪还顾得上什么程不识、李广的！"

一见这事闹大了，宾客们赶紧纷纷起身告辞，窦婴也吓坏了，拉着灌夫就要走。田蚡就盼着灌夫耍酒疯呢，怎么可能还放他走呢！于是正色道："今天这场婚宴可是王太后亲自下诏办的，你灌夫借酒撒泼，就是对太后大不敬！"随即，田蚡下令当场就把灌夫给抓了。这时，一个名叫籍福的门客急忙站了起来充当"和事佬"，按着灌夫的脖子催促他赶紧向田蚡道歉。灌夫这个时候牛脾气也上来了，硬是不道歉、不低头。灌夫的反应正中田蚡下怀，田蚡得理不饶人，随即传令下去："这灌夫竟敢对太后大不敬，都是我平时太放纵他，这一次绝对不能姑息！灌氏全族都要抓起来！"

一场婚宴，因灌夫一时的意气用事，成了灌氏灭族的祸端。而田蚡，为了彻底毁灭灌夫手中握着的"把柄"，更是不遗余力，极尽诋毁，让灌夫陷入了岌岌可危的困境之中。

窦婴之死

对于灌夫的事情，窦婴感到非常惭愧，要不是自己非拉着灌夫去参加田蚡的婚宴，也就不会出这事了。为了营救灌夫，窦婴拉下了老脸，四处求情。

看着窦婴四处为灌夫奔走，窦婴的夫人急了，劝阻他说："这灌将军得罪的可是丞相大人啊，这丞相大人是太后的家人，亲兄弟，你有什么能耐救他啊！别到最后反而引火烧身！"窦婴却回答说："我这魏其侯的爵位是自己挣来的，哪怕因为这件事丢了，我也不觉得丝毫遗憾。仲孺（灌夫的字）是我的朋友，我怎么可能任由他去死，而我独自偷生呢？"

最后，求救无门之际，窦婴决定铤而走险，偷偷瞒着家人给皇帝上书求救。收到窦婴的"求救信"，刘彻即刻召见了他，顺便招待他吃了顿饭。窦婴一见刘彻，忙跪下恭恭敬敬地把田蚡婚宴那天的事情说了一遍，然后对刘彻说："皇上，灌夫他行事确实荒唐，但他只是酒后失言，并无对太后大不敬，实在罪不至死啊！"

刘彻素来知道舅舅田蚡是个什么样的人，而灌夫又曾是自己看重的臣子，对于这件事情，从感情上来说，刘彻对灌夫和窦婴都是充满同情的，但同时，刘彻也知道，田蚡的背后是王太后，而此次事件田蚡又是以"灌夫对太后大不敬"为由发起的，若是自己贸然表态营救灌夫，必然得罪王太后。于是，思前想后，刘彻决定举办一场"东朝廷辩"，即朝堂之上进行辩论，让众大臣一同裁决此事应该怎么办。

辩论一开始，窦婴就慷慨陈词，历数灌夫昔日的功劳，说他曾在七国之乱时立有大功，绝不能因为酒后失言这一小小的过错就不顾他昔日的付出，贸然将他杀害。田蚡则避重就轻，绝口不提灌夫酒后失言的事情，反而死咬着灌氏家族横行乡里的事情，对灌夫极尽诋毁，并称打击地方豪强是朝廷重要事宜，绝不能因为任何事而让步。

争执不下之际，窦婴一时词穷，开始攻击田蚡，说田蚡贪财、好色。结果，田蚡倒也不避讳，大方地说道："我无非就是和天底下大多数人一样，爱好金银财帛和漂亮的女人，这难道是什么的大过错吗？但魏其侯你和灌夫又如何呢？你们二人成天躲在家里观天象，画地理，就盼着朝廷里能出点什么大事，好让你们立大功！你们心中对朝廷不满，不分白天黑夜地凑在一起商量，到底想干什么呢？"

这窦婴直接在气势上就被田蚡比了下去，自己还莫名扣上了"谋反"的嫌疑，急得都不知道该说什么了。刘彻一看情况不妙，急忙制止了二人继续争辩下去，让众大臣发表发表自己的意见。

刘彻的本意是想把这件事交给大臣们，借由大臣之手来救灌夫。但刘彻却没有想到，这丞相是王太后的弟弟，哪个大臣愿意以身涉险去得罪太后和丞相，救一个在朝廷毫无权势的灌夫呢？

结果，除了敢言的汲黯表示支持窦婴以外，众大臣都不愿发表自己的意见。内史郑当时原本也想支持窦婴，但最终慑于太后和丞相的淫威，却也不敢将自己的意见坚持到底。

最后，御史大夫韩安国再三斟酌之后说："正如魏其侯所说，灌夫是立有大功劳的人，如果只是酒后失言，那是绝对不能杀的。但朝廷打击豪强刻不容缓，灌氏家族如果真是横行霸道，不剪除便有损朝廷威严，田丞相说得也不错。这最终应该怎么办嘛，只能由圣明的皇上您来裁决了！"

这韩安国一句"唯明主裁之"将众臣撇了个干净。刘彻大怒，拂袖而去，这"东朝廷辩"也就不了了之了。

刘彻才刚因为东朝廷辩搅得心烦意乱，可谁知道一到太后寝宫便撞见王太后正在发火。原来王太后也一直在关注着东朝廷辩的动向，当得知了情况之后，王太后火了，一见到刘彻，就哭哭啼啼地说道："我现在还活着呢，就人人都欺负我弟弟。等我死了，那我一大家子人岂不是任人鱼肉了吗？

刘彻一看王太后的样子，更加心烦意乱了。无奈之余，为了安抚太后，刘彻只得心一横，下令把窦婴给投入大牢了。

这窦婴一番义气，最终却救人不得，还把自己给搭了进去。身陷囹圄之后，窦婴思前想后，突然忆起当年景帝辞世之前曾给过自己一道遗诏，遗诏上只有九个字："事有不便，以便宜论上。"意思就是说："你以后要是遇到了什么棘手的事情，可以直接拿着这个遗诏去找皇上告状。"

这份遗诏虽然比不上"免死金牌"，但此时，窦婴却认为只要能直接再见上刘彻一面，事情必然还有回旋的余地，毕竟他知道，刘彻的心还是偏向于他的。于是，窦婴急匆匆地让侄子向刘彻奏报了这件事情。窦家也赶紧把遗诏给找了出来，呈递了上去。

这皇帝的诏书历来都是要存档的，皇帝开出一份给大臣，宫里就要存一份"副本",以免有人假借皇上之名伪造诏书。因此,得到窦婴家呈递的景帝的遗诏之后,还要拿着这份遗诏去宫里头翻档案,档案对上了,才能证明这份遗诏是真的。但就在此时,历史中一大疑案发生了,这皇宫里头根本没有这份景帝遗诏的副本!这下子可麻烦了,窦婴由得罪太后转而背上了伪造皇帝遗诏的大罪。

窦婴乃三朝元老,怎会不知矫诏当诛?又怎可能冒这样的危险去伪造遗诏?然而,宫中却又为何没有找到遗诏副本呢?时过境迁,这千古疑案恐怕也再难找到确切答案。

汉武帝元光四年(前131)十月,灌夫及其家属被处决。同年十二月,窦婴也因"矫诏罪"被斩首。

就在窦婴死后不久,次年三月时,田蚡突然得了一种怪病离奇死去。据说当时田蚡口中一直大喊着"认罪"、"认罪",其状甚是可怖,有巫师来为田蚡诊视,巫师称是窦婴和灌夫两个人的鬼魂来向田蚡索命。

自此,窦氏与田氏两代外戚的争斗终于落下帷幕,饱尝两代太后掣肘的刘彻也终于瓦解了外戚势力。

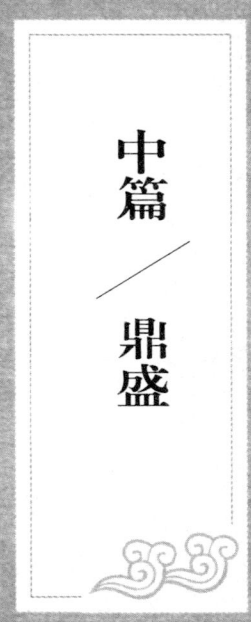

第四章 / 国家意志

忍辱负重和亲路

《史记·平准书》中记载曰:"汉兴,接秦之弊,丈夫从军旅,老弱转粮饷,作业剧而财匮。自天子不能具钧驷,而将相或乘牛车,齐民无藏盖。"也就是说汉朝建立的时候,接替的是被秦朝暴政以及连年的战争蹂躏得不成样子的天下,青壮年男子们都从军打仗,年纪大的还得去服役运送粮饷,所做的事情都非常艰难繁忙,但得到的钱财却十分匮乏。连天子都难以找到一辆由四匹同样毛色的马所拉的车,在那些将军、丞相中,有的更是只能乘坐牛车,老百姓家里既没有储藏的粮食,更没有可以用来遮盖的布帛。

这段记载所描述的正是西汉初年,刘邦从秦朝手中接下来的天下,上至天子重臣,下至黎民百姓,几乎都过着穷困潦倒的生活。然而就是在这样的情况之下，西汉王朝却还面临着北方日益强大起来的威胁——匈奴。

面对匈奴，高祖刘邦一开始的态度是极其强硬的，汉高祖七年（前200）的时候，刘邦曾亲自率领了33万大军攻打匈奴，但没想到的是，最终却被匈奴围困白登整整七日七夜。走投无路之时，幸而陈平献计，贿赂了匈奴单于的阏氏（单于正妻），并表示如果单于不愿意退兵，便只能向单于献上美人贿赂他了。阏氏怕陈平献上的美人和她争宠，于是便收下了贿赂，力劝冒顿单于退兵，刘邦这才捡回了一条命。

"白登之围"后，高祖顿时感觉到了匈奴的强大与西汉的弱小，无奈之余，只得采取了谋士娄敬的建议，派遣使臣与匈奴缔结和亲，并每年都会给匈奴送上许多食物、财帛等，以此开了与匈奴和亲的先河。而娄敬也因献上计策有功而被赐姓刘，故史书上多记载娄敬为"刘敬"，实际上指的都是同一个人。

娄敬向高祖献策和亲，原本打着"同化"匈奴的如意算盘，娄敬说："朝廷把公主嫁给单于，再送以丰厚的嫁妆，这样一来，公主必然能够成为单于的阏氏。那以后公主所生的孩子就是太子，单于死了以后呢，公主的孩子就会成为单于。这样，以后匈奴的单于就是汉朝皇帝的孙子，孙子又怎么会敢对抗外公呢？"

但显然，娄敬的这一如意算盘最终还是落空了。汉初的和亲政策并未能阻止匈奴的南下入侵，西汉边陲始终未能收获和平，但和亲政策在一定程度上也遏制了匈奴对西汉王朝的侵扰。直至汉文帝时期，一场看似和以往并无区别的和亲却给大汉王朝带来了意想不到的麻烦，这个麻烦的主角叫作中行悦。

每次和亲，皇帝都会选派一些宦官与"公主"同去，中行悦就是文帝时期被选中陪同"公主"和亲的宦官之一。被选中去和亲就意味着很可能终生都无法再回到故土，因此，中行悦怎么也不愿意去。但无论他怎么不愿意，皇命也是不可违背的。于是，临行之前，中行悦放出了狠话："你们非要我去，我一定会成为大汉朝的灾星！"

对于中行悦这句话，文帝也颇为大度，只当他是句气话。但文帝万万没想到的是，中行悦果然说到做到。他一到匈奴，立即就投降了匈奴单于，并且还极尽所能地讨得了单于的欢心。他做这一切既不是为了出人头地，也不是为了荣华富贵，为的只是报复强迫他背井离乡的大汉朝廷！

在汉朝送来的礼物中，匈奴人特别喜欢丝绸。丝绸既轻薄又保暖，比起沉重的皮革来说，显然更让人感到舒适。但丝绸只有中原才生产，匈奴人想要丝绸，只能依赖大汉朝的赐予。中行悦发现此事之后，开始四处游说匈奴人，让他们不要依赖大汉朝的东西，不管是衣服还是食物。如果过于依赖汉朝廷的东西，匈奴很可能会渐渐被收服，从此失去自主性，成为大汉朝的附属品。

中行悦还教授了匈奴人计数方法，试图让匈奴更加强大，从而能够更有力地打击大汉朝。而单于在中行悦的教唆下也对汉文帝越来越不客气。当时文帝与单于时常会有通信往来，文帝送给单于的竹简长度是一尺一寸，而每次开头则是"皇帝敬问匈奴大单于无恙"。在中行悦的教授下，单于每次送给文帝的竹简都要用一尺二寸长的，并且开头都写上："天地所生日月所置匈奴大单于敬问汉皇帝无恙。"中行悦的意思正是要匈奴单于显示出处处比汉文帝强："竹简比你长，连头衔都要比你气派！"

在中行悦的吹捧和教唆之下，匈奴单于也越来越傲慢。汉文帝十四年

（前166）冬，匈奴单于在中行悦的唆使之下出兵攻打汉朝，杀死了北地都尉，还抢劫了许多百姓和牲畜。匈奴的骑兵甚至一直深入了雍地的甘泉宫。此次入侵惹怒了汉文帝，文帝执意要率军亲征，攻打匈奴，后来在窦太后的劝阻之下才最终作罢。

此后，匈奴连年攻入汉地进行烧杀抢掠，危害极大。

在汉文帝时期，匈奴对汉朝一共发动了三次大规模的侵略。

到汉景帝继位时，由于吴楚七国之乱，匈奴本想趁机再次侵扰汉朝，但最终景帝成功平叛，这才断绝了匈奴人趁乱入侵的念头。景帝依然遵循汉高祖的和亲策略，坚持与匈奴搞好关系。在景帝一朝，匈奴依然常常骚扰汉朝边境，但一直没有大的侵略活动，双方还算是比较和平的。

刘彻登基之时，经过几代人的休养生息，汉王朝已经天下清平，百姓富足，其经济实力已经与从前不可同日而语。而经济的好转必然使得汉朝的军事力量大大增强。

军事力量的强弱主要体现在两个方面，一是粮草，二是武器。所谓"三军未动，粮草先行"，只有保证了粮草的充足，才能让将士安心奋战。对于军队而言，粮草可以说是最重要的后备资源。而汉武帝时期，全国粮食充裕，军队自然再也不需为粮草而烦忧。再说武器，战斗的武器包含两个方面，一个是战马，另一个则是兵器。西汉初期，皇帝想找四匹毛色一样的马拉车都十分困难，更别说战马了，但到武帝时期，马匹在大街小巷都已经成为常见之物了，以至于当时的人形容人的家势时说的都是"只认宝马不认人"。而武器呢，与匈奴作战，最主要的武器是弓箭。匈奴兵力之所以强盛，正是因为骑兵们射术精良，机动性强。那么，刘彻在弓箭方面拥有什么法宝呢？那就是自春秋战国时期就已经发明的弩机，即借助机械力量进行密集发箭的一种武器。

正因为有了这一切做后盾,年轻气盛的刘彻才有底气高举"大一统"的政治理想,与持续数十年的汉朝和亲政策展开了激烈的对抗。

王恢成了替罪羊

汉武帝建元六年(前135),匈奴派遣使臣到汉朝廷请求和亲结好。刘彻为此召开了一场朝议,让众大臣各抒己见,说说自己对这件事的看法。刘彻此举表面上是想征求众人的意见,但实际上是想借此机会"试试水",看看群臣对匈奴的态度。

当时,主战派以大行令王恢为代表,而和亲派则以御史大夫韩安国为代表,双方展开了激烈的辩论。

王恢是燕地人,再加上在边陲地方担任过职务,因此对匈奴的情况非常了解。王恢说:"每一次匈奴与大汉和亲,不出几年匈奴就会毁约,继而出兵侵扰大汉。数十年来,这种情况从未发生过变化。因此,我认为,与其再与它和亲,不如发兵攻打它!"

韩安国却说:"这匈奴人是游牧民族,时常迁徙,况且他们又毫无仁义之心,想要收服他们是非常难的。如果我们要攻打匈奴,就要千辛万苦地去追逐他们,等追到了,我们的士兵却也人困马乏,怎么与他们匹敌呢?就好像强弓射出的箭一样,等它快落地时,是连丝绸都无法穿透的;又好像强劲的风一般，等它快要停止之际，鸿毛也犹如重于泰山。弓箭射出之际和强风骤起之时都是极其有力量的，但到最后，这股力量势必会失去。大汉的军队就如强弓和劲风一般，原本威力无穷，但历经千辛万苦到达匈奴处时，也会失去强劲的力量。所以，与其攻击匈奴，倒不如继续采取和亲策略。"

韩安国那可是有名的辩才！他一番精彩绝伦的演讲，形象生动的比喻，顿时就赢得了大多数人的支持。再者，和亲是西汉王朝持续了几十年的"国策"，而以往的经验教训也让群臣看到，和匈奴作战往往是无利可图的，失败更是多于胜利。因此，群臣几乎都站在了韩安国一边，主张和亲。

于是，大势所趋之下，刘彻思索了片刻后，应允了匈奴的和亲。

同意和亲，难道意味着少年天子的妥协吗？他依然会继续西汉半个多世纪以来忍辱负重的和亲道路吗？很快，刘彻就给出了答案。

汉武帝元光二年（前133），也就是汉朝与匈奴和亲之后的第三年，刘彻突然召开了一场朝议，对大臣们说道："朕饰子女以配单于，金币文绣赂之甚厚，单于待命加嫚，侵盗亡已。边境被害，朕甚闵之。今欲举兵攻之，何如？"意思是说："朕把公主打扮得漂漂亮亮的许配给匈奴单于，又以丰厚的财物作为礼物相赠，但单于对待大汉却一直傲慢无礼，还常常侵扰我们的人民。边境百姓的苦难，实在令朕怜悯啊。现在，朕决定要发兵攻打匈奴，你们觉得怎么样啊？"

这一次，刘彻在让群臣发表意见之前就直接表明了自己的意思。显然，上一次的辩论让他完全清楚了众大臣的态度。如果这次再让他们先表态，必然得不出他想要的结果，倒不如先发制人："反正朕是决定要打了，你们怎么想就看着办吧！"

王恢和韩安国再次站到了两个对立面。王恢依然是主战派的代表，韩安国也依然坚持己见，站在了主和派的一边。二人再次展开了一场精彩绝伦的辩论。

王恢汲取了上一次的经验教训，没有直接以自己的观点来与韩安国辩论，而是举了个例子。王恢说："这战国时期有一个代国，代国的北面就是匈奴，而南面则接中原。也就是说，这代国不仅仅要应对中原的战乱，同时还要防备匈奴的侵扰，可谓是腹背受敌。但是即便如此，代国的百姓依旧能够在国家的庇佑下安居乐业，匈奴也不敢轻易进犯它。而今天呢，大汉朝比起小小的代国来说是何等地威仪啊！但这匈奴却反而气焰嚣张地对待大汉，这是为什么呢？还不是因为没有显示我们大汉的实力。所以，打匈奴，那是势在必行的！必须要以军威震慑他们，让匈奴知道大汉朝的厉害才行！"

韩安国依然延续了上一次的观点，再次提出自己认为不该打匈奴的三个关键点：首先难以追击；其次难以获胜；最后则是即便打赢了也得不偿失。

在提出自己的观点之后，韩安国把汉高祖刘邦"请"了出来，以高祖"被困白登"，继而走上和亲道路这一历史问题为佐证，一再强调"和亲"政策是经过历史验证的，同时也是高祖皇帝为天下百姓着想而做出了艰难决定。也正因为如此，此后的惠帝、吕后、文帝以及景帝都遵循着高祖皇帝定下的"和亲"策略。

韩安国搬出汉高祖刘邦，指出和亲这项国策是高祖皇帝定下的，谁敢说高祖皇帝是错的。高祖皇帝打匈奴都打不赢，谁敢说是高祖皇帝能力不足。

当然，任谁都知道，西汉初期无论是经济实力还是军备实力都远远不如现在，以前失败了，不代表现在依然会失败，但是谁又敢把这一点说出来呢？

一说出来，很可能就背上了对汉高祖"大不敬"的罪名了。

王恢自然明白："高祖皇帝之所以主张和亲，那是因为高祖他有慈悲胸怀，不忍百姓受战乱之苦，并不代表他没有能力和匈奴动武。高祖那是为了天下人考虑啊！但是今天，情况不一样了，边境的百姓屡屡受到匈奴的侵扰，天下苍生苦不堪言。如果高祖皇帝今天还在世，为了天下百姓，恐怕也不会坐视不理！"

王恢一言顿时避开了刘邦的战败以及当时国力的不足等关键问题，让人无法反击。毕竟，王恢夸高祖"有慈悲胸怀"，别人要是反对，那岂不是又对高祖皇帝"大不敬"了吗？

最终，韩安国的论点再次回到了匈奴难打、士兵疲于追击的现实问题上。但这一次，王恢是有备而来，针对韩安国的担忧，他立即提出了一个作战方案。

王恢提出的作战方案和以往对匈奴作战的方式完全不一样。汉军无须深入匈奴腹地对匈奴进行追击，而是事先在边境埋伏好，之后再利用诱敌之计将匈奴单于诱骗到边境，以逸待劳地击败匈奴，俘虏单于。

这个作战方案在历史上被称为"马邑之谋"，是雁门郡马邑县的一名商人聂壹向王恢提出的。

刘彻本就想对匈奴作战，加之如今有了这个"万全之策"，自然喜不自胜，哪还管大臣的反对意见，自然立即批准了该作战计划。

汉武帝元光二年（前133）夏，刘彻派遣精兵30万，以御史大夫韩安国为护军将军，卫尉李广为骁骑将军，太仆公孙贺为轻车将军，大行令王恢为将屯将军，太中大夫李息为材官将军，出兵马邑。韩安国、李广以及公孙贺率领主力部队埋伏在马邑附近的山谷里，而王恢和李息则率领大约3万多人埋伏在代郡之外，负责从侧翼打击匈奴，同时断其退路。

一切安排之后，向王恢献计的商人聂壹便以经商之名越过边境，去朝见了匈奴单于。聂壹对单于说："我能帮你杀死马邑县的县令。只要县令一死，马邑县必然举城投降。到时候，马邑的所有财物牲畜都可以归匈奴所有。但是，我担心汉军打过来，所以，匈奴军一定要来接应我，这个计划才能成功。"

匈奴单于一听，这个计划有利可图，马上就高兴地答应了，亲自率领着10万大军进入了武州塞。为了瞒骗匈奴使者，聂壹和马邑县令密谋，将一名囚犯杀死后悬挂其首级于城门之上，而聂壹就告诉匈奴使者，那便是县令的首级。

一听说县令已死，匈奴单于心花怒放，急忙率领大军向马邑进发。然而，在距离马邑尚且还有百余里地方的时候，单于突然觉得情况不太对，这茫茫的大漠之上，怎么单有牛羊，却没有放牧的百姓呢？

汉军原本应是对百姓怀有仁义之心，不愿牵连无辜，故而驱散了放牧的百姓，却不想，正是这一仁义之心打草惊蛇，让匈奴单于嗅到了阴谋的味道。

单于果断地停止了前进，转而将附近一个边防小亭攻下，并俘获了雁门郡的尉史，威胁要杀死他。这尉史胆小如鼠，顿时将汉军埋伏马邑的计谋和盘托出。匈奴人大为震惊，惊惧之余，单于突然仰天长笑道："我得以俘获此人，正是老天爷的恩赐啊！"随即还赐封了这名出卖汉军的尉史为"天王"，并下令即刻撤退。

王恢和李息正士气高涨地等待着单于落入陷阱，却突然收到匈奴退兵的消息。王恢大惊，本想派军队追击匈奴，但一想到此时追击，很可能遭遇到匈奴的主力大军，于是思忖已久之后只得下令退兵。而韩安国等人呢，在马邑埋伏了许久，却始终不见什么动静。于是韩安国再也等不下去了，决定率军出击，但此时，匈奴单于早已经跑得不见人影了。

马邑之谋就这样静悄悄地落下了帷幕，一场大张旗鼓的军队调动，最终却甚至连一个敌军也没有歼灭。

这是刘彻自登基以来首次对匈奴用兵，这场美梦的破碎无疑狠狠地给了他一个打击，令他颜面无存。

面对皇帝的盛怒，王恢据理力争。王恢道："始，约为入马邑城，兵与单于接，而臣击其辎重，可得利。今单于不至而还，臣以三万人众不敌，只取辱。固知还而斩，然完陛下士三万人。"意思是说："起初的计划，是约定好待匈奴单于一进入马邑，主力军队便与单于交战，而臣则负责率军从侧翼进行攻击，必然能够获胜。但现在，单于还没到马邑就退兵了，臣这是担心区区3万人的军队敌不过匈奴大军，这才没有出兵啊。虽然臣知道不战而撤犯了杀头大罪，但臣这样做是为了保全陛下您的3万将士啊！"

王恢的辩解倒也算是有理有据，原本这两军交战，就不可避免地会出现许多意外，一旦遭逢意外，将领自然当随机应变，尽力减免军队的损失。但此时，恨意难平的刘彻却不管这些，立即命人将王恢逮捕入狱，交由掌管司法的廷尉进行处置。

刘彻的愤怒也是有理由的，保全军队固然重要，但王恢保全了军队，却没有保全皇上的面子。当时，朝中上下本就主和之声盛于主战，刘彻"一意孤行"地支持王恢出战，最终却落了个无功而返，这岂不是让天下人笑话吗？再者，马邑之谋是窦太后去世之后刘彻掌权以来第一次较大的军事行动，也是刘彻实现"大一统"理想，首次"挑战"和亲国策的重大决策，却以这样的方式落幕，这是刘彻绝对不能接受的。

依照朝廷律法，王恢不曾出击就擅自罢兵，按罪当斩。但王恢心里却觉得非常憋屈，在当时的情况下，除了退兵，哪还有更好的决策？最终，为了保全性命，王恢却下错了最后一招棋。王恢令家人以千金贿赂了当时的丞相田蚡，请求田蚡向刘彻说情。田蚡一看这皇帝在气头上，也不敢去挑火头，于是就去见了姐姐王太后。田蚡对太后说："这王恢是第一个提出要对匈奴作战的人，如今虽然失败了，但皇上一旦诛杀王恢，那岂不是让亲者痛、仇者快，变相地为匈奴报仇吗？"这王太后一听，觉得田蚡说得特别有道理，于是还特意见了刘彻，把这番话转告给了他。

这番话任由哪一位大臣说出，或许王恢都还有保全性命的希望，但偏偏王恢却找错了人。这田蚡表面上独霸朝纲，刘彻对他言听计从，但实际上，对于太后和外戚的势力，刘彻心中早已深恶痛绝。先有束手束脚的窦太后，如今又是指手画脚的王太后，刘彻心中本就有气无处撒，如今更是坚定了非诛杀王恢不可的决心！

于是，刘彻回复太后说："首先提出马邑之谋的人是王恢，正因为听信了他的话，朕才会派遣数十万大军前往马邑。即便当时情势所迫，确实无法抓到单于，但只要王恢当机立断，出兵追击，至少也能有些收获来慰藉将士。但如今却是这样的结局，不杀王恢，朕用什么来给天下人一个交代！"

身处牢狱之中的王恢听说了刘彻这一番话，得知圣意已决，便自杀谢罪了。

马邑之谋虽然失败了，但它所造成的影响却是不可估量的。一方面，侥幸逃脱的匈奴单于因马邑之谋必然对大汉怀恨在心，绝不可能再提出"和亲"之谈；另一方面，血气方刚的刘彻失了面子，必定加重其雪耻之心，与匈奴再战已是箭在弦上。可以说，马邑之谋彻底断绝了匈奴与大汉的和亲之路，兵戎相见、金戈铁马成为了两者之间唯一的选择。

但军事上的对立却没有影响到经济上的交流，匈奴人贪爱汉朝的财物，而汉朝也并不拒绝匈奴的买卖，边境上的互市贸易依然存在。

唐蒙通夜郎

除了对匈奴这个强大敌人的重视外，刘彻为了实现其政治理想，对汉朝周边的小国也极为关注。

汉武帝建元六年（前135）时，南越国因受到闽越国的攻击而向刘彻求援，后刘彻令大行王恢前往征讨闽越。当时，为了向南越国传达大汉的恩泽，刘彻封番阳令唐蒙为郎中将，派遣他率领着1000汉军以及10000农夫出使南越，以传达圣意。

唐蒙到了南越之后受到盛情款待。饮宴的时候，唐蒙竟发现宴席之上有产自蜀中地区的枸酱。唐蒙感到非常惊奇，这蜀中与南越相隔千山万水，往来路途十分艰难，这蜀中产的东西是如何出现在南越人的桌上的呢？难道南越也产枸酱？唐蒙向南越人问出了心中的疑惑，南越人这才告诉唐蒙，这枸酱实际上是从西北边的牂牁江上贩运过来的。

根据司马迁在《史记》中记载："夜郎者，临牂牁江，江广百余步，足以行船。"也就是说，当时的牂牁江畔有一个叫作夜郎的国家，而南越的枸酱就是从夜郎贩运来的。唐蒙把这件事情默默记在了心里。

完成使命从南越返回京师后,唐蒙找了许多来自巴蜀的商人打听枸酱的事情。商人们告诉唐蒙,这枸酱确实是蜀中的特产,但有很多商人为了赚钱,不辞劳苦,长途跋涉地将枸酱带到了夜郎国去售卖,因此,南越人才得以从牂牁江上贩运到蜀中的枸酱。经过多番打探,唐蒙还得知,南越与夜郎一直都有经济往来,并且南越一直企图利用其经济实力控制夜郎,但却始终未能得逞。

了解了这些情况之后,唐蒙立即上疏天子,说:"这南越王虽然表面上臣服大汉,自诩是汉朝的外臣,但实际上,他所用的车服礼仪全部都是天子的规格,而他的国家所占据的土地也非常广阔,俨然一方霸主,根本不服天子的驯化。但现实的情况是,汉军要抵达南越国,就必须从长沙、豫章等方向走,这条路主要是水路,行进十分艰难,从这条路出发前去制衡南越是非常不现实的。现在,臣听说这牂牁江畔有一个夜郎国,这夜郎拥有精兵10余万,如果汉朝能够打通夜郎这条道路,并在夜郎设置郡县,到时,南越若有什么动作,汉军行船出牂牁,便能出其不意控制南越。"

刘彻的理想正是开疆辟土,统一天下,唐蒙的这一建议显然正中下怀,于是刘彻欣然应允。汉武帝元光五年(前130),刘彻再次派给了唐蒙一支队伍,令唐蒙出使夜郎,表示其招抚的意愿。

唐蒙经巴蜀进入了夜郎,见到了当时的夜郎侯多同,并向多同告知了汉朝的威仪和天子的意愿。多同在此之前并未听说过汉朝,因此并不知道汉朝究竟有多么强大,但见唐蒙带来了丰厚的礼物和赏赐,对唐蒙更是礼遇有加。经过一番商谈之后,唐蒙与夜郎侯约定,汉朝可以在夜郎设置郡县,任命官吏,而多同的儿子则可以担任县令一职。

当时,夜郎的周边还有许多小城邑,他们一看夜郎归附汉朝竟能得到这么多的赏赐，尤其是能得到名贵的丝绸，纷纷都动了心。当时，众城主商量后一致认为，这大汉朝离这里非常遥远，并且来一趟也不容易，即便"归顺"，汉朝也不可能真正控制这片地区。于是，这些小城邑也纷纷为了得到赏赐而表示愿意臣服于汉朝。

唐蒙此次出使大获成功，连忙返回京城奏报了刘彻。于是刘彻便在这一地区设置了犍为郡，并下令在巴蜀两郡征调士卒修筑道路。为了完成刘彻的命令，唐蒙下令让巴蜀两郡官员全力配合，不仅要负责调拨粮食物资，还动用了战争时期征兵的法令征调士卒。

在这一地区修路是非常困难且危险的事情，数百年后的大诗人李白就曾有云："蜀道难，难于上青天。"行走都难于上青天，又何况修建道路呢？于是，在修建道路的过程中，有许多士卒发生意外死亡了。有的士卒一看情况不妙，纷纷想办法开始逃跑。这人要是都跑光了，那谁还来修路啊！唐蒙急了，于是便下令，用"军兴法"也就是战争时期的法律制度来对付那些逃跑的士卒，将他们一并诛杀。

唐蒙如此严苛的做法引起了巴蜀两地百姓的强烈不安，这件事情很快就传到了京师，传到了刘彻的耳朵里。这刘彻一听，不高兴了，这唐蒙分明是在败坏自己的名声。于是，二话不说，他立即就派了蜀人司马相如前往老家去谴责唐蒙的行为，并让司马相如公开告知巴蜀一带的百姓，唐蒙的所作所为和天子的本意是相悖的，天子对百姓充满仁爱，必定会责备唐蒙这般严苛的手段。在朝廷的安抚之下，蜀地百姓才逐渐安定下来。

唐蒙通夜郎不仅仅是汉朝廷一次简单的政治外交活动，它促进了汉文化与其他民族文化的大融合，同时也促进了汉族与其他民族之间的经贸往来。

唐蒙曾率兵抵达夜郎的这条道路也因此意义而在历史上留下了不同寻常的一笔，被后人称为"夜郎古道"。

夜郎国的归附带来了非常广泛的影响。四川西南一带的邛、筰等部落的酋长听说这件事后，也想像夜郎国一样，从汉朝得到很多赏赐，于是纷纷主动向汉朝请求仿照夜郎的模式，也在他们那地方设置郡县，任命官员。司马相如本就是蜀人，对这些部落的情况也略知一二，于是，待司马相如一还朝，刘彻便把他找了来，询问他对邛、筰等部落归顺的意见。司马相如说，这邛、筰、冉、駹等地方都靠近蜀郡，而道路也比较好走一些，秦朝时候，秦王就曾在那里设置过郡县，一直到后来天下大乱，朝廷才和他们逐渐断绝了联系。如今，若是能够恢复与那些部落的联系，并在那里设置郡县，效果或许会比打通夜郎更显著。

对于司马相如一番话，刘彻也颇为同意，于是便将此重任交给了司马相如，任命他为中郎将，持符节出使邛、筰等地，并从巴蜀带去了大量的财帛钱物，一路厚赠各个部族的酋长。就这样，原有的边关一道道废除了，汉朝的管辖范围急剧扩张，新设立的边关西部一直到达沫水（今大渡河）、若水，而南边则以牂牁为界，凿开了零关道，并在孙水（今安宁河）之上架设桥梁，连接邛都（今西昌东南）。为了便于管理，汉朝还在此新设置了10多个县以及一个都尉，隶属于蜀郡。

虽然刘彻对此感到非常满意，但事实上，司马相如通邛、筰这一方案却并未给汉王朝带来多少好处，甚至可以说是得不偿失。西南地区自然条件十分复杂，而人口也较为稀少，开通道路的重担几乎都压在了巴蜀之地百姓的头上。在司马相如打通邛、筰之后数年中，朝廷投入了亿万钱银，却始终没有收获多少功效，其间还有各民族之间的不断冲突，而政府每每发兵镇压，又是一笔巨大花费。即便如此，好大喜功的刘彻始终不想放弃经营这片广袤的土地，直至后期对匈奴的战争吃紧，刘彻才不情愿地听从了众臣们的意见，将经营此地的事务暂且搁置。当然，这都是后话了。

从"金屋"到"长门"

在刘彻忙于经营边境、打击匈奴、扩大版图之际，汉室的宫闱之中却发生了一件大事。汉武帝元光五年（前130）七月，刘彻正式颁布诏书，收回皇后的印玺，将陈皇后贬入长门宫。诏书曰："皇后失序，惑于巫祝，不可以承天命。其上玺绶，罢退居长门宫。"

寥寥数语，"金屋"崩塌，"巫祝"二字，便让阿娇恨锁长门。究竟是君王薄幸负恩情，还是皇后骄横咎由自取？

陈皇后阿娇因一句"金屋藏娇"而史上留名，她生来便是天之骄女，备受荣宠。母亲刘嫖为她谋划好了一切，将她推上了皇后之位，让她成为了大汉王朝最尊贵的女人。她是刘彻的亲表姐，同时又是有"恩"于他的正室妻子。综观阿娇的成长轨迹，也就不难想象，这无限的尊荣会让她拥有怎样的性格。

阿娇骄横，刘彻霸道，两个人之间自然难以夫唱妇随。当年作为皇十子的刘彻能够成为太子，继而登基为皇帝，长公主刘嫖功不可没，因此，即便刘彻年幼无知，在母亲王娡的教导下，恐怕也会事事对阿娇礼让三分。

但刘彻正式成为皇帝的那天开始,他的忍让也就逐步走到了尽头。他是皇上,是尊贵无比的天子,是普天之下的君王,绝不可能再对一个小女子"低眉顺目"!因此,在登基之后,刘彻与陈阿娇的婚姻关系就越来越差,刘彻开始逐渐厌弃陈阿娇。这种厌弃被聪慧的王太后立即察觉到了,王太后找到刘彻进行了一番母子间的对话。太后说:"皇上,你才刚刚即位,根基不稳,而你所推行的政略又与你皇祖母所奉行的政略相悖。你姑母是你皇祖母最为宠爱的女儿,在这个时候,你若是得罪了她,恐怕会对你有所不利,你须得审慎一些才好。"听完王太后的一番话,刘彻才压制着自己的脾气与皇后重修旧好。

但从王太后的一番话中,实际上已经预示到陈皇后的未来岌岌可危。刘彻与她重修旧好,不过是慑于窦太后的淫威,可是窦太后已是日薄西山的老人,又能再庇佑她几时呢?

而对于陈皇后最不利的一点,也是最致命的地方就在于陈阿娇无子。

此前也曾说过,无子是宫闱斗争的致命伤,哪怕你是皇后,只要无子,你的地位就永远都不可能稳固,当年因无子而被景帝废黜的皇后薄氏就是血淋淋的例子。陈阿娇对于这一点也是认识颇深的,据史书记载,阿娇"与医钱凡九十万,欲以求子,然卒无之"。

但卫子夫却以低贱的出身获得了刘彻的荣宠,并且还率先怀上刘彻的孩子。这对于陈阿娇来说是个巨大的冲击,恐怕也是她人生之中第一次遇到的大打击。因为这件事情,阿娇母女甚至意图杀害卫子夫的弟弟卫青,以此来作为报复。这件事成为了刘彻与阿娇之间永远难以弥补的裂痕。好在当时窦太后依然在世,对刘彻起到一个制衡作用,故而刘彻除了册封卫子夫为夫人,让卫氏一家泽被皇恩,以此来向阿娇母女宣战之外再无其他动作。

此事之后，阿娇非但不懂收敛，反而因为受不了卫子夫得宠，多次又哭又闹，寻死觅活，尽失皇后威仪，刘彻对她也就越发厌弃了。

沉浸在卫子夫温柔缱绻中的刘彻虽碍于阿娇的身份始终未曾对她有所动作，但十余年的情意也早已抛诸脑后。卫子夫一连给刘彻生了三个女儿，可见当时所受恩宠之甚。

尤其在窦太后去世之后，陈阿娇失去了最大的依靠，此时的她甚至连想见刘彻的面都成了奢侈的期望。在痛苦与绝望之中，陈阿娇孤注一掷，做出了她这一生最愚蠢的事情——巫蛊。

据史料记载，当时为陈皇后行巫蛊之术的，是一个名叫楚服的巫女。楚服自称精通巫术，不仅能够让男子回心转意，还能将诅咒嫁祸于所仇恨者的身上。为了挽回"金屋藏娇"的承诺，为了赶绝那些争抢自己丈夫的女人，陈阿娇私自将楚服召进了宫中，日夜跟着她祭祀祝祷，期望能让刘彻回心转意。同时，她还将后宫之中受到刘彻宠爱的妃嫔们的名字和生辰八字刻在木偶上，埋在地下施行诅咒。

为了摆脱长久以来的空虚与痛苦，阿娇几乎把所有希望都寄托在了巫蛊之上，行为也日益张狂，不加掩饰。最终，事情败露，刘彻震怒非常。汉朝法律早已明令禁止巫蛊之术，尤其现在，这种恶毒的诅咒竟出现在宫廷之中，所针对的全是后宫嫔妃，而施行者居然还是母仪天下的皇后！如果说此前刘彻对陈阿娇尚且残存一丝的恩或情，那么此刻，也都尽数化为乌有了。

一纸诏书，寥寥数语，断绝了夫妻情分。刘彻将此案交到了历史上有名的酷吏张汤手中，该案前前后后一共牵连了300多人。施行巫蛊之术的巫女楚服也被当街斩首示众，其头颅高悬于城门之上，警醒世人切不可仿效此举。

阿娇被废，刘彻的理由何其充分：一是无子，二是巫蛊。无子，足以废后；巫蛊，甚至可以杀头。事已至此，昔日的长公主、如今的窦太主刘嫖也无可奈何，她曾向刘彻的姐姐平阳公主哭诉："帝非我不得立，已而弃捐吾女，壹何不自喜而倍本乎！"意思是说："皇上没有我的帮助怎么可能成为太子，可是现在他做了皇帝却抛弃了我的女儿，实在是太过忘恩负义了！"

平阳公主只用了六个字来回答窦太主："用无子，故废耳！"意思是说："因为始终没有孩子，所以阿娇才被废后的啊！"

理由何其充分，即便窦太主骄横非常，却也无话可说。

巫蛊案件过后，整理了自己情绪的窦太主亲自朝见了刘彻，为女儿阿娇所做之事恭恭敬敬地向刘彻道歉。刘彻说："皇后所为不轨于大义，不得不废。主当信道以自慰，勿受妄言以生嫌惧。后虽废，供奉如法，长门无异上宫也。"意思是说："皇后所做的事情实在有悖于大义，不能不废除她。希望姑母能够尽快调整好心情，不要对朕有所误解而生出嫌隙。皇后虽然被废，但她所受俸禄依然会和从前一样，即便她身处长门宫中，生活也不会和从前有太大差别。"

这或许是刘彻报答阿娇母女恩情最好的方式了。从此长门宫中，红颜寂寥。传说在阿娇被幽禁长门宫之后，为了让刘彻忆起昔日的情分，一掷千金请司马相如写了流传千古的《长门赋》。故而辛弃疾曾有诗云："千金纵买相如赋，脉脉此情谁诉？"

《长门赋》究竟如何而来，历史尚且没有定论。但不管究竟是否阿娇千金所为，至少我们知道，刘彻并未因《长门赋》的凄恻哀婉而对阿娇再生恻隐之心。作为男人，刘彻是寡情薄幸的；作为天子，他却有足够的权力喜新厌旧。

说起幽禁陈阿娇的长门宫，其来历十分有趣。

长门宫原本叫作长门园，是窦太主刘嫖所拥有的私家园林，就建在长安城外，是窦太主刘嫖在面首董偃的建议下献给刘彻在祭祀时用作休憩地的。

　　面首，从字面上理解就是"美男子"的意思，引申出去指的就是男宠。董偃的母亲是经营珠宝生意的，董偃从13岁开始就跟随母亲时常出入窦太主的府邸。董偃生得十分漂亮，窦太主一见便特别喜欢他，于是就跟董偃说："吾为母养之。"意思是："以后我帮你母亲养你吧。董偃的母亲不敢得罪窦太主，于是就把董偃留在了窦太主府上。董偃长到18岁的时候，窦太主开始让他伴寝，这个时候的窦太主也已经50多岁了。

　　窦太主特别宠爱董偃，甚至专门给他拨出一笔款项用来结交权贵，甚至还下令曰："董君所发，一日金满百斤，钱满百万，帛满千匹，乃白之。"意思就是，这董偃每天花费的金子只要不超过百斤，钱不超过百万，绢帛不超过千匹，那就不用向她报告啦。

　　可见，董偃受窦太主之隆宠。也因此，董偃在京师里名气颇大，许多达官贵人都客气地称呼他为"董君"。

　　但当时，窦太主是有丈夫的，她丈夫就是堂邑侯陈午。所以无论窦太主再怎么宠爱董偃，董偃的身份始终只是名下人，一旦发生什么事，是没有任何保障的。对此，董偃自己也十分清楚，但又苦无对策，于是时常感到担忧。

　　董偃有个非常要好的朋友叫作爱叔。这爱叔就向董偃提议，让董偃劝窦太主将自己的长门园献给皇上，以讨皇上欢心。爱叔说："一旦皇上要是知道是你促成了这件事，那么必然对你另眼相看。只要能获得皇上的赏识，日后你也就没什么可担忧的了！"

　　董偃一听，觉得此事可行，于是便即刻向窦太主讲述了此事。窦太主原本就一直担忧刘彻知道自己与董偃的事情后会治董偃的罪，后听董偃这么一说，也觉得这样做可行，于是便将长门园以董偃的名义献给了刘彻。刘彻十分高兴，将长门园重建之后改名为长门宫。

刘嫖献长门园，是为了让刘彻成全自己与董偃的私情，可笑的是，最终这座她双手奉上的园林却成为了女儿阿娇人生中最后的监牢。

阿娇被废一年之后，窦太主的丈夫堂邑侯陈午去世，而窦太主与董偃的私情更加肆无忌惮了。为了向刘彻正式引荐董偃，窦太主积极谋划，终于请到刘彻到她的住所做客。

刘彻到了，窦太主殷勤备至。实际上对于董偃的存在，刘彻也知道几分，虽不合礼法，但或许是考虑到姑母曾经的"恩情"，也或许是对废黜阿娇心存些许愧疚，刘彻便主动提出，要见见窦太主的"主人翁"。主人翁指的就是男主人，这显然是刘彻的一句戏言，但有了这句戏言，窦太主心中也就有底了，这说明刘彻已经默许了董偃的存在。但即使如此，表面的"礼数"还是要做一做的。

于是，窦太主连忙将身上的饰品都除了下来，跪在刘彻面前请罪。直至刘彻表示对此事不予追究，窦太主才起身戴好首饰，将董偃引进屋子。刘彻一看，这董偃确实长相漂亮，心中也十分喜欢，便邀他一同入席喝酒。此后，董偃便常常被刘彻召见，与刘彻一同游玩，顿时间，"董君"名声大噪，身价倍增。

一次，刘彻在宣室殿设宴款待窦太主和董偃。当时负责当值的是东方朔。东方朔一看到董偃，立刻执戟挡住了他的去路，死活就是不让董偃进殿门。

东方朔一改平时嬉笑怒骂的样子，朗声历数了董偃的三大罪状：其一，身为家臣，却私通窦太主；其二，未婚同居，有伤风化；其三，蛊惑君王沉湎于声色犬马。

三条罪状都铿然有力，任何一条大罪都足以让董偃丢了小命。刘彻沉默不语，过了许久才说道："吾业以设饮，后而自改。"意思是说："朕都已经准备好了，这次就算了吧，下次朕会注意的。"

可是这东方朔却来了脾气，坚决不让董偃进去！并对刘彻说，这宣室殿是先帝处理朝政的正殿，让董偃这般罪人进去，岂不是亵渎了先帝？实在有违法纪！

刘彻虽然脸面上有些挂不住，但也不得不承认东方朔说得有道理，便只好命人将酒宴迁到了北宫举行，并带董君由东司马门进入宫中。此后，东司马门更名东交门，成为了下人入宫所走的地方。此后，刘彻又赏赐了东方朔黄金30斤。

再之后，刘彻对董偃渐渐冷淡下来。而董偃呢，身为男宠也并非自己所愿，被东方朔这么一打击，加之又失去皇帝的宠爱，年仅30岁就郁郁而终了。之后没几年，窦太主也随之谢世，与董偃合葬于霸陵。

至于前皇后陈阿娇，史书上甚至不曾记录她死于何年，只含糊地以"（堂邑侯、隆虑侯国除）后数年，废后乃薨"作为她一生的完结，这自然都是后话了。

当天之骄女从后位陨落之际，谁又将续写荣华，母仪天下？而朝堂之上，又将掀起怎样的权力更迭，风起云涌？

卫青崭露锋芒

阿娇因巫蛊之罪被废长门宫后,卫子夫在后宫之中的地位日益尊隆。刘彻宠爱卫子夫,自然爱屋及乌,对卫子夫的弟弟卫青也格外看重。

此前,卫青因为莫名卷入了宫闱之争,险些命丧陈皇后和窦太主之手,幸而友人相助才得以逃脱,卫青则也因祸得福,被刘彻封为侍中。

侍中这个官职主要负责掌管皇帝的车轿、衣物以及器皿等物品,当然也有机会参与朝事议政等,简言之也就是皇帝的"侍从"。这个官职看上去似乎不高,做的都是些仆人做的活,但实际上,很多官宦子弟都对该职务趋之若鹜。毕竟这可不是普通的仆人,而是皇帝的仆人,而且是最常在皇帝身边,并且时时有机会展露自己的才华。因此,但凡是能成为侍中的人,往往都是最快升职的人。

果然卫青在成为刘彻身边的侍中之后没多久,便被任命为太中大夫。卫青的升职一方面自然是沾了姐姐卫子夫的光,另一方面当然也是自身获得了刘彻的喜爱。

卫青个性谦卑隐忍,这与他童年的遭遇脱不了干系。此前说过,卫青是私生子,在父亲家中一直遭受虐待,后不堪忍受才逃回到母亲的身边,做了平阳公主家的骑奴。这样的身份背景让卫青的内心一直非常自卑,对于自己拥有的一切,他都充满了感恩戴德的态度;而对于自己没有的东西,也向来不敢奢望。

据说卫青有一次在甘泉宫遇到了一个囚犯，这个囚犯说自己懂得相面之术。他一见到卫青便缠着卫青不放，非要给他算一卦，卫青拗不过也就随他了。这个囚徒煞有介事地看了卫青许久，之后郑重其事地对他说道："您是大富大贵之人啊，将来必然能够官至封侯！"任何人听到这样的结果想必即使不欣喜若狂，也难免想入非非。但卫青的反应却非常平淡，据记载，卫青笑曰："人奴之生，得毋笞骂即足矣，安得封侯事乎？"卫青笑着说："我只不过是一个家奴的孩子，每天能不挨打就已经非常知足了，又怎么可能去妄想有一天能官至封侯呢？"

可见，卫青对于自己的出身以及自己的地位是非常自卑的，甚至自卑到连"想入非非"都不曾有。也正因为如此，所以卫青在经历了差点被窦太主杀害之事后，却始终对此只字不提，更别说挟私报复了。

卫青的谦卑与隐忍恰好和刘彻的霸道与强悍形成了互补，因此，刘彻很喜欢卫青。

汉武帝元光六年（前129），匈奴单于为报马邑之仇率军入侵上谷郡，进行烧杀抢掠。刘彻大怒，决定亲自进行战略部署，一雪马邑之耻。

刘彻钦点了卫青为车骑将军，率兵自上谷郡出发；公孙敖为骑将军，率兵从代国出发；公孙贺为轻车将军，率兵从云中郡出发；李广为骁骑将军，率兵从雁门郡出发。四位将军各领兵一万，出击屯兵边关附近的匈奴军。这是马邑之谋后刘彻首次主动出击攻打匈奴，因此，此次征战在刘彻的心中是具有重大意义的。

刘彻所钦点的这四路将军，以李广名气最盛。李广出身将门，其先祖李信是秦朝名将。自文帝时期始，李广就开始投军抗击匈奴，因为精通马术射箭，屡次立功，有"飞将军"之称。

论名气，李广之后，公孙贺次之。公孙贺在景帝时期便投身戎行，屡屡立功，后被任命为太子舍人。太子继位，也就是刘彻继位之后，公孙贺就被任命为太仆，此后刘彻又将宠姬卫子夫的姐姐卫君孺嫁给了公孙贺。

公孙敖早年担任刘彻的骑兵侍从，他就是那个从窦太主手中救出卫青的人。

再看卫青，他的资历恐怕是四人之中最浅的，他出身低微，从不曾上过战场，甚至能够在朝廷中有个官职，都是沾了姐姐受宠的光。但显然刘彻是打算培养卫青，给他立功的机会的，因此，在这场对于刘彻而言至关重要的战争之中，刘彻亲手将出征"令牌"交到了卫青手里。

这一次出兵的结果是令人咋舌的。

先说卫青的姐夫轻车将军公孙贺，他此次出兵算是运气平平，一路上顺风顺水，唯一的遗憾是根本没见到半个匈奴骑兵，因此，平平安安之余只能无功而返。

再说卫青的挚友骑将军公孙敖，他的运气比公孙贺稍微差一点，遇到了较为强悍的匈奴部队，结果损失了7000骑兵，但好在有惊无险，最终平安归来。

此次运气最差的，恰恰是声名最盛的骁骑将军李广。李广一出边境就遇上了匈奴主力大军，实力差距之大，使得李广军队全军覆灭，而李广也被匈奴人所俘获。匈奴人抓到李广之后，将他放在了两匹马中间结成的网上。李广躺在网上装死，一动也不动，直至匈奴人放松警惕时，突然之间一跃而起，跳到了离他最近的一个匈奴人的马背上，将他推下马，并夺取了他的武器，立即向南奔驰而去。他九死一生，终于逃回了大汉。

无功而返的公孙贺无赏无罚，而损兵折将的公孙敖和李广则直接被刘彻投入了大牢。按照当时的律法,两个败军之将本该斩首,后来两人都缴纳了赎金,才得以保全性命,最终官职被废,贬为庶人。

而此次唯一立功的,竟是资历最浅的车骑将军卫青!卫青直捣龙城,斩杀匈奴700余人。

龙城——那是匈奴人的王廷所在,是匈奴人的腹地。自西汉与匈奴交战以来,汉军还从未深入过匈奴腹地,而这一次,卫青竟带领一万骑兵直接闯入了匈奴的核心。卫青此举震撼了整个匈奴,这意味着原本让匈奴人安逸的腹地从此也成为了暗藏危机的战场!

卫青首次出兵就喜获头功,一方面源于他非凡的军事才干与果断的冒险精神;另一方面则是上天眷顾的运气。

攻打龙城,这一决断完全体现出了卫青的才干与果断。龙城是匈奴人心中的圣地,是匈奴人的政治中心,因此,攻打龙城,即便杀敌不多,也必然震慑匈奴,绝不会无功而返;其次,龙城是匈奴腹地,是汉军从未抵达过的地方,匈奴人对此必定疏于防范,攻打龙城,只要在途中不遇到匈奴主力,必定不会遭受重大损失。

在作出这一决断的同时,卫青也获得了上天的眷顾。首先,他在前往龙城的途中没有像李广一样不幸与匈奴的主力碰个正着;其次,他在前往龙城的途中竟然没有迷失方向。

好运气配合出色的头脑,卫青替刘彻打了漂亮的一仗,挽回了面子。

正如刘彻所期望的,卫青一战成名,崭露锋芒。刘彻正式册封其为关内侯,属军功爵制二等功,有食邑无封国。

卫子夫宠冠后宫,卫青崭露锋芒,在皇帝的眷顾之下,卫氏一族逐步崛起,书写着历史的传奇。

时来运转的老儒生

汉武帝元光五年（前130），求贤若渴的刘彻再次诏令天下，征选文学儒士，淄川国推举了年逾七旬的老儒生公孙弘前往应选。

听闻这个消息之后，公孙弘并没有感到任何一丝兴奋，他对推举他的当地官员说道："你们还是推举其他人吧，我此前已经参加过一次了，因为能力不足才告假还乡的。因此，这次机会还是让给别的贤能之人吧！"

虽然公孙弘言辞十分恳切，但当地官员选来选去，依然还是觉得除了公孙弘之外没有更合适的人选了，因此最终还是推选了他前往京师参加朝廷的公选。

公孙弘第一次参加刘彻的公选已经是汉武帝建元元年（前140）时候的事情了。当时刘彻初继位便下诏要在全国征选"贤良文学之士"，于是公孙弘的家乡就推举了年逾六旬的他。那一年，公孙弘幸运地中选了，并被刘彻任命为博士。担任博士后不久，刘彻就委派了任务给他——出使匈奴。出使归来之后，刘彻召见了公孙弘，要他汇报一路上的见闻。结果，老气横秋的公孙弘向刘彻作了汇报，其间还穿插了自己的所思所想。刘彻却觉得十分不满意，感觉和公孙弘颇有种"话不投机"的感觉。

公孙弘这人特别聪明，尤其懂得察言观色，一看刘彻对自己不满意，立即就住口了，后来没多久，便以身体有病为由向朝廷请辞回乡。

可是没想到，10年之后，皇帝再一次下诏，公孙弘再一次被当地官员举荐了。淄川为何一直选中公孙弘呢？难道就没有其他人才了吗？这恐怕还是归于两方面的原因。

一方面，公孙弘年轻时候曾做过狱吏，对朝廷律法十分清楚，被开除公职之后又从40岁开始发愤研习《公羊春秋》和杂家之学，称得上学识渊博。刘彻掌权之后，遵从董仲舒之言，罢黜百家，独尊儒术，因此，既懂法又对儒学经典颇有心得的公孙弘自然是不二人选。

另一方面，公孙弘是个大孝子，他的孝顺形象在当地可说是闻名遐迩。别人的孝顺大多是对亲生父母，但是公孙弘却是因为对他的后母非常孝顺而被众人所钦佩的。公孙弘的后母去世的时候，他服丧三年，完全将她视为亲生母亲。汉朝以孝治天下，故而有了"孝子"之名的公孙弘当然具备极大优势。

这一次到京师参加公选的大约有100多人，负责掌管宗庙礼仪和国家考试的主考官太常在阅卷的时候将公孙弘的文章划分到了下等。在太常阅卷完毕之后，刘彻亲自进行阅卷。让人感到惊诧的是，这一次，刘彻阅卷之后竟十分欣赏公孙弘的对策，还把他直接提到了举首，也就是第一名！

成绩出来后，刘彻亲自召见自公选之中脱颖而出的众优胜者，结果竟然发现这位被他提拔成为第一名、年逾70岁的老儒生"状貌甚丽"，顿时龙颜大悦，立即下诏再次任命公孙弘做了博士。

当时，被征召入京师的还有一位大儒，年龄比公孙弘还长20余岁。此人便是当年与黄生辩论，被窦太后投入野猪圈，险些死于野猪之"齿"的辕固生。据说辕固生见到公孙弘的时候还曾告诫他说："公孙先生，你一定要依据儒学来进行议事，千万不要歪曲了儒学来迎合世俗的需要啊！"由于年岁太大，加之其他儒生的忌妒、诽谤，辕固生此次并未在政治场上有所发展，而是以年老为由免官回乡了。

公孙弘这一次登上朝堂，简直是枯木逢春，时来运转。70年的人生经历让他更加洞察世事，练达人情，最重要的是，他完全深谙刘彻的心理。

在公孙弘看来，刘彻虽然雄才大略，但同时也独断专行。他表面尊奉儒学仁政，但实际上却好大喜功，独裁专制。关于这一点，汲黯曾在刘彻面前当面指出过，还引起了刘彻极大的不满。

此前说过，公孙弘是狱吏出身，深谙律法，自然懂得何谓以法治国。同时，公孙弘又熟读儒家经典，完全可以满足刘彻试图以儒学仁政装饰其表的需求。

此前，刘彻曾开通了邛、笮和夜郎，并投入大量的人力、物力修建道路，如今，这些事情的副作用完全显现出来了。由于道路难行，修筑困难，被征调去修筑道路的士卒死了很多，加之各处当地的人民不堪忍受汉军的统治，又常常发生叛乱，军队每每镇压，所花军费都不是一笔小数目。对此情况，刘彻很是担忧，于是便下诏派遣公孙弘去视察情况。

视察回来之后，公孙弘极力批评开辟夜郎和邛、笮的决定，并认为其弊大于利，对朝廷来说并不是件好事。虽然公孙弘说得有理有据，但刘彻却全然不听从他的意见，在刘彻看来，要实现自己的政治理想，就必须要控制巴蜀那片广袤的土地。

公孙弘虽然提出的是反对意见，但他非常聪明的一点就在于，他只陈述自己的意见、想法，以及各种各样的解决方案，但却从不会去左右刘彻的选择，也坚决不会固执己见，和刘彻产生争执。

久而久之，刘彻对公孙弘非常欣赏，认为他为人谨慎厚道，同时又博闻强记，于是一年之内就让他升职做了左内史。

公孙弘任职左内史期间，基本不管提出什么意见，几乎都和刘彻不谋而合，深得刘彻喜欢。难道公孙弘真拥有"读出"刘彻心思的能力？其实不然，这主要还在于公孙弘善度圣意。

但凡是向皇帝奏事，公孙弘常常要先听、先看，听大臣的意见，看刘彻的反应，直至揣摩出了刘彻的心思之后，再"顺着"刘彻的心思发言。以至于在很多时候，公孙弘明明和众位大臣都商量好了，面见刘彻的时候要统一言论。但一到朝堂之上，公孙弘只要发现势头不对，事先商量的言论不符合刘彻的心思，立马就会顺风转向，调转枪头，把所有和大臣们的约定都抛诸脑后。

公孙弘这样不讲诚信的做法实在让很多人都看不惯，但由于他实在深得皇帝欣赏，大家也都是敢怒不敢言。唯独有一人例外，这人就是此前说过的直臣汲黯。

汲黯这个人是非常耿直的，此前说过，在田蚡得势的时候，文武大臣都对他行大礼，但因为田蚡几乎从不回礼，因此汲黯对他也从没有多客气。到后来，卫青深得刘彻喜欢，官拜大将军，继而又封侯的时候，满朝文武又"体察圣意"，开始对卫青客客气气，行拜礼，结果汲黯照样是只作揖而不拜的。

因此，汲黯也不会给公孙弘面子，常常直言公孙弘的"伪信"行为。

一次，汲黯在刘彻面前批评说："这齐地的人啊，最擅长的就是欺骗之术，满嘴没句实话。比如公孙弘，每次和大臣们商量的时候是一个样，但一见到皇上，马上就出尔反尔，溜须拍马，实在是没有忠诚可言啊。"

汲黯这番话简直是直接指名道姓指着公孙弘的鼻子骂人，重要的是他所说都是实情，满朝文武可都是能做证的。

刘彻听汲黯这么一说，也非常惊诧，目光转向了公孙弘。

公孙弘道："夫知臣者以臣忠，不知臣者以臣为不忠。"意思是说："了解我的人认为我是个忠诚的人，不了解我的人才说我不忠诚啊。"

公孙弘这两句话却是非常巧妙的，将汲黯对他所有的批评都归结到了"不了解"上。

汉武帝元朔三年（前126），深得刘彻喜欢的公孙弘再次升职，被刘彻任命为御史大夫，位列三公。

此时，汲黯与公孙弘依然是"水火不容"之势。

一次在朝堂上，汲黯再一次揭露公孙弘的"虚伪"。

汲黯说，这公孙弘位列三公，堂堂御史大夫，俸禄是极其丰厚的，但他却喜欢装穷，简直就是个标准的伪君子！

刘彻心中一惊，再次狐疑地看向了公孙弘。

结果呢，公孙弘淡然一笑，应声说道："九卿高官里头，就是汲黯最了解我了！汲黯说的真的太对了！我身居高位，但依然简朴，确实是想求个清廉的名声。想当年，管仲豪宅三处，尽享荣华，奢侈不输君王，但他依然能够辅助齐桓公成就千秋霸业。而晏婴呢，桌上无肉，妻妾着布衣，却也能成为一代良相。可见，这臣子到底以什么样的标准生活，和他们能不能辅佐君主实际上是没有什么关系的！"

公孙弘自比管仲、晏婴，甚至大大方方承认自己就是想要沽名钓誉，这样一来，反而让刘彻觉得他非常真诚。此外，公孙弘还在刘彻面前对汲黯表示大加赞赏，显示了自己能够容人的"气度"，相比之下，汲黯再说他不是，倒似乎显得气量狭小了。

当然，公孙弘也有"会错圣意"的时候。比如就刘彻意欲经营朔方郡一事，公孙弘就反对错了。但公孙弘是非常机灵的，一旦明白皇帝的心思，立即向刘彻谢罪道："臣乃山东乡鄙之人，实在是见识短浅啊！没有皇上这般长远的眼光，才会不明建设朔方郡的好处。臣多谢皇上和众位的指点，如今，臣总算是茅塞顿开啊！"

公孙弘深得刘彻信任，直至最终官拜丞相，被封为平津侯。他的传奇经历是史无前例的，自汉开国以来，担任丞相之职的人必先封侯，这几乎成为了惯例，然而公孙弘却是西汉王朝第一个率先被刘彻任命为丞相之后再行封侯的人。汉代定制，先为丞相再封侯，正是由公孙弘所开的先河。

第五章 / 朝堂上下，云谲波诡

"推恩"背后的意图

汉武帝元朔元年（前128）十一月，刘彻下诏说："朕殷切地嘱咐各个官吏，兴举孝廉，一定要养成风气，从而继承并发扬圣人们的事业。但凡有十户人家的村落里，必定能够找到忠信之士；但凡是三个人之中，也必定有能够成为各位老师的贤能之人。可是现在，有的郡却甚至连一个贤人都不能向朝廷举荐，这说明朝廷的政令根本不能贯彻执行，导致那些具有贤才的能人被埋没，不能被天子所用。推荐贤能的人，必定能够受到上等的封赏；而那些埋没贤才的人，则应该给予公开的惩处，这是从古以来就有的治世法则。所以，那些二千石的官员们不向朝廷举荐人才是应该定下罪名的！"

刘彻诏令一颁布，朝廷中马上有官员提出了奏报，称："以后但凡是不举荐人才的官员，就是违反朝廷诏令，要按照对天子'不敬'来处置；而但凡是不兴察廉洁的，则要按照不胜任职务进行免官处理。"

对于这一奏报，刘彻欣然同意，自此，向朝廷举荐人才正式成为了官员们需要履行的"责任"之一。

就在这一年，刘彻收获了三位"相见恨晚"的"知己"。

这第一位就是临淄人严安。严安上书刘彻，建议刘彻能够设立相关制度来约束民众的过度欲望，让富有的人不再向贫穷的人夸耀自己所拥有的一切，借以调和人心，安抚百姓。严安认为，老百姓们的本性就是只要看到好的、漂亮的东西，就会想要效仿、追求，而这种本性会使得人们为了追求财富而放弃农桑业，从事工商业。长久以往，将会摧毁国家的基本，使得人们失去对善恶的明辨，迷失本性，丢失羞耻心。严安还认为，一个国家之所以会走向衰亡，往往是因为君主坚持错误的国政，比如秦朝的覆灭，便正是因为君主坚持着穷兵黩武的错误政策。而如今，朝廷征服夜郎，攻打匈奴，这些计划实际上只能让一部分主持此事的大臣获利，对于国家的长治久安来说却不是好计策。

第二位是燕郡无终人徐乐。徐乐上书刘彻说："臣闻天下之大患，在于土崩，不在瓦解，古今一也。"在奏疏中，徐乐解释道，所谓"土崩"，指的就是秦朝末年时候的情况。秦朝末年，君主暴政，使得臣民心生怨恨，社会风俗已经混乱不堪，国家政治却没有进行任何整治。正是因为如此，所以区区一名既没有尊崇地位，也没有咫尺封地，甚至没有圣人贤德和乡人赞誉的陈涉，才可能振臂一呼，便获得天下人的响应。这便是土崩，是天下最大的祸害。

那么，什么叫"瓦解"呢？景帝时期，吴楚七国之乱便是瓦解。七国谋逆，带甲数十万，其兵力足以威慑境内，财力也足以收买士民，但是最终，诸国却未能攻陷尺寸之地，反而兵败中原。这其实正是因为先帝的德政依然影响着万民，百姓们很满意当时的生活，所以都不愿意投靠反叛的诸侯王。因此，瓦解是无法真正撼动一个国家的根基的。

徐乐由此得出结论，认为贤明的君主要避免国家出现危机，就要善于观察，防止土崩的局势。以此，徐乐进一步提出，近来在函谷关以东的地区，因为粮食连年歉收，导致百姓处于穷困之中，而同时，却还必须肩负战争所带来的沉重负担。再这样下去，百姓之中必然会出现不安分的人。只要不安分便容易产生动乱，而一旦产生动乱，就说明土崩的局势将会形成。因此，圣明的君主一定要注意这些导致国家根基动摇的根源问题。

第三位和严安一样是临淄人，名叫主父偃。主父偃是西汉王朝一个非常重要的人物，最初的时候，他曾在齐、燕、赵等地进行活动，但始终没有受到赏识和重用，而众儒生们也联合起来共同排斥他，以致他一直过着十分贫穷的生活，甚至连借钱都找不到地方借。于是，主父偃左思右想之后，于汉武帝元光元年（前134）进入了长安，并拜见了卫青，希望卫青能够引荐他。当时，卫青虽然是皇上的亲戚，但实际上还没有大的作为，因此在刘彻面前并没有多少"话语权"，所以卫青虽然多次在刘彻面前推荐主父偃，但始终没有引起刘彻的兴趣。直至此次，主父偃直接向刘彻上书议政，当天便获得了刘彻的召见。那么，主父偃上书主要向刘彻讲述了什么？为什么能够直接俘获刘彻的心呢？

主父偃上书主要谈论了九项事情，其中八项都是关于律令问题的，而第九项则是力劝刘彻停止对匈奴作战。主父偃引用了《司马法》中的话说：

"国虽大，好战必亡；天下虽平，亡战必危。"并引用了自秦朝以来对匈奴作战的历史结果来印证自己的观点。

主父偃说，当初秦始皇统一六国之后，在求胜欲望的驱使下决定攻打匈奴，但是丞相李斯力劝始皇，认为匈奴既没有既定的居住地，又没有储存钱粮的仓库，要攻打必然会导致军队深入敌境，断绝粮草。而即便夺取了匈奴的土地，也难以为国家带来好处；俘虏了匈奴人，也难以教化他们。所以，这是百害而无一利的行为。但秦始皇没有听从李斯的劝告，一意孤行开疆辟土，最终，正是因为这长期的征战使得民不聊生，最终导致天下人的反叛。而当初，高祖皇帝平定天下之后，也曾想要攻打匈奴。当时有位名叫成的御史劝阻高祖，但高祖依然不听从劝告，最终被匈奴围困平城。之后高祖非常后悔，与匈奴缔结和亲盟约这才使得全国上下一片太平。

主父偃认为，匈奴人向来是难以降服的，而自虞、夏时代开始，君主都不曾对匈奴实施过掌控和监督。但如今，朝廷却没有遵循远古先人的传统，反而开始沿用近代的失误，实在让人备感忧虑！

我们看到，这三人的奏疏实际上都在说同一件事情：劝阻刘彻征讨匈奴。这实际上与刘彻的为政方针是背道而驰的，况且，此时正是刘彻开始重用卫青开疆辟土的重要时刻。但刘彻在看到此三人的奏疏之后，不但没有生气，反而十分激动地召见了他们三人，曰："公等皆安在，何相见之晚也！"意思是说："你们当初都在什么地方啊，为什么我们会相见得如此晚！"

于是，刘彻将三人都任命为郎中。郎中是刘彻身边的侍从，官阶虽然不高，但对国家大事却具有发言权。因此，这三人实际上成为了刘彻内朝的主要组成人员。而其中，主父偃尤其受到刘彻的宠信，仅仅一年之内就升迁了四次，官拜中大夫。可见，刘彻爱惜贤才，也不会因其与自己持不同政见便埋没他们。

此前说过，主父偃在获得刘彻赏识之前，一直过着非常贫困的日子，仰人鼻息。大约正是这段苦难的经历，使得主父偃在得势之后开始肆无忌惮地收敛财富，对百官也为所欲为地进行羞辱，完全不在乎别人对他的看法和态度。曾有人劝诫主父偃，让他不要如此蛮横无理。主父偃却是这么回答的："吾生不五鼎食，死即五鼎烹耳！"意思是说："我活着要是享受不到五鼎进食的富贵，那么死的时候就去享受五鼎烹煮的酷刑好啦！"古代进行祭祀的时候，大夫用五个鼎分别盛放羊、肤（切肉）、鱼、豕、腊这五种贡品。因此，"五鼎食"往往用来形容贵族奢侈豪华的生活。

主父偃这人虽然表现得贪得无厌，但实际上却也是绝顶聪明之人。此前说过，他对西汉王朝有着不可估量的影响，其中最重要的一个原因，就是他向刘彻提出了历史上非常著名的"推恩"政策。

诸侯势力强盛，不服管制，向来是封建帝王最为头疼的问题。楚汉相争初期，刘邦为了与项羽抗衡，不得不分封异姓诸侯，借以笼络人心。而当西汉政权建立之后，这些异姓诸侯的野心也越来越大，甚至想要凌驾于皇帝之上。于是，刘邦开始了剿灭异姓诸侯的道路。但在剿灭异姓诸侯的同时，刘邦也在大肆分封同姓诸侯王。刘邦此举，一是为了借同姓王来一步步消除异姓王，二则是因为他始终认为，秦朝之所以迅速灭亡，正是因为孤立无援，枝叶零落，不肯放权，因此，想要巩固统治，就要分封诸侯王。但异姓诸侯王显然是不可靠的，因此，还要封同姓本家的人！这样一来，刘氏诸侯王便能和功臣集团形成一个相互制衡的作用，皇权也才能稳定。

但正是高祖刘邦此举为后世子孙留下了令人头疼的问题。随着各诸侯王的势力越来越大，皇权反而受到了制约，景帝时期的七国之乱正是诸侯问题的一次大爆发。

刘彻想要加强中央集权，巩固皇权，就必须首先解决诸侯割据问题，但这个问题已经困扰了西汉王朝长达数十年，却始终没有找到解决的办法。就在此时，主父偃站出来了。

主父偃对刘彻说："古代的诸侯封地不过百里，因此强大的朝廷容易制衡弱小的诸侯王。但如今，有的诸侯王所拥有的城池多达数十座，其封地也方圆千里，朝廷只要对他们放松管制，他们便骄奢淫逸起来；但如果朝廷对他们管制严厉，那么他们就会联合起来对抗朝廷；如果公然颁布法令削藩，那么他们很可能会有叛乱的心思，此前的七国之乱便是例子。现在有的诸侯王有十几个子弟，但除了嫡长子能继承王位之后，其他人却没有一点封地，这显然不太符合朝廷所推行的仁孝之道。所以，臣希望陛下能够让诸侯王把恩惠推广到其他子弟的身上，即诸侯王可以自行决定，以其本国的封地来封赏自己的子弟做侯。到时候，那些得到恩泽的子弟必然欢欣鼓舞；而陛下呢，表面上是'推恩'，但实际上却是让诸侯王主动分割了自己的土地，削弱自己的实力。"

主父偃这番话让刘彻顿时豁然开朗，这种"四两拨千斤"的方法完全解决了困扰刘彻多年的诸侯割据问题。刘彻欣喜非常，立即同意了主父偃的意见，很快便颁布诏书，让众诸侯王但凡是想分封土地给子弟的，便可一一奏报，而刘彻将亲自为他们确定封邑的名称。

该诏令一颁布，众多诸侯王以及其子弟果然欢欣鼓舞，无一反抗。这毕竟是朝廷的"推恩",而非"削藩",况且还是自愿以为之。从此之后,朝廷没有动用一兵一卒,而诸侯王们却自觉地分散了自己的力量。

据《汉书·王子侯表》所记载,汉武帝元朔二年(前127)颁布推恩令后,河间王国先后分为了11个侯国,而淄川王国则分为了16个侯国,赵王国也被分为了13个侯国。此外,城阳、济北、中山、广川、代、鲁、齐、长沙等诸侯国也都被分为了若干个侯国。而按照西汉的制度,侯国是隶属于郡的,也就是说,侯国实际上地位相当于县。实际上,推恩令的实施从本质上缩小了诸侯国的土地,并且扩大了朝廷的直辖土地,从根本上动摇了诸侯国的根基。

聪明绝顶的主父偃不仅仅看透了刘彻心中所想,更为刘彻提供了一个"完美"的解决方案,自然博得了刘彻的重视与喜欢,得以在官场之中大展拳脚。

朔方初成

汉武帝元朔二年（前127），就在颁布推恩令的这一年，卫青和李息在对匈奴作战中取得了河南之战的重大胜利，将匈奴赶出了其长期占据的河套地区。河套地区土地肥沃富饶，水草丰茂，是匈奴长期以来主要发展畜牧业的基地。对于这一场胜利，刘彻自然是欣喜若狂。就在这个时候，主父偃向刘彻提出了又一个非常重要的建议——组建朔方郡。

主父偃慷慨陈词道："这河套地区土地非常肥沃富饶，外有黄河天险作为天然的屏障，当年秦朝名将蒙恬便是在此地修筑城池来抵抗匈奴的。这一带只要发展起农业，朝廷就无须再花费人力、物力给驻守的军队转运粮食，同时又扩大了朝廷的疆域，而这正是我们灭除匈奴的根本所在啊！"

主父偃一席话说得刘彻兴致盎然，当即便将此议案提上了朝议。

其时，刘彻才刚通夜郎等西南夷地，又在东方设置了沧海郡（今朝鲜半岛东部），因此，朝中众大臣都认为，此时再建设朔方郡，无疑是劳民伤财，雪上加霜，因此几乎一致持反对意见。其中反对最强烈的，是当时身任御史大夫一职的老儒生公孙弘。

此前在刘彻建设西夷事务（通夜郎等国）的时候，公孙弘就曾多次上书劝阻无果。而这一次，刘彻又要建设朔方郡，公孙弘自然反应更加激烈了。他说，当年秦朝调动了整整38万人在河套地区修筑城郡，尚且都没有成功，为什么现在还要再重复这件事情呢？建设朔方郡，完全是"敝中国以奉无用之地"！劳民伤财，得不偿失，是万万做不得的事情！

实际上，在秦始皇统一六国之后，曾命大将蒙恬进军匈奴，并成功占领河套地区。秦始皇还在此沿黄河修筑了一共34座县城，并设下了九原郡。而秦始皇也是在去巡视九原郡的途中病死的。直至秦朝末期，国力衰退，匈奴再次进犯，九原郡才被废除。因此，公孙弘所说的秦朝时候修筑城郡严格来说是成功的。可见，为了阻止刘彻设置朔方郡，公孙弘甚至不惜"歪曲"历史。

面对以公孙弘为首的众臣的坚决反对，刘彻却没有丝毫退缩的意向。综观刘彻此前多次决定，从攻打匈奴到开发西南夷，无不是在一片反对声之中"一意孤行"。所以，此次自然也不会例外，从刘彻将此事提上朝议的那一刻开始，他的心中早已经有了决定。于是，刘彻令朱买臣当面对公孙弘"宣战"，提出了建设朔方郡的10条理由，让公孙弘来进行反驳。

结果，公孙弘一看，刘彻把朱买臣给推出来了，立刻俯首认错，以谦恭无比的态度向刘彻谢罪称自己见识短浅，所以才不知道建设朔方郡的好处，现在一听才茅塞顿开等，并趁机向刘彻提出，希望朝廷能够暂且停止对西南夷与沧海郡的经营，将主要的注意力转移到建设朔方郡上。刘彻大为高兴，当即同意了公孙弘的请求。

按道理来说，这公孙弘起初对建设朔方郡是坚决反对的，那么此刻为什么却又突然之间就改变了态度，立马成了朔方郡的支持者？再说了，聪明老陈的公孙弘，怎么可能连一个驳斥的理由也想不到呢？况且，当时朱买臣不过是区区的中大夫，而公孙弘是朝廷的御史大夫，相当于是副丞相。丞相那是百官之首，相当于是副丞相的公孙弘又怎么会惧怕区区的中大夫朱买臣呢？

这就要从武帝时代的官制说起了。西汉官僚机构的设置基本上沿用了秦朝时候的模式，进而再加以更新。当时中央政府的官员大约分为三个部分，即外朝官、内朝官以及宫廷官。

所谓外朝官，指的就是以丞相为首的，自丞相以下至六百石官员。丞相府邸之中也有朝会殿，除了皇帝亲临朝会殿与众臣商议国事之外，丞相也会主持廷议与百官进行商议，最终再上奏给皇帝。

内朝官也被称为中朝官，其中包括大司马、侍中、散骑、诸吏、诸郎、博士以及左、右、前、后将军等。内朝官是没有专门任职的，其工作由皇帝直接差遣指派。

而宫廷官则是指包括詹事、内侍等，专门处理皇室内务的官员。这些官员虽然其职务范围属于后勤，但实际上，由于在皇帝近旁，故而也掌握了一些政治权力。

此前说过，西汉丞相的地位是极其尊崇的，连皇帝都要对他礼让三分，其掌管的权力自然也不容小觑。但是对于刘彻而言，既然不能容忍诸侯王的权力对皇权有所影响，自然也不能容忍相权过大，甚至左右皇权。因此，刘彻罗列了许多内朝官员在自己左右，实际上也是为了牵制相权，主父偃、朱买臣、司马相如、东方朔等由刘彻亲自选拔任命的官员实际上都是他身边的内朝官员。

朱买臣的官阶不大，但公孙弘清楚地知道，在朝野之中，真正的决策集团是以刘彻为首的内朝官员，外朝官员虽然表面上官阶较高，权力较大，但实际上只是负责贯彻执行的官员。因此，公孙弘畏惧的并非是区区的朱买臣，而是高高在上的刘彻。刘彻推朱买臣出来，所陈述的意见实际上代表的正是他自己的决定。于是，公孙弘立马见风转舵，调转枪头。

再说这个朱买臣。

在戏曲里有一个著名的经典曲目叫作《马前泼水》，其中的男主角就是朱买臣。戏中是这样讲述的："朱买臣娶妻崔氏，夫妻俩恩爱和乐，过着清苦的生活。后来妻子开始嫌弃朱买臣没有出息，经常对他说话尖酸刻薄，甚至让媒婆给自己物色好了新的丈夫，一个家境殷实的木匠。于是，在一个天寒地冻的日子，崔氏提出要和朱买臣离婚。朱买臣苦苦哀求妻子给他一些时间，他日他必定能够飞黄腾达，但妻子却认定朱买臣一辈子不会有出息坚持要求离开。最终，朱买臣只好写下了休书。不久之后，朱买臣被刘彻所赏识，做了太守。势利的前妻一听，急忙跑回了朱买臣面前，苦苦哀求，希望与朱买臣复合。最后，朱买臣骑着高头大马，让人端了一盆水泼在马前，并告诉崔氏，若是这覆水也能收回，便答应让她回来。崔氏羞愧难当，最后自尽而死。"这便有了著名的马前泼水一幕，而成语"覆水难收"也正是以此而来。

那么，在历史上，朱买臣与妻子真的有如此尖锐的一幕吗？

实际上，根据《汉书》中的记载，朱买臣的妻子其实姓刘。朱买臣早年确实过得十分落魄。他非常爱好读书，学问极高，但却不置产业，直到40岁依然靠砍柴维持生计。因为实在很爱好读书，所以朱买臣连在挑柴去卖的途中都不时背诵诗文，被众人嘲笑是个书痴。众人的嘲笑让朱买臣的妻子刘氏感到非常难堪，她时常劝朱买臣应该干些"正事"，但朱买臣却始终无动于衷。最后，妻子羞愧难当，提出要与朱买臣离婚。但朱买臣却说："我现在虽然很穷很落魄，但是到50岁的时候，我一定会大富大贵的。你再等我几年，我富贵了，必然会报答你的功劳。"妻子听了这话，却越发愤恨了，大哭大闹就是要与朱买臣离婚。最终朱买臣只得写下了休书。

后来有一次，刘氏和新丈夫去上坟的时候，看到路边又冷又饿的朱买臣，还叫他一起吃饭。对于这一饭之恩，朱买臣也是牢记在心。

朱买臣获得皇帝赏识之后衣锦还乡，看到刘氏和丈夫在修路，还叫人用车载上了他们，并置了一处园子供养他们。一个月后，妻子刘氏自觉对不起朱买臣，羞愧难当，自缢而死。朱买臣赠予了刘氏的丈夫许多银子，厚葬了刘氏。

可见，在历史之中，无论是朱买臣还是妻子刘氏都是厚道人。只是，为报这一饭之恩，却让刘氏羞愤而死，恐怕也是朱买臣始料未及的。

朱买臣也是大器晚成，50多岁才最终获得皇帝赏识，但他的政治生涯却并非一帆风顺，最终的结局也令人唏嘘不已。

郭解灭族

在主父偃提出设置朔方郡的建议后不久，主父偃又对刘彻提出，将郡国豪强迁徙至茂陵邑的建议。

茂陵是刘彻为自己修筑的陵墓，据记载，刘彻 16 岁继位之后的第二年，即汉武帝建元二年（前 139）就开始为自己修建陵墓了。刘彻喜好游猎，传说当时在打猎的过程中，刘彻突然发现了一只长得很像传说中的麒麟的动物以及一棵长生果树，而这个地方正好就在茂乡附近。刘彻因此认定，该地是一块绝佳的风水宝地，于是便即刻下诏将此地圈禁起来，开始建造自己的陵墓，这便是茂林邑的由来。

当时，主父偃向刘彻建议说："这茂陵邑才刚刚设立，陛下不如将天下有名的豪强和富贾大户迁居到茂陵邑去，这样一来，不仅仅能够充实京师，同时也遏制了那些有权势的人，消除了动乱的因素，不用诛杀便能消除祸害。"

主父偃此计深得刘彻的心。对于刘彻以及他手中的皇权来说，社会上的富户豪强既是支持国家经济的主要力量，但同时也是最可能危及皇权统治的威胁力量。刘彻对他们既不能诛杀，也不能纵容，管理上也是处于两难之间。但如今不同了，主父偃提出将这些豪强权贵迁往茂陵邑，一来可以促进初建的茂陵邑发展壮大，二来则可以牵制这些豪强权贵，将他们放到天子的眼皮底下进行"监视"。俗话说，强龙压不过地头蛇，只要将这些权贵豪强拔离他们的地盘，他们的力量必然大打折扣，对朝廷的威胁也就大大减轻了。

当然，这些算盘只是刘彻与主父偃的私下议论，自然不可能昭告天下。为了让这些豪强权贵心甘情愿地进行搬迁，刘彻将搬迁茂陵这件事情当成了一件极其荣耀且尊贵的事情来办，在世人眼中，但凡是能够迁居茂陵的人，必然都是位高权重、受人敬仰的人。按照当时的规定，只有财富高于300万的巨富家庭才有资格迁入茂陵。而当时，在迁入名单之中，却有一人的财富值是达不到这个标准的，此人叫作郭解。

郭解的外祖母是秦末汉初十分有名的女相师许负，曾被高祖刘邦赐封为鸣雌亭侯。而父亲则在文帝时期因为行侠仗义，犯了法令被文帝处死。郭解长得短小精悍，貌不惊人，但却是一代豪侠，在《史记》中，司马迁甚至推崇郭解为汉代第一侠士。

年轻时候的郭解非常心狠手辣，但凡得罪他，或者让他看不惯的人，他都会痛下杀手，许多人因此死在了他手上。随着年龄的增长，郭解的个性却发生了很大的变化，他开始变得宽宏大量，以德报怨，明辨是非。

据说有一次，他的一个亲外甥和朋友一起喝酒，仗势欺人，非要强灌一个年轻人喝酒，对方一怒之下拔刀将他杀了。郭解的姐姐，也就是这个外甥的娘非常生气，一直督促郭解快些抓到凶手，甚至将自己的儿子陈尸街头，借以来威逼羞辱郭解，责令他必须严惩凶手。后来郭解找到了杀死外甥的年轻人，并得知了事情的前因后果。郭解不仅没有加罪于那个年轻人，还将他放走了，并埋葬了外甥，安抚了姐姐。郭解公正处事赢得了众人的敬重。

还有一次，郭解出门的时候，在路旁看到有一个人坐在路边，斜着眼睛看他。但是，追随郭解的门人看到这种情形非常生气，要去将那人杀死，但郭解却说："这是我的家乡，我却得不到那人的尊重，说明我这人的修为德行还不够！"后来，郭解还暗中叮嘱当地的官吏说，让他们在践更的时候放过此人。践更是西汉时候的一种徭役，接受别人的钱代人服役就叫作践更。后来那个人因许久都没有被找去服役，所以就感到很奇怪，一打听才知道原来是郭解帮助了自己。于是那人连忙前去向郭解谢罪，而郭解也因为这件事情更加被众人所倾慕了。

郭解这人名声极大，做事却十分低调。有一次，他听说洛阳邑有两个人结了仇，许多贤士豪杰从中调解都没有成功，于是他连夜去见了这两人，对他们进行劝解。这二人敬佩郭解，便听从了他的劝告。离开的时候，郭解嘱咐这二人说："我听说洛阳的诸位豪杰多次调停都没有成功，如果我说了你们便听了，恐怕有些不合适。因此，希望你们能在我走后继续假装仇视，待邑中诸位进行调解之后你们再听从他们的话和解吧！"

正因为郭解声望极大，因此在刘彻下诏命天下豪杰权贵纷纷前往茂陵邑的时候，财产并不符合规定的郭解却被当地官员推荐了。当时提名郭解的人是轵县的一个姓杨的县掾。这个杨县掾之所以提名郭解，实际上是想借此机会将郭解赶走，以"铲除"县里的不安分因素。

当时，名单出来之后，卫青还曾在朝会上对刘彻说："郭解家贫，是不符合迁徙到茂陵邑的规定的。"听了卫青的话，刘彻却回答说："一个布衣竟能劳烦到将军替他说话，可见他的家里真是一点也不穷啊！"

可见，当时郭解的名声想必是已经引起刘彻的警觉了，将郭解迁往茂陵邑也是刘彻心中所想。而既然刘彻都发了话，大臣们也就不再敢多言。

郭解在前往茂陵邑之前，当地许多人都来为他送行，仅仅送给他的钱财就有1000余万。可见郭解在百姓心中的强大号召力。在郭解走后，郭解哥哥的儿子对杨县掾非常愤恨，于是便偷偷去将杨县掾杀死了，自此，郭家和杨家结下了仇。

在郭解迁往茂陵邑之后不久，不知是谁为替郭解出气，竟把杨县掾的父亲杨季主也给杀死了。杨家的人非常愤怒，决定上书告御状。可谁知，告状的人还没进宫门，就在宫门口被人给杀死了。此事传到了刘彻耳中，刘彻勃然大怒，即刻下令要捉拿郭解。

收到消息后，郭解连夜逃亡。当时临晋大侠籍少公与郭解素不相识，但是因为仰慕郭解的为人，便冒险帮助郭解逃出了茂陵邑，郭解遂逃往太原方向。当官吏找到籍少公时，籍少公为守住郭解的行踪自杀了。直到很久之后，郭解才在太原落网。

就在郭解案件正在查办的过程中，一名轵县的儒生在与查办郭解案件的使者闲聊时，听到有人称赞郭解为人贤德，该儒生便说了一句："这郭解专门干些作奸犯科的勾当，怎么称得上是贤人！"可谁知，这句话被郭解的一个门客知道了。该门客十分愤怒，杀死了这个儒生，还将他的舌头给割了下来。这样一来可给郭解惹上了更大的麻烦。

当时，这些人虽然都算是间接因郭解而死的，但却没有一人是郭解亲自下手杀害的。因此，在经过多番审问之后，负责案件的官吏上报刘彻，称郭解无罪。但就在此时，御史大夫公孙弘却发话了："这郭解一介平民，却能够让人自愿自觉地去替他杀人。这难道不比他亲自杀人更可怕吗？郭解所犯的，乃是大逆不道之罪！"

公孙弘一席话完全说到了刘彻心坎里，刘彻随即下令，将郭解灭族。

一代大侠郭解惨遭灭族，表面上似乎是公孙弘一番话所致，但实际上却是刘彻的意愿。此前说过，公孙弘之所以官运亨通，平步青云，最重要的一点是深谙刘彻的心思。因此，要郭解死的，不是公孙弘，而是刘彻。那么，刘彻为什么眼中不能容下郭解呢？说到底还是声明与威望所累。

对于皇权来说，那些身怀绝技、快意恩仇的大侠不过是些不受管制的"危险人物"罢了，他们目无法纪，却又偏偏声名显赫。正如公孙弘所说，一介平民，无须出手便能有人甘愿为其卖命，替他杀人，这是何等地可怕！因此，威胁着专制政权的郭解必须死，真正将他置于死地的，恰恰是那些追随他、仰慕他，甚至不惜为他杀人的人。

主父偃逼死两王

汉武帝元朔年间，正是主父偃得到刘彻宠幸，在官场平步青云的这一时期。突然一个自称是已故燕国肥如县令郢人的兄弟的人找上门来，这人还带了一封奏疏，称希望获得主父偃的帮忙，向刘彻告发燕王不为人知的丑事。

此人所要告发的，正是当时燕国的诸侯王刘定国。刘定国是西汉刘氏宗亲刘泽的孙子，为人非常淫乱无德。他不仅和其父燕康王的姬妾通奸生下一个儿子，还强抢了弟弟的妻子为姬妾。更可恶的是，发展到后来，刘定国甚至和自己的三个亲生女儿发生了乱伦行为。当时燕国肥如县的县令郢人为人非常正直，刘定国害怕郢人向朝廷告发自己的秽行，于是打算杀郢人灭口。得到消息的郢人决定将刘定国的丑事上告朝廷，但还不等郢人的奏疏送到，刘定国就先下手为强，捏造罪名将郢人给处死了。郢人的兄弟对这起冤案一直铭记于心，只等有机会便为自己的兄长申冤。直至汉武帝元朔年间，郢人的兄弟终于找到了主父偃。

了解事情的来龙去脉之后，主父偃立即就挺身而出，将郢人兄弟的奏疏呈交给了刘彻，燕王刘定国的荒淫罪行这才终于败露。刘彻将此事提上了朝议，群臣都认为，刘定国的行为禽兽不如，乱人伦，逆天道，罪当处死。最终，刘彻同意了众臣的意见。消息传到燕国，燕王刘定国走投无路，自杀谢罪，从此燕国也被废除了。

原本这件事情主父偃并没有做错什么，郢人的兄弟所述都是实情，主父偃挺身而出为其申冤本该成就一桩美谈。但此时，朝中众人却都突然感到恐惧起来，在他们看来，主父偃之所以会挺身而出，绝不是因为什么正义感，而是有挟私报复之嫌。可见，这主父偃为人是多么令人不齿啊！

主父偃和燕王刘定国的私怨还要从主父偃早年开始说起了。此前说过，主父偃早年一直不得志，生活非常贫寒。早先的时候，他所学的是长短纵横之术，到中年之后，因为皇帝重儒而改学《周易》、《春秋》以及百家之言。但主父偃在齐国一直都受到了儒生们的排挤，无奈之下，他只能离开齐国，前往燕、赵等诸侯国。但即便如此，他却依然没有受到这些诸侯国的礼遇，依旧过着仰人鼻息的生活。直至后来抵达长安，面见刘彻，他的命运才彻底被改写。也因此，众人将主父偃挺身揭发燕王秽行这件事看作是主父偃对燕王刘定国的报复。

就在燕王之事发生后不久，齐国厉王也发生了类似的事情。

齐国厉王的母亲是纪太后。纪太后为了让纪氏家族世代都备受荣宠，于是强行让齐厉王娶了她弟弟的女儿为妻。但齐厉王却一点也不喜欢这个表妹，虽然被纪太后强逼娶了她，却一点也不宠幸她。纪太后非常生气，为了给自己的侄女制造机会，便派了长女，也就是齐厉王的亲姐姐去"整顿后宫"，让厉王不能接近后宫的其他女人，试图逼迫厉王就范。但纪太后没想到的是，这齐厉王不仅没因此宠幸表妹，反倒和自己的姐姐有了不轨的关系，这等丑行让纪太后气恼非常。

就在此时，皇城之中，王太后正在为自己的外孙女物色丈夫，目光放到了众诸侯王之中。王太后身边有一个叫作徐甲的宦官，徐甲知道王太后的意图之后，非常想在太后面前立功，于是主动对王太后说："我原本是齐国人，不如让我去和齐厉王说一说，让厉王上表求亲，然后就将您的外孙女嫁给齐厉王。"当时，齐国算是比较大的诸侯国，王太后听徐甲这么一说，倒也非常满意，就答应了。于是，商量妥当之后，徐甲就准备低调前往齐国。虽然这件事情办得非常秘密，但还是被主父偃给知道了。临行之前，主父偃找到了徐甲，再三恳求徐甲说："您帮忙跟厉王说一说，把我的女儿也选进齐国的后宫去吧！"这徐甲一想，反正是个顺手的事儿，眼睛都不眨就爽快地答应了主父偃。

可谁知，这徐甲到了齐国之后，才刚放了个口风，就惹得纪太后勃然大怒。纪太后说，这齐厉王已经有了王后，也有了其他的妃嫔，根本不需要其他女人了！纪太后此时大怒也实属正常，因为侄女不得宠，厉王和亲姐姐乱伦的事情已经把她弄得焦头烂额了，这不知趣的小小宦官还敢再说送其他女人来。

亲事未成，徐甲很是郁闷，这在王太后面前可没法交代。就在这个时候，厉王与姐姐乱伦的事情正在齐国不胫而走，被徐甲听了去，徐甲顿时有了主意。回到长安之后，徐甲见了王太后，就对太后回话说："这事齐厉王听了非常高兴，也答应了。但是我却有点担心，要是厉王出了像燕王那样的事儿，这可怎么办啊……"

这王太后一听，便知道徐甲正在暗示她齐厉王在宫廷里头怕是也有不轨的行为，于是便立即下令，让众人都不准再提与齐厉王结亲的事情。

而经徐甲这么一说，齐厉王与姐姐乱伦的事情也在汉宫之中传开了。

王太后的孙女那是金枝玉叶，完全不愁嫁，这避免了一场悲剧，对于太后来说还是件好事情，因此并没有因此责怪徐甲。但主父偃攀龙附凤的如意算盘如今打了个一场空，却是气恼到不行。

如果说主父偃为郢人冤案出头，拔除燕王刘定国尚且可能出于公义之心，那么对齐厉王的作为却不乏挟私报复之念了。

此事之后，对齐厉王怀恨在心的主父偃对刘彻说道："这齐国单都城临淄就有十万户人家，市井商税每天收入就达到千金之多，无论人口还是财政收入都远远超过了长安。齐王与陛下的亲缘关系如今已是越发地疏远了，想当初，吴楚七国之乱的时候，齐孝王就差一点参与了叛乱，实在是让人不得不提防。现在，听说齐王和他的姐姐还有了乱伦之事，实在是伤风败俗啊……"

原本剪除诸侯势力就是刘彻非常乐意为之的事情，如今主父偃这么一说，刘彻也就顺势任命主父偃前往齐国去担任国相，专力审查关于齐厉王乱伦的事情。

主父偃本就是齐国临淄人，但他当年在齐国的时候十分不受重视，甚至他的家人、朋友都十分看不起他。因此，当主父偃以国相的身份回到齐国的时候，很多人不远千里地出城迎接他。主父偃便把他的兄弟、朋友都给召集了过来，这次召集可不是为了"叙旧"，而是为了报复。

主父偃当着众人的面，豪气地拿出了五百金，直接往地上一撒，傲慢地对众人说道："你们当初都看不起我，如今我一升官，你们倒是跑出一千多里地来迎接我了。想当初我们也算是有点交情，我如今发达了，倒也不会没有半分表示。地上这些钱你们就捡吧，捡完以后我们就此断绝交情！"

主父偃这一行为完全断绝了自己的后路，丝毫不给众人留面子。

到了齐国之后，主父偃顺藤摸瓜，率先就找到了那个带齐厉王到他姐姐住地的宦官，对他进行了严审，还威逼利诱地让所有人做供时都要千方百计地把齐厉王给牵扯进去。当时齐厉王还很年轻，刚在王位上坐了5年，没经历过什么大事，经主父偃这么一吓，顿时想到了前车之鉴燕王刘定国的事件，惊惧之余竟然喝药自杀了！主父偃本只是在气头上想给齐厉王点颜色看看，却不想自己竟将堂堂一位诸侯王给逼死了！由于齐厉王死的时候尚无子嗣，故而齐国也就因此被撤销了，齐国的土地也并入了中央。这主父偃因一时之气竟直接"灭"了一个诸侯国。

就在这个节骨眼上，赵王刘彭祖把主父偃给告了，说他收受诸侯权贵的贿赂。而此时，齐厉王自杀的消息也传到了长安。刘彻勃然大怒，即刻下令将主父偃收押入狱。主父偃顿时从刘彻宠臣一夜之间沦为了阶下囚。

这赵王刘彭祖为什么偏偏在这个时候状告主父偃呢？此前说过，主父偃为人处处都表现出了气量狭小、睚眦必报的一面。当年他在燕地没有遭到礼遇，于是他揭发了燕王乱伦；后来齐王拒婚，他直接"灭"了齐国。这赵王不得不怕，当年主父偃也去过赵国，同样没有得到赵王的欣赏。而最让赵王心虚的是，他的宫廷之中也有不可告人的肮脏事：太子与其姐妹也有乱伦之事。

主父偃一遭难，平时就对他怀恨在心的大臣们更是纷纷落井下石，朝野之中竟没有一人肯为他说上半句好话。

　　对于刘彻而言，主父偃是非常有用的人才，他所做的每一件事几乎都帮刘彻解决了困扰心头的难题。因此，刘彻本意是不想杀主父偃的，然而就在此时，公孙弘在朝堂之上站了出来。

　　公孙弘对刘彻说："齐王自杀，无后，国除为郡入汉，主父偃本首恶。陛下不诛偃，无以谢天下。"

　　这督办齐王案子的人是主父偃，齐厉王也确实是在主父偃任职国相追查宫廷乱伦之事时自杀的，主父偃确实无法脱离干系，公孙弘一番话给了主父偃致命一击。最终刘彻下令将主父偃一家灭族。

　　据说主父偃死后，生前数以千计的门客竟没有一人愿意为他收尸，可见他生前是有多么不得人心。最后，是一个叫作孔车的人站出来为主父偃料理了后事，而孔车也因为此事得到了刘彻的赞赏。

漫漫归途

汉武帝元朔三年（前126），恢宏的汉宫之中，刘彻握着奏疏的手指微微一颤，眼里掠过一丝惊诧，道："你说……谁回来了？"

"回陛下，是张骞，是张骞回来了！"回话的宫人脸上满是惊喜的神情。

"张骞……他回来了？"刘彻沉声说着，语气里满是掩不住的惊喜，"快……快宣！"

"宣——张骞——觐见——"

"宣——张骞——觐见——"

伴随着宫人长长的声音，饱经风霜的男子迈着庄重的步伐一步步走向巍峨的大殿。他的眼中噙着泪，胸口埋藏着复杂的心绪，13年了，阔别整整13年了！大殿之上那不怒而威的天子竟是当初意气风发的少年？朝堂之上一张张陌生的面孔便是汉室的栋梁？

"臣——张骞，参见皇上！"张骞一字一句地说着，双膝重重地跪在朝堂之上，犹如千斤之重，"臣，回来了。"

汉武帝建元二年（前139），承载着少年天子开疆拓土的宏伟愿望，张骞率领着100多人从陇西出发，离开了大汉故土，前往大月氏，企图与大月氏相联合来共同抗击匈奴。而这一切的起源，则是因为刘彻无意之中从一名匈奴俘虏口中听到了大月氏与匈奴之间不共戴天的仇恨。

在匈奴首领还是头曼单于的时候，他因为十分宠爱幼子，想将单于之位传给幼子继承，于是便有了废掉太子冒顿的想法。当时正是秦朝初亡的时候，匈奴刚摆脱了秦朝的控制，其实力还逊于大月氏。于是，头曼单于便想利用大月氏来除去冒顿。头曼单于假意与大月氏交好，将太子冒顿送到了大月氏做人质，随后再出兵去偷袭大月氏。头曼单于此举并非是真心与大月氏为敌，最主要的还是策划除去太子冒顿。但头曼单于没想到的是，儿子命不该绝，大月氏人还没来得及对他下手，冒顿已经偷了一匹马快马加鞭地逃回了匈奴。头曼单于的如意算盘落空了，从此匈奴与大月氏成为了仇家，而冒顿也对父亲产生了怨恨，最后杀了父亲自立为单于。

在冒顿单于的领导下，匈奴逐渐强大起来，攻灭东胡，同时打败了大月氏。冒顿单于死后，其子老上单于继位。老上单于继续"欺压"大月氏，并且还杀死了大月氏的国王，将他的头颅做成了饮酒所用的器具。大月氏人对匈奴的仇恨不共戴天，但又苦于实力的悬殊而无法与之抗衡，于是打不过只能跑，大月氏为摆脱匈奴的控制，只得迁徙到了远离匈奴的西边。

出使大月氏在当时来说是一场危机四伏的冒险。首先，在当时没有精密地图、全球定位系统的情况下，大汉朝根本没有任何人能够确定大月氏究竟在什么地方，这相当于是要去寻找一个仅仅存在于传说里的国家一般，随时可能迷失在广袤无垠的大漠之上。其次，在遥远的路途之中，随时隐藏着不可预知的危险，而这种危险随时可能让冒险家命丧黄泉。最后，也是最重要的一点，想要到达大月氏，就必须经过匈奴，这就意味着冒险家们随时可能被扣留在匈奴，而无法抵达大月氏。

但满怀着激情，郎官张骞依然义无反顾地站了出来，成为了出使大月氏的大汉使臣。当时为他做向导和翻译的,是一名归附汉室的胡人堂邑父,在张骞和堂邑父的带领下,100多人的冒险团队正式向西域进发了。

只要事情有变化的可能,那么它似乎就一定会变坏。张骞领导的冒险团队才刚进入河西走廊便遇到了匈奴的一队骑兵,全部落入了匈奴人手中。当时匈奴的首领是老上单于的儿子军臣单于。军臣单于知道该大汉使团意图前往大月氏之后,对张骞笑道:"月氏在吾北,汉何以得往?使吾欲使越,汉肯听我乎?"意思是说:"大月氏在我们的北边,汉朝想要穿过匈奴出使月氏,我们会同意吗?这就好比我说匈奴想要出使越国一样,大汉朝会同意吗?"越国在大汉的南边,匈奴人如果要去越国,则必定会经过大汉。军臣单于以此作为比喻,断绝了张骞一行人"侥幸逃脱"的希望。

张骞被匈奴一羁押就是整整10年。在这10年间,匈奴人想尽了办法软化磨灭张骞出使大月氏的宏愿。他们为张骞娶妻生子,在匈奴给张骞建了一个家庭。10年的岁月,匈奴人对张骞的看管日渐放松。在他们看来,匈奴已经是张骞的家了,这里有他所有的一切,那些肩负的使命与责任早该在岁月的洪流之中所剩无几。但匈奴人未曾想到的是,即便10年,张骞依然"不失汉节",时时等待着完成自己神圣使命的机会。

一直到汉武帝元光六年(前129),张骞的机会终于来了。他趁着匈奴人不备,果断地离开了他的家庭,带着随从逃出了匈奴。10年在匈奴的岁月让张骞对西域的道路有了更深的了解和认识,同时还学会了他们的语言。因此,这一次,张骞顺利地穿过了匈奴人的土地,向西跑了十几天,到达了一个新的王国。

就在张骞欣喜若狂,以为自己终于抵达目的地的时候,一问之下才知道,原来这里并非大月氏,而是一个叫作大宛的国家。大宛很早之前便听说过大汉朝的强盛，因此对张骞一行人礼遇有加，将他们奉为上宾，甚至专门找人将他们送到了康居，此后又由康居王将他们转送到大月氏。

抵达大月氏后，张骞立即向月氏王提出了联合汉室抗击匈奴的意愿。但他却不曾想到，在被扣留匈奴的 10 年间，大月氏已经发生了翻天覆地的变化。此时的大月氏人在肥沃富饶的新土地上早已过上了和平安逸的生活，那些曾经刻骨铭心的仇恨也早已在岁月的流逝之中日渐淡去，如今，一片祥和的大月氏早已经不愿意再卷入战争之中了。

张骞等人在大月氏停留了大约一年多的时间。然而不管张骞再怎么游说，大月氏王却始终没有明确地表态。无奈之下，张骞只得准备起程回汉。在大月氏的一年多时间里，张骞曾越过妫水，一直抵达了蓝氏城（今阿富汗的汗瓦齐拉巴德）。

汉武帝元朔元年（前 128），张骞等人正式踏上回归故土之旅。这一次，为了避免再次被匈奴人抓获，他们改变了行走路线，试图从青海羌人所在地区行走。但他们没想到的是，此时羌人也早已沦入匈奴的控制。因此，张骞等人再一次被匈奴人抓获了。这一次，张骞等人又被匈奴扣留了一年多的时间。

汉武帝元朔三年（前 126），军臣单于死了，匈奴发生了内乱。军臣单于的弟弟左谷蠡王伊稚斜出兵攻打太子於单，并自立为单于。趁此机会，张骞急忙带领着自己在匈奴的妻儿以及向导堂邑父逃回了长安。

自汉武帝建元二年（前 139）出使西域，至汉武帝元朔三年（前 126）回归大汉，历时长达 13 年，离去的时候共有 100 多人，回来的时候却只剩下了历尽艰险的张骞和堂邑父二人。作为"走向世界的第一人"，张骞所付出的代价是极其高昂的。但同时，此次出使却也是意义非凡的。

这一次出使，张骞并未能够完成刘彻最初的目标——联合月氏抗击匈奴，但张骞却使得中国的影响力直达葱岭东西，并促进了中国与中亚、西亚，甚至南欧的直接交往。这不仅仅是一次外交旅行，同时也是一次成效显著的科学考察。在此次出使中，张骞抵达了中亚的大宛、康居等国，同时还通过这些地区了解到了更远的乌孙、安息、身毒等国家的许多情况。张骞此次出使所获得的资料，至今仍然是研究国家古地理以及历史的珍贵史料。

大殿之上，张骞绘声绘色地向众人描述了自己冒险之旅中的所见所闻，为众人打开了一个全新的世界，同时也让刘彻对世界的认知有了一个更加广阔的视野。雄心勃勃的天子听得津津有味，他心中的大国之梦也随着视野的扩大而逐渐加剧，他甚至仿佛看到广阔的西域地区已经向他张开了双臂……

虽然张骞并未完成最初的使命，但对于此次出使的成果，刘彻却是十分满意的，特封张骞做了太中大夫，并对堂邑父授予了"奉使君"的称号，以表彰其功绩。

公孙弘的野心

汉武帝元朔五年（前124），丞相薛泽因任职期间无所作为被免职，而接替丞相之职的自然就是御史大夫公孙弘。任职丞相之后，公孙弘被刘彻封为平津侯。自西汉开国以来，公孙弘成为了第一个先拜相后封侯的大臣。

公孙弘是武帝一朝第六个丞相，而此时刘彻不过33岁的年纪。那么，为什么武帝一朝丞相的更迭会如此频繁呢？

武帝一朝的第一位丞相是卫绾。卫绾是景帝"指派"给刘彻的老师，同时也是景帝一朝的丞相，因其尊奉黄老学说，与刘彻"尊儒"的政治纲领不相符，在刘彻继位后不久便找了个理由罢免了他。

第二位丞相是魏其侯窦婴。窦婴与刘彻都以儒学为政治纲领，雄心勃勃地预备大展宏图。然而，窦婴却成了窦太后摧毁刘彻建元新政的一个"牺牲品"，被罢丞相之职，最终还被田蚡所害。

第三位丞相是由窦太后亲自挑选的尊奉黄老学说的许昌。许昌在位时没有什么作为，相当于是窦太后的"传声筒"。窦太后一死，许昌的政治生涯自然也就随之结束。

第四位丞相就是王太后的弟弟田蚡，拜田蚡为相很大一部分原因是刘彻看在王太后的面子上。田蚡为人骄横，一直不得刘彻喜欢，幸而有王太后这个姐姐庇护着，田蚡才得以继续作威作福。在诬陷窦婴后不久，或是由于"做贼心虚"，田蚡没多久之后就病死了。

第五位是薛泽。原本田蚡死后最有希望拜相的人应该是韩安国，刘彻也十分看好他，一度让韩安国代替丞相料理事务。然而，韩安国偏偏就在这个时候摔伤了腿，于是薛泽做了丞相。但薛泽在位几年也没有什么作为，所以最后被刘彻罢免了。

薛泽罢免之后，公孙弘自然就接替上来了。

此前说过，公孙弘之所以能够在官场扶摇直上，一方面是由于他熟识律法，且精通儒学，能够满足刘彻的治国需要，而另一方面则在于他善于曲意逢迎，顺着刘彻的心思办事情。那么，在朝堂之中，面对同僚之谊，公孙弘又如何呢？

司马迁在《史记·平津侯列传》中是这样描述公孙弘的："弘为人意忌，外宽内深，诸尝与弘有郤者，虽详与善，阴报其祸。"意思是说，公孙弘这个人疑心非常重，表面上好像十分宽宏大量但实际上内心却城府极深，不管谁和他有过节，表面上他都会装作与人为善，但实际上却在暗地里伺机报复。

因此，公孙弘这位表面上肚里能"撑船"的丞相，其实暗地里"报复"过不少人。

刘彻刚登基的时候就曾在全国进行过一次"海选"，当时大儒董仲舒以精彩的《天人三策》赢得了刘彻的青睐。虽然刘彻很看重董仲舒的《天人三策》，但在刘彻眼中，董仲舒不过是一名对政治抱持理想化态度的书生，因此始终没有在朝廷之中委以重用，而是将他派去了江都易王那里做国相。易王刘非是刘彻的哥哥，为人十分粗暴，蛮横无理，但因为董仲舒当时是举国闻名的大儒，因此，易王对董仲舒还算尊重。董仲舒在江都做了6年的国相。

后来，在汉武帝建元六年（前135）时，皇帝祭祖的地方发生了一场意外，长陵高园殿和辽东高庙都发生了大火。此前说过，董仲舒的《天人三策》本是想借上天降下的灾祸作为对帝王的警告，以此来约束帝王的行径，因此火灾一发生，董仲舒就看准了时机，认为是时候来重申自己的政治主张了，于是立即起草了一份奏章，说这两次火灾都是上天降下的警告，试图让刘彻"反省"自己是否在某些方面有所过失。结果这奏章还没来得及呈上去就被人偷了，偷了奏章的人直接将草稿呈递了上去，惹得刘彻勃然大怒，下令将董仲舒斩首。但刘彻气头一过去之后就舍不得了，怎么说这董仲舒也是个极有才华的大儒，于是后来又下诏赦免了董仲舒的死罪，只是将他罢了官。董仲舒经此一吓后，再也不敢提上天降灾之类的事情了，回乡又开始了教书生涯。当时偷走董仲舒奏章的人就是那个"生享五鼎食，死受五鼎烹"的主父偃。主父偃与董仲舒无冤无仇，因此对他的陷害不过源于两个字——忌妒。

到汉武帝元朔四年（前125）的时候，当时的公孙弘已经是御史大夫，他突然推荐大儒董仲舒去做胶西王刘端的国相。这表面上看来，公孙弘像是一番好意，有意提拔董仲舒，但实际上真的是这样吗？

胶西王刘端是刘彻的哥哥，为人十分凶狠残暴，曾因为他宠幸的一个年轻郎官与宫女有染，便对该郎官痛下杀手，甚至连他的儿子和母亲都没有放过。刘端实在是太作恶多端，以致朝中许多大臣都要求刘彻严惩这个哥哥。但念及手足之情，刘彻始终不忍降罪，只是将胶西王的封地削减了一部分。结果，这样一来，刘端不高兴了，开始对朝廷采取了消极对抗的策略，将国中事务一丢，完全不管，还改名换姓跑到别国浪荡。但凡朝廷委派去胶西国任职的高官，刘端几乎都会找他们麻烦，要么罗织罪名诬告他们，实在找不到罪名就直接毒死他们。因此，在胶西国，有许多的高官都死于非命。公孙弘将董仲舒推荐到这个地方，究竟是何居心已经十分明显了。公孙弘与董仲舒实际上并没有什么过节，因此公孙弘的所作所为其实还是归结于两个字——忌妒。

董仲舒是一代大儒，从学问上来说，主父偃和公孙弘自然都远不及他，由此生出忌妒之心再正常不过了。再者，公孙弘十分擅长曲意逢迎，大儒辕固生就曾告诫过他"无曲学以阿世"。可见，在正统儒者的眼中，公孙弘这人是品行不端的，因此可想，这董仲舒想必也早就对公孙弘的品格持怀疑态度了。

刘端虽然是残暴成性，但对闻名遐迩的大儒还是比较尊重的，并没有立即就找董仲舒的麻烦。董仲舒也不傻，公孙弘推荐自己究竟怀着什么样的心思他一清二楚，所以在胶西国担任国相没多久之后，便借病辞官回家了，总算捡回了一条性命。

公孙弘陷害董仲舒，虽然没有达到最终目的，但也算是将其挤出了朝廷，排除了一大心腹之患，但主父偃可就没董仲舒这么好运气了。

此前说过，主父偃被赵王告发之后沦为了阶下囚。当时刘彻并不想杀死主父偃，只想将他贬官回乡就算了，但最后，却因为公孙弘的一番话，主父偃身首异处。

算起来，公孙弘与主父偃大约只有过唯一的一次正面"冲突"，那便是朔方郡的事情。朔方郡是主父偃的主意，公孙弘却极力反对，最后"败"在了朱买臣的10条理由之上。也就是那一件事情让公孙弘深刻地明白了一个道理，真正进行决策的，并非是身居高位的外朝官，而是刘彻身边的内朝官。

主父偃是刘彻的智囊，这并不是最可怕的事情，最可怕的事情在于主父偃实在太过于锋芒毕露了。从"推恩令"到迁居茂陵邑再到建设朔方郡，主父偃实在太过于聪明，太过于有能力，这就意味着，总有一天主父偃将很可能压过公孙弘的锋芒，取代他的位置。

一切的因素综合在一起，公孙弘对主父偃不得不起提防之心。偏偏主父偃这人又错误百出，大肆敛财，收受贿赂。从收敛财富，到"逼死"二王，主父偃一步步为自己挖好了坟墓。赵王一状告了主父偃，为他开启了通往黄泉路的大门，如此千载难逢的机会，公孙弘当然不能放过，给了主父偃致命的一击。

《史记》中，司马迁就清楚地写道："杀主父偃，徙董仲舒于胶西，皆弘之力也。"

对于这两个严格算起来都与他无仇无怨的人，公孙弘尚且如此狠毒，可见对待曾在刘彻面前数次揭他的短、与他作对的直臣汲黯，公孙弘也绝不可能轻易放过。

在公孙弘任职丞相后，有一天，刘彻从西域获得了一匹名马，称为"天马"。刘彻非常高兴，随即就写了一首唱诵"天马"的诗，名曰《天马歌》："天马徕兮从西极，经万里兮归有德。承灵威兮张外国，涉流沙兮四夷服。"这意思说的就是："天马啊从遥远的西方而来，跨越万里黄沙终归德服天下的大汉朝。天马承载大汉的威名远震四方，穿过浩瀚的沙漠让四夷臣服。"

刘彻虽然是以歌颂"天马"为名，但实际上是在歌颂自己的伟大志向，因而高兴得手舞足蹈。就在这个时候，汲黯却说："陛下啊，君王制作诗歌乐曲，上应继承祖业，下要感化百姓。你现在只不过得到了一匹马而已，竟然就为它作了诗歌，这让先皇和百姓们怎么想啊？"

原本只是一件小事情，被汲黯这么一说，刘彻的脸瞬间变了。此时，丞相公孙弘立即站了出来，说道："黯诽谤圣制，当族！"汲黯诽谤皇上，应当将他灭族！

仅仅这一句话就可以看出，公孙弘时时刻刻无不在等待报复汲黯的机会。汲黯每次在朝堂之上攻击他，他都不予还击，反而对汲黯大加赞赏，一副宽宏大量的姿态，但仅仅从这一件事情就能看出，公孙弘对汲黯实际上是恨之入骨的。他看准了刘彻情绪不佳，于是果断地站出来火上浇油。好在刘彻虽然不高兴，但也没有因此而黑白不分，降罪汲黯。

老谋深算的公孙弘此次害汲黯不成，倒也没有再提这件事情。他知道，刘彻不语便是无杀汲黯之心，刘彻没有这份心思，他自然也不能流露出内心的奸恶与狠毒。

公孙弘既然能够官拜丞相，并且平平安安走完了自己的丞相之路，公平地说，他也绝不是一个无能无才的人。他对于西汉王朝的贡献主要有两个方面：一是劝谏刘彻不要在几个方向同时进行开疆拓土的行为；二是提出为博士设立弟子 50 名。

公孙弘本是反对刘彻建设朔方郡的，但在摸准刘彻的心思之后迅速改变了方略。同时，公孙弘向刘彻提出了一个建议，即收缩战线，暂时放弃西南夷，专力经营朔方郡。公孙弘这一提议非常重要，大汉朝的最大威胁一直都是匈奴，专力经营朔方郡，能够大大提升朝廷对匈奴的抵御；而放弃西南夷，从很大程度上减轻了百姓的负担。

设立太学这一建议是董仲舒率先提出来的，但董仲舒还没来得及具体实施就到胶西国去了。此后，公孙弘提出，每名博士官要配置50名弟子，而这些弟子的来源，则由太常在百姓中进行挑选。公孙弘这一做法推动了西汉时期的文化教育发展，并且为刘彻"尊儒"实施了具体化的进程。

第六章　／　决胜千里，运筹帷幄

卫氏荣光

汉武帝元朔五年（前124），卫青官拜大将军，加封8700户，其三个尚在襁褓中的儿子也皆被封列侯，卫青踏上了政治生涯的巅峰。

卫青得以从一名家奴走入刘彻的朝堂，完全得益于姐姐卫子夫的得宠。同时，因为沾了姐姐的光，卫青还从刘彻手中获得了对他人生至关重要的一张出征令牌，彻底改变了自己的人生。

如果说汉武帝元光六年（前129），刘彻钦点卫青为车骑将军仅仅是因为对卫子夫的爱屋及乌，那么，卫青那场精彩的龙城大捷无疑完美地向刘彻证明了自己的实力，并令他成功跻身成为帮助刘彻实现其开疆拓土的重大计划中的一员。

龙城大捷之后的第二年，即汉武帝元朔元年（前128），卫子夫为刘彻诞下了他的第一个儿子，皇长子刘据。这是刘彻的第一个儿子，这个儿子还是当时他最为宠爱的卫夫人所生，可想而知，刘彻对皇子刘据的喜爱必定是非同寻常的。在诞下刘据后不久，刘彻便正式册封卫子夫为皇后，这个平阳公主府中的小小歌女终于不负公主所望，飞上枝头成了金凤凰。

同年秋天，匈奴为报龙城之仇，遣两万骑兵攻入汉朝，将辽西郡的太守杀死，并抢掠百姓多达2000人，同时还侵入了渔阳郡和雁门郡，在那一带抢掠以及杀害了千余人。韩安国所指挥的汉军营地也被匈奴围困，无奈之余，韩安国只得率军东迁，驻守北平。数月之后，韩安国在战场上病死。韩安国死后，刘彻再次起用了赎身为平民的"飞将军"李广，任命他为右北平太守，驻军右北平抵御匈奴。

消息传到京师，刘彻大怒，即刻命卫青再次领车骑将军之职，率领3万骑兵从雁门出发，与从代地出发的将军李息合作，共同夹击匈奴。这次战争被称为"雁门之战"，在雁门之战中，卫青斩杀了数千匈奴人，再次立功。

在该场战役中，单从刘彻的派兵遣将便能看出他对卫青的信任。首先，此次出战，刘彻未曾使用任何一名老将，而是直接用了卫青和李息两位年轻将领。此外，在兵力的分配上，卫青第一次出战领兵1万，第二次兵力却增至3万，可见刘彻对卫青的能力已经基本上抱持肯定态度。

汉武帝元朔二年（前127），匈奴人为报雁门之仇，再次大举入侵汉地，从辽西一直攻入上谷、渔阳等郡。辽西太守遭匈奴杀害，2000余人被匈奴抢掠。刘彻再次派遣了卫青与李息二人出战，李息依然由代郡出击，而卫青则率领主要大军进军匈奴盘踞的河套地区。此次战役，卫青采取了"迂回战术"，西行绕到匈奴后方，以迅雷不及掩耳之势攻占了高阙，切断了驻守河套地区的匈奴与其单于大军的联系。此后，卫青又派遣精锐骑兵部队进军陇县西，包围了盘踞河套地区的匈奴领袖白羊王以及楼烦王，活捉匈奴士兵数千人，并成功抢夺到牲畜近百万，完全控制了河套地区。而正是这场大胜利，促成了朔方郡的建设。

据《史记》以及《汉书》记载，此次汉军"全甲兵而还"，立有大功的卫青一还朝便被加封为长平侯，食邑3800户。当时，担任卫青校尉的苏建和张次公也都因立有军功而被刘彻分别封为平陵侯及岸头侯。

朔方郡建成之后。匈奴右贤王多番率兵对朔方郡进行侵扰，导致百姓无法安居乐业。汉武帝元朔五年（前124），刘彻共调集了大约10万兵马，准备与匈奴展开一场大战。

其时，刘彻任命卫青为车骑将军，率领3万兵马自高阙出兵。其中，卫尉苏建为游击将军，太仆公孙贺为骑将军，左内史李沮为强弩将军，代相李蔡为轻车将军，该四路将军均由车骑将军进行统领。此外，刘彻还任命大行李息、岸头侯张次公为将军，于右北平进行出击，配合卫青大军夹击匈奴。

当时，匈奴右贤王认为，汉军距离自己的军队还十分遥远，不可能立刻到达，因此常常纵情酒色，对战事掉以轻心。与此同时，卫青等人却率军日夜兼程赶往匈奴右贤王大营，趁着夜色出其不意地对右贤王大营发动攻击。右贤王大惊失色，在众人掩护之下率领数百名精兵突围而出，向北逃窜而去。此次战役，卫青等人在极短的时间内便一举击溃匈奴右贤王大营，并俘获右贤王手下将领10余人，男女部众15000余人，以及近百万头的牲畜。

汉军大胜，旋即班师回朝。军队才刚回到汉境边塞，收到此次大胜消息的刘彻已经迫不及待地令使臣带着大将军印信赶至军中，拜卫青为大将军。还朝后不久，刘彻又颁布诏令，加封卫青食邑8700户，封其尚在襁褓之中的三个儿子卫伉、卫不疑以及卫登为列侯。

对此封赏，卫青坚决辞谢，并对刘彻诚恳地说道："陛下，臣有幸在军中效力，全仰仗陛下的护佑。能够获得战争的胜利，也全都是诸位将领兵士协力合作的功劳。如今，陛下已经增加了我的封邑，而我的儿子们尚在襁褓之中，没有任何功劳，他们若是获得陛下的封赏，那便全然违背了臣效力军中、鼓励将士保家卫国的本意！"

刘彻一听卫青所说的话，当即便表示说："朕又怎么会忘记各位将军的功劳呢？本来就是打算封赏他们的！"随即便下令封护军都尉公孙敖为合骑侯，都尉韩说为龙额侯，李蔡为乐安侯，校尉李朔为涉积侯，公孙贺为南窌侯，赵不虞为随成侯，公孙戎奴为从平侯，李沮和李息以及校尉豆如意等人则都被封为关内侯。

卫青为众将领争取封赏并为儿子辞谢封赏的行为让他在朝野之中深得人心，并迅速赢得了极好的名声。

官拜大将军，卫青登上了他的政治生涯顶峰。当时，刘彻对卫青的宠信超过了朝野之中任何一位大臣，朝廷之中，三公九卿及以下的官员见到卫青几乎都行叩拜之礼。卫青在朝廷之中的地位更胜当年仗着王太后撑腰作威作福的田蚡田丞相。

就在卫青荣耀加身之际，卫青与刘彻的亲戚关系又更近了一步。卫青从刘彻的小舅子摇身一变，成为了刘彻的姐夫。

卫青官至大将军的时候，已经有了三个在襁褓中的儿子，但关于这几个孩子的母亲，史书上却未曾提及。从他日后和平阳公主的婚事可以推测，此时卫青孩子的母亲并没有和卫青在一起，或是死了，或是已经与卫青结束了婚姻关系。

当时，刘彻的姐姐平阳公主正寡居京城。平阳公主原本嫁给了曹参的曾孙曹寿，并且生下了一个儿子曹襄。但是后来因为曹寿患病，于是平阳公主就和他离婚回到了京师。当时，平阳公主正从列侯之中重新选择自己的丈夫，于是便有人将当时最得刘彻青睐的卫青给推出来了。一听有人提议卫青，平阳公主就笑了，公主曰："此出吾家，常使令骑从我出入尔，奈何用为乎？"意思是说："这卫青是从我家里出去的骑奴，以前常常跟随我出出进进的，这怎么可以成为我的丈夫呢？"

然而，左右之人却都认为，卫青已经今非昔比了，不仅为当朝大将军，连三个年幼的孩子都封了侯，前途不可限量。于是在众人的怂恿和支持下，平阳公主最终下嫁卫青，让卫青摇身一变成了刘彻的姐夫。

姐姐是皇后，老婆是公主，自己是大将军，卫青地位之显赫，无人能出其右。但高处不胜寒，越是身居高位，就意味着周围越是危机四伏，而卫青身边最大的危险恰恰正是赋予了他如此尊崇地位的人——刘彻。自古以来，天子与臣下之间的关系最忌讳四个字——功高震主。而刘彻又是个对权力有极强控制欲的人，丞相权重，他便抑制相权；诸侯跋扈，他便设法削藩。因此，战功累累、身居高位的卫青与刘彻之间的关系反而因为他的步步高升而陷入了一种微妙的状态之中。对于刘彻而言，此时的卫青已经不仅仅只是那个他爱屋及乌的小舅子了，他是朝廷之中的重臣，是让刘彻不得不警惕的存在。

那么，一朝得志的卫青又是如何与刘彻相处的呢？他会不会犯下"恃宠而骄"的致命错误？从卫青成为大将军之后处理的几个事件中我们可以寻找到答案。

在卫青加封大将军之后，文武百官对他都毕恭毕敬，唯独一人对他依旧是不冷不热，只以"平辈之礼"相待，这人就是直臣汲黯。这个连天子都不惧怕的汲黯，不给大将军面子也没什么可奇怪的。朝中有大臣看到汲黯如此不识数，便"好心"地提醒他说："这皇上明摆着是希望群臣都对大将军毕恭毕敬，大将军地位如此尊崇，你见到他不能只作揖，一定要行拜见之礼！"

结果，汲黯不仅没感谢这位"提点"他的大臣，反而冷冷地回答说："怎么，有一个人对大将军只揖不拜，他就会变得不尊贵了吗？"

这话传到了卫青耳中，卫青非但不生气，反而称赞汲黯是个有思想、有见地的人物。此后他在朝中见到汲黯，比从前更加谦恭了，甚至有无法决断的事情，卫青也常常会去请教汲黯，丝毫不曾摆出一点架子。

从卫青对待同僚的态度便可看出，卫青这人"仁善退让"，即便权倾朝野，也时时刻刻保持着谦恭谨慎的态度，不作仗势欺人的事情。

汉武帝元朔六年（前123），卫青官拜大将军的次年，卫青的部下苏建在阴山北麓之战中损兵折将，最后只剩自己一个人逃了回来。当时，对于如何处置苏建，军中有了分歧。正所谓"将在外，军令有所不受"，按照当时的情况来说，卫青是完全有理由下达对苏建的处置命令的，但是卫青却没有这样做。卫青对众人说："即使我有权力处置罪将，我也不敢真的擅自做主，这件事情我决定据实上告，由皇上来进行裁决。"于是，卫青令人将苏建交给了朝廷。最后，刘彻赦免了苏建的死罪，只剥夺了他的官衔。

可见，即便有足够的条件"恃宠而骄"，但卫青却依然小心翼翼，坚决不肯越雷池一步。

据《史记·卫将军骠骑列传》中记载，苏建曾建议卫青效仿古人，招揽门客到自己旗下。但是卫青却一口回绝，告诉苏建说："当年魏其侯和武安侯就是奉养了许多门客，因此才惹得皇上不高兴。那些招贤纳士的事情都是皇上该操心的，作为臣子，只要遵守皇上定下的法令，恪尽职守就够了，招揽门客做什么呢?"

不管卫青的这种做法是自身性格使然,还是对刘彻太过了解,总之,卫青几乎无时无刻不小心翼翼地克制着自己的行为,为的就是能在武帝的眼皮子底下平平安安度日。

骠骑将军霍去病

刘彻在出生之前,她的母亲王太后曾有梦日入怀的逸事,可见,对于君王而言,他们就如同天空的太阳一般,永恒不灭,高高在上,重要的是天空之中只有一个太阳。但此时,在朝野之中,大将军卫青的光芒却开始日益变得耀眼起来,哪怕他依然谦恭谨慎,小心行事,刘彻也不可能放任他成长为甚至比自己还要显眼的太阳。但卫青身上所承载的,是刘彻最重要的政治理想:平定匈奴,开边置郡。因此,刘彻也不可能轻易就放弃卫青,就在此时,一个重要的人物出场了。

汉武帝元朔六年(前123),大将军卫青分别于二月和四月两次进兵攻打匈奴,刘彻派遣了出使西域归来的张骞以校尉的身份跟随卫青直接参与了对匈奴的战争。其时,公孙敖为中将军、公孙贺为左将军、苏建为右将军、赵信为前将军、李广为后将军、李沮为强弩将军,此外,军中还有一个身份特殊的年轻后生,此人名叫霍去病,是卫青的外甥。

霍去病是卫青的姐姐卫少儿在平阳公主府做侍女之际与平阳县一名叫作

霍仲儒的小吏私通所生下的孩子。当时，霍仲儒惧怕平阳公主怪罪，因而拒不承认出生的孩子与自己有关，并且不久之后就立即娶妻生子，撇清关系。此后不久，由于卫子夫得宠，卫少儿被刘彻指婚詹事陈掌。因此，霍去病虽然与卫青身份相同，但二人的际遇却是完全不同的。霍去病从出生开始便过着较为富足的生活。据记载："（霍去病）年十八为侍中，善骑射，再从大将军。"年仅18岁，霍去病就成为了刘彻身边的侍中，并且非常善于骑射，可见在这方面，霍去病从小就有足够的"受训"条件，远比卫青靠自己去战场之上"摸索"要幸运得多。

刘彻是个非常注重相貌的人，公孙弘得宠，某方面正是因为他虽然年纪大，却"状貌甚丽"，因此而获得了刘彻的好感。曾经窦太主与董君私通，因董君长得好看，刘彻也对他礼遇有加。因此，可以推断，年轻的霍去病想必是长得非常帅气的，因此获得了刘彻的喜欢。也正因为刘彻喜欢他，霍去病在18岁为侍中的这一年便成为了在汉武帝元朔六年（前123）跟随卫青一同出征匈奴的人选之一，刘彻任命其为骠姚校尉。

首次出兵，卫青就派遣霍去病独领800骑兵突袭匈奴。霍去病勇猛过人，此次出战一共斩杀敌人2000多人，其中包括了匈奴单于的祖父籍若侯产（匈奴单于祖父名叫产，籍若侯是其封号）和许多匈奴的高官，同时霍去病还成功俘虏了单于的叔父罗姑比。刘彻得知消息，大喜过望，立即以1600户封霍去病为冠军侯。冠军侯是刘彻专门设立的列侯爵号，取其"勇冠三军"之意。

相比霍去病的大放异彩，卫青的光芒却似乎逐渐暗淡下来。在四月出兵匈奴之际，卫青一连失去了两名将领。一个是叛变投匈奴的赵信，另一个则是被卫青押解京师交与刘彻处置的将领苏建。赵信本就是胡人而并非汉人，因为投靠汉朝廷才得到刘彻的加封。在这一次出战中，赵信兵败匈奴，在匈奴人的引诱下，干脆就率领着剩下的800骑兵归顺了匈奴。因为赵信的投降，苏建惨遭全军覆灭，好不容易才独自脱身返回了卫青大营。

当时对于苏建的生死，卫青营下曾发生过一场辩论。议郎周霸认为，此时正是卫青杀苏建立威之时。而正闳和长史安却认为，苏建此次仅仅以数千人马去抵御匈奴几万兵马，全军覆灭也不曾有二心，拼命返还，应让他活，否则可能会使得日后但凡兵败的将领都不敢返回，投降匈奴。最终，谨慎小心的卫青将此事的抉择大权交给了刘彻，从而也算是间接地保住了苏建的性命。

在这一年中，由于损兵折将，"战绩平平"，刘彻仅仅以千金赏赐卫青。而跟随卫青一同出战的张骞，则因在茫茫大漠和无尽的草原中指引军队一路前行，寻找水草绿洲，解决了军队给养问题而获得了刘彻的赞赏，被封博望侯，即博闻多见、才广识远之意。刘彻对卫青，已经开始了有意无意地打压与抑制。

汉武帝元狩二年（前121），刘彻又任命霍去病为骠骑将军，分别于春、夏两次出兵匈奴。在这两次战役中，霍去病共歼敌4万余人，俘虏了5名匈奴王以及王母、单于阏氏、王子以及相国、将军等120余人。同年秋天，匈奴浑邪王归降，霍去病在负责迎接之际，于紧要关头镇压了部分匈奴士兵的动乱，迅速稳定局势。霍去病的骁勇使得汉朝得以控制河西地区，匈奴因而悲歌曰："失我祁连山，使我六畜不蕃息；失我焉支山，使我妇女无颜色。"

仅仅这一年，霍去病就三次出兵匈奴，接连获胜被封，一时之间，其地位和荣宠达到了登峰造极的地步。此前，朝野之中，卫青几乎是独掌军权。然而现在，霍去病仅仅踏上沙场数年，就取得了几乎能够与卫青相抗衡的地位。

在这一年，卫青全年不曾出战，刘彻此举显然有培养霍去病、抑制卫青之意。

在此之前，有件事情非常耐人寻味。汉武帝元朔六年（前123）的阴山北麓之战中，由于损失两位将军，且未能消灭匈奴大单于，卫青没有获得任何加官晋爵，仅仅受赏千金。此时，向来老实的卫青却出乎意料地做了一件事——用五百金为刘彻宠姬王夫人的双亲贺寿。

当时，卫青受赏千金之后，一个叫作宁乘的人找到了卫青，对卫青进言道："大将军，您军功不算太多，却能够安享今日之富贵，三位公子还都被皇上封为列侯，这一切都是沾了卫皇后的光啊。但如今，皇上宠爱王夫人，王夫人的亲戚却都远不如您这般富有。您何不做做顺水人情，将皇上此次对你的赏赐拿出一部分去为王夫人的双亲贺寿呢？"

因宁乘这一言，卫青思量之后，果断拿出了五百金去贺寿了。当时，王夫人知道这件事情后便告诉了刘彻，刘彻大惊，应声道："大将军不知为此。"意思是说大将军是不会干这种事的！于是，刘彻便去找卫青求证，没想到卫青直接承认了，并告诉刘彻，是宁乘建议自己应该这么做的。刘彻不仅没有生气，反而立即将宁乘提拔做了东海郡都尉。可见，对于卫青此次之举，刘彻是持赞同态度的。

这王夫人是谁呢？按照司马迁的记载，王夫人"与卫夫人并幸刘彻"，"及卫后色衰，赵之王夫人幸"。王夫人曾与卫子夫一同得到了刘彻的宠爱，但后来，卫子夫被封皇后之后，大约没过多久，刘彻便开始专宠王夫人了。而卫青为王夫人的双亲贺寿的举动也从侧面说明，此时在宫闱之中，卫子夫已经失去了刘彻的宠爱。卫子夫的失宠与刘彻对卫青的警惕与抑制甚至可能就是发生在同一时间段的。卫青心下了然，自己与姐姐卫子夫就如同捆绑在一起的蚂蚱，一荣俱荣，一损俱损。于是，在宁乘提出此事的时候，卫青也立即遵从，为的就是迅速调整刘彻与自己的关系。但显然，刘彻对卫青的抑制和打压并不会停止，霍去病的异军突起恰恰说明了这一点。刘彻需要一个人来与卫青抗衡，他可以让大汉朝的天空之中群星璀璨，但绝不容许任何人的光芒过于突出，与太阳的光辉相争。

汉武帝元狩四年（前119）春，刘彻再次出兵匈奴。这一次，卫青和霍去病两人同上战场，刘彻似乎有意让二人在沙场之上"一决雌雄"。但此次出兵刘彻为二人设置的人员配置以及战斗路线却似乎"别有深意"。史料是这么记载的："元狩四年春，上令大将军青、骠骑将军去病，将各五万骑，步兵转者踵军数十万。而敢力战深入之士，皆属骠骑。骠骑始为出定襄，当单于。捕掳言单于东，乃更令骠骑出代郡，令大将军出定襄。"卫青和霍去病各自率领5万骑兵，数十万步兵以及转运夫。乍一看，双方兵力似乎相当，但再往后看，"敢力战深入之士，皆属骠骑"，精兵全部都拨给骠骑将军霍去病了，卫青所配备的不过是5万普通的兵马。这体现出了刘彻对待二人的第一点不公。从战线安排上来说，骠骑将军一开始是要从西边的定襄出击的。但是后来，从一名俘虏口中得知，原来这单于不在西边，在东边。于是刘彻果断更改路线，让骠骑将军霍去病从东边的代郡出击，而把卫青给调去定襄了。显然，刘彻此举已经赤裸裸地表明，他就是要让霍去病在这场"角逐"中成为最终的胜利者。

最终，在这场战役里，卫青以弱胜强，打了漂亮的一仗凯旋，但却因为未能俘虏单于，全军上下没有得到任何的封赏。而霍去病则取得了辉煌的战功。他率军一直越过了离侯山，渡过了弓闾河，歼灭匈奴左贤王70400人，并俘虏了匈奴屯头王及韩王等三人，以及相国、将军、都尉等官员共83人，一路追击匈奴到了狼居胥山，并在狼居胥山举行了祭天封礼，此外又在姑衍山举行了祭地禅礼，将匈奴单于逼至漠北一带，保障了漠南地区的边境安全。这是大汉朝攻打匈奴所至之地最远的一次。因此，刘彻加封霍去病5800户，随其出征的将士们也都获得了丰厚的赏赐。

同年，刘彻专门设置了大司马一职，让卫青和霍去病共同出任。少年得志的霍去病在极短时间内与卫青地位相当，许多拥护卫青的人纷纷转而投向了霍去病，大多都捞到了一官半职，刘彻偏袒霍去病之心昭然若揭。

霍去病的得宠对于卫氏一族来说未尝不是一件好事。汉武帝元狩元年（前122）的时候，刘彻就册立了皇长子刘据为太子。但卫子夫的失宠却不得不让人开始担忧，太子刘据会不会地位不保。卫子夫是霍去病的姑母，刘据就是霍去病的表弟，说来说去都是一家人。一家人当然应该相互照应。于是，在汉武帝元狩六年（前117）的时候，霍去病突然带领众臣上疏刘彻，要求刘彻册封皇子刘闳、刘旦和刘胥为诸侯王。其中，刘闳正是王夫人所生，是刘彻的次子。皇子被封为诸侯王之后便要去其封地居住，而不能留在长安，因此，霍去病此举无疑是想将众皇子从权力中心支走，以此来巩固表弟刘据的地位。

据说，当时王夫人正在生病，刘彻就去问王夫人说："你想把儿子封在什么地方？"一开始，王夫人推辞说："这种事情当然是皇上说了算。"然后刘彻又追问道："那你的愿望如何呢？你想要将他封到何处？"王夫人略加思索之后应声说："洛阳。"刘彻道："洛阳不行，洛阳是天下要冲之地，是汉朝的大都城。自先帝以来，从不曾有任何一位皇子封过洛阳。除了洛阳以外，其他地方都行。"然后王夫人就不作声了。刘彻安慰王夫人说："就封在齐国吧。这普天之下，没有哪里能比齐国的土地更加肥沃！"

刘彻对王夫人的宠爱可见一斑，而王夫人提出想将儿子封在洛阳，说明其必然也有一定的野心。幸而她红颜薄命，加之刘彻并未因沉迷女色而失去理智，为大汉江山的继承问题省去了许多争斗。

这一年，刘彻正式册封刘闳为齐王、刘旦为燕王、刘胥为广陵王。不久之后王夫人就病故了，而齐王刘闳也在被封8年之后因病去世，刘闳无子，国除。

而在奏请刘彻为诸皇子封王的同一年，即汉武帝元狩六年（前117），霍去病也因病去世，年仅24岁。痛失爱将的刘彻十分伤心，令霍去病陪葬茂陵，谥号景桓侯，并调集铁甲军，列阵一直从长安排到了茂陵东的霍去病墓，并下令将霍去病的坟冢修建成祁连山的样子，以此来彰显霍去病的辉煌战功。

霍去病死后，由于战马不足，以及对其他方向用兵的增加，使得刘彻再没有对匈奴发动战争。而卫青也因此再无用处，自官拜大司马之后，便在家中整整闲居了14年，直至汉武帝元封五年（前106）病逝，谥号"烈侯"。刘彻为纪念卫青的彪炳战功，在茂陵东北令人修建了一座阴山形状的墓冢来埋葬卫青。此后，卫青三个被封侯的儿子相继失封，卫氏一族的光环逐渐褪去……

浑邪王归降

汉武帝元狩二年（前121）间，霍去病两次率军攻打占据河西的浑邪王和休屠王部落，给匈奴造成重创。当时匈奴单于非常生气，便下令将浑邪王和休屠王召回匈奴王廷，意图将二人问罪处死。

浑邪王和休屠王收到消息，得知了单于的意思之后，感到非常恐慌，两人协商之后决定干脆直接投降汉朝。于是，浑邪王派遣了一些人在边境附近徘徊，想要拦截途经当地的汉人，让他们将归降之意传达给刘彻知道。当时，正巧李息正在黄河边监督修筑城墙的事宜。于是浑邪王的使者见到李息之后，便把浑邪王的意图告知了李息。这一消息迅速传到京城，刘彻大喜，同时又不免有些担忧，若此次浑邪王是诈降，贸然相信他，便可能促使边境遭到偷袭。于是，再三思量后，为确保安全，刘彻下令由霍去病带兵前往河西迎接浑邪王和休屠王。

就在一切办妥之后，休屠王却突然感到后悔了。看到同伴举棋不定，为免后患，浑邪王果断将他杀死，吞并了休屠王的部众。

虽然浑邪王一心投降，但是部众之中依然有一部分人对投降汉朝抱持否定态度。当霍去病渡过黄河，即将与浑邪王接洽之时，浑邪王部下的一些将领和士兵突然表示不愿意投降，然后纷纷逃走了。霍去病一看情况不对，急忙纵马驰入浑邪王的大营之中，下令将企图逃跑的8000余名匈奴兵士斩杀营前，并令人护送浑邪王一人先行前往长安去见刘彻。随即才下令让部下尽数渡过黄河。此次匈奴降兵一共有 4 万余人，号称 10 万。

归降大汉之后，浑邪王被刘彻封为漯阴侯，食邑一万户，并获赏几万财物，而跟随浑邪王一同投降的呼毒尼小王等四人也都全部被封为列侯。

在迎接浑邪王归降的时候，朝廷由于没有钱置办车辆，于是便转向民间向百姓赊购车马。很多老百姓害怕朝廷拿不出钱来偿还，纷纷把马匹藏匿了起来。刘彻大怒，认为长安县令办事不力，要将其斩杀。汲黯赶紧对刘彻说道："长安县令没有罪过，陛下只有斩了臣，百姓恐怕才肯把马交出来。浑邪王背叛了他的主人前来投靠汉朝，让他们一个县一个县地传送过来就好了，又何必惊动天下人，搜刮尽百姓的财富来奉承这些人呢？"

汲黯这番话让刘彻很不高兴。刘彻一向爱面子，其志向更是平定四方、一统天下，如今在归降的匈奴人面前，当然要处处显示出天朝威严来。但汲黯这番话也确实说得有道理，于是，刘彻听着汲黯的话，默不作声，既不反对，也不表态。

等到浑邪王来到长安之后，长安城里的许多商人和匈奴人做起了买卖，不想却因此触犯法律，500 余人获死罪。此时，汲黯又来觐见刘彻，对刘彻说道："匈奴不守信用，对我朝边境诸多骚扰，而在与匈奴人兴兵对战过程中，将士们死伤更是不计其数，所花费的钱财更是达到数百万之多。臣原本以为，匈奴人归降之后，陛下会让他们成为奴婢，并将他们赏赐给那些战死沙场的将士家属们，而从匈奴缴获的财物，陛下也会分给天下百姓。然而，陛下如今却用尽了国库的钱财对匈奴人进行赏赐，还令百姓奉养他们。而那些一直在长安城中做买卖的无知百姓呢？却因为不了解法令犯了错，招致杀身之祸。陛下这样做，岂不是保护了树叶，却伤害了树枝吗？臣下认为，陛下的做法是非常不对的!"汲黯说得慷慨激昂,刘彻却继续沉默不语。待汲黯离开之后,刘彻才闷闷不乐地对左右说道:"朕已经很久没听到汲黯的声音了,没想到今天他又开始胡说八道了!"

在浑邪王归降之后不久,刘彻将匈奴人分别迁徙到了黄河以南,让他们得以保持自己的风俗习惯,并在此设立了5个属国。

休屠王被浑邪王杀死之后,休屠王太子日磾和他的母亲以及弟弟金伦都一并来了汉朝,沦为官府的奴隶,被安排在属少府管辖的黄门做养马工作。有一次,刘彻在检阅马匹的时候,突然看到在牵马的奴隶之中有一名男子身材颀长,相貌庄严,器宇轩昂,所养的马匹也十分肥壮。刘彻十分欢喜,便将这名男子召上前来进行询问。该男子正是休屠王太子日磾,日磾将自己的身世一一奏告刘彻,刘彻非常喜欢他,当即便下令任命日磾为马监。之后没多久,日磾逐步升为侍中、驸马都尉,一直官拜光禄大夫,成为了刘彻一朝颇有作为的匈奴政治家。休屠王曾制造金人来祭祀天神,因此,刘彻赐日磾姓氏为金。

金日磾在刘彻身边几乎从未有过过失,深受刘彻宠信,为维护国家统一以及维护社会安定方面做出了卓越的成绩,而他的子孙后代也历经七世而不衰,为巩固西汉王朝政权以及维护民族之间的团结也作出了重要贡献。

"飞将军"的末路

王勃闻名天下的《滕王阁序》中曾如此感叹："嗟乎！时运不齐，命运多舛，冯唐易老，李广难封……""飞将军"李广确实命运多舛，戎马一生抗击匈奴，却至死也未曾得到封侯的机会，让后人不免为之扼腕叹息。

汉武帝元狩四年（前119），刘彻集结了10万精锐，决定深入漠北，横扫匈奴。其时将军李广年事已高，他深知，这场战争是自己最后的机会，因此屡次向刘彻主动请求出征。起先，刘彻考虑到李广年纪大了，并不放心让他出征。但面对李广的一再要求，刘彻无奈，只好答应了他，任命其为前将军。临行之前，刘彻暗中对卫青千叮万嘱说："李广将军这人年纪大了，加之运气向来不太好，千万不能让他单独与单于正面交战，以免误了大事！"

李广年纪大了，刘彻担忧他不敌单于是很正常的，可这运气又是怎么回事呢？事实上，确实正如刘彻所说，李广的运气真的不怎么好，而这也是造成"李广难封"这种令人惋惜的局面非常重要的原因之一。

李广的先祖李信是秦朝时期的名将，世代传习射术，故而李广箭准如神。汉文帝时期，李广就已经从军抗击匈奴，因精通骑马射箭，斩杀敌人非常之多，很快就被封为汉中郎。有一次，李广跟随文帝出行。文帝说起了李广冲锋陷阵的勇猛，以及其与野兽搏斗的英武，对李广叹息道："真可惜啊！你若是生在高祖的年代，必定能够封个万户侯！"

后来景帝即位，李广担任陇西都尉一职，此后又改任骑郎将。在吴楚七国叛乱之际，李广出任骁骑都尉一职，跟随周亚夫作战，因夺取叛军军旗而立了大功，自此声名远播。但当时，李广却没有看清楚局势，接下了梁王刘武所授的将军印，因此在班师回朝之后，景帝便没有再给李广封赏，只是将他调任为上谷太守。据记载，在上谷任职期间，豪情万丈的李广屡屡与匈奴进行激战。西汉专门负责协调朝廷与各个属国之间关系的官员被称为典属国，当时任职典属国的是一个叫作公孙昆邪的人。公孙昆邪非常爱惜李广的才气，见他这样与匈奴搏命，非常担心他因此而战死，于是便去向景帝哭诉说："这李广的才气是天下无双的，他也因自负其能力而数次和匈奴激战，臣实在担心他因此而命丧沙场，那就太可惜了啊！"于是，景帝立即将李广调离到了上郡。此后，李广又辗转任职陵西、雁门、代以及云中等地的太守。但凡李广所戍守的边郡，匈奴必然占不了什么便宜。

在任职上郡太守的时期，有一次，因匈奴大举入侵上郡，景帝便派遣了身边一名亲近的宦官去李广的驻地做监军，视察李广练兵的情况。一天，这个宦官带着几十个随从外出，结果遇到了3个匈奴人。宦官一声令下，试图捉住这3个匈奴人。但没想到的是，这3个匈奴人异常勇猛，且箭术极其精准，几乎将宦官的随从们尽数杀光，宦官自己也受了伤，吓得几乎丢了魂儿，夺路而逃。宦官回驻地后急忙向李广禀明了情况，李广当即断定，这3人必定是匈奴的射雕手！所谓射雕手，指的就是匈奴人中箭术最为精湛的大力勇士。于是李广二话不说，率领着100随从追了上去。100个匈奴人没有马，因此很快就被李广一行人追上了，李广连射两箭，杀死两人，并令随从左右包抄，活捉剩下的一人。

就在李广一行人准备回营之时，却突然看到前方数千名匈奴骑兵来势汹汹地追了过来。众人大惊，这实力差距之大，恐怕拼死抵抗也难逃全军覆灭的结果了。李广转念一想，对众人说道："不要惊慌，此地离我大军驻地尚且还有几十里的路程。若是我们惊慌失措地逃跑，跑不出多远就会被这些匈奴人杀光的，倒不如假装镇定留下来，让他们以为我们只是诱饵，附近还埋伏着我军人马。如此一来，匈奴人必然不敢贸然出击。"

于是，李广让众人不仅不逃，反而向着匈奴大军继续行进，大约距离匈奴人2里地时才停下，并命令手下的士兵们统统下马解鞍。众人心中都非常害怕，但又没有别的办法，只得听从李广的命令。

匈奴人一看，觉得很奇怪，这李广带的人怎么不逃跑，莫非其中有诈？于是便派出了一个将军前往试探，李广立即带上十几个骑从冲了过去，射杀了这个匈奴将军，旋即又返回原地。这次，李广干脆直接命令众人放开马，怡然自得地躺在草地上了。匈奴担忧，一直踌躇不前。天黑之后，匈奴人害怕会有汉军连夜偷袭，于是便悄悄撤走了。天亮以后，李广一行人安然回营。

景帝驾崩，刘彻继位之后，认为李广是个人才，于是便将其召入朝中，担任未央宫禁卫军长官。可见，刘彻初期对李广确实有重用的意向。当时被刘彻召入宫中的，还有担任长乐宫禁卫军长官的程不识。

程不识也是西汉有名的将领，在当时与李广名气相当。但在治军方面，两人却有全然不同的方式。程不识为人严谨，统率军队有着非常严格的一套纪律，出战时，军队更是时时处于人不卸甲、马不解鞍的戒备状态。程不识的军队主要以步兵为主，因此行军速度非常慢，但其军队却如同堡垒一般坚实。在匈奴作战中，程不识从未获得过巨大的胜利，但也从不曾让匈奴人讨过好。因此，程不识的出名正是在于他战而不败。

李广的作风却和程不识完全相反。李广的部队不拘一格，行军打仗更是没什么纪律可言。在李广旗下，凝聚人心的是恩义而非纪律，因此众将士与李广的关系都非常好。而行军打仗的时候，李广更是没有什么章法可言，部队的灵活性非常强。但也正因为如此，李广打仗就像赌博一样，不是大胜便是大败，起起落落，发挥非常不稳定。

刘彻一朝一改与匈奴和亲的国策，拉开了与匈奴作战的序幕。李广等待许久的机会终于来了，然而伴随而来的，还有让人叹息的"坏运气"。

汉武帝元光二年（前133），马邑之谋败露，匈奴单于撤走，汉军无功而返，当时李广担任骁骑将军，无功而返。

汉武帝元光六年（前129），李广与卫青、公孙敖以及公孙贺4人一同率军出击匈奴。结果四路兵马，唯有李广一支遇到了匈奴主力部队，全军覆灭。李广还被匈奴俘虏，九死一生才中途逃回，被判死罪，后来用钱赎了死罪，削职为民。

后韩安国死后，刘彻再次起用李广，让其驻守右北平。匈奴人畏惧李广威名，几年没有进犯辽西。李广因此再次踏上仕途之路。

汉武帝元朔六年（前123），李广受任后将军，再次随卫青大将军征战匈奴。此次虽然获得了胜利，但因刘彻有意压制卫青而培养霍去病，致使卫青大军未能俘虏匈奴单于，故而卫青大军上下都没有得到封赏。

汉武帝元狩三年（前120），李广任职郎中令，率领4000骑兵从右北平出击匈奴，博望侯张骞则率领1万骑兵与李广兵分两路行军。当时，李广军陷入了匈奴左贤王的大军包围中。李广军队不过4000人，左贤王军队却有4万人，士兵们都十分惊慌，认为死期将至。此时，李广令其子李敢策马冲入匈奴军队中，李敢率领着几十名骑兵直穿匈奴兵阵，如若出入无人之境。回来后，李敢向父亲报告说："匈奴人太容易对付了！"士兵们这才镇定下来，在李广指挥下组成圆形兵阵，面向四面八方的匈奴军队放箭。僵持许久之后，汉兵死伤过半，眼见就要支持不下去了，李广突然下令众将士拉满弓，但暂停放箭。李广骑在马上，抬起大黄弩弓，一箭一个地射死了几个匈奴副将。匈奴大军畏惧李广，渐渐散开，后张骞带领援军赶到，李广军才得以解围。回朝之后，张骞因行军迟缓延误战机被判死刑，后以钱赎罪，降为平民。而李广功过相抵，又一次错过了封赏。

因此，汉武帝元狩四年（前119）这场大规模的漠北之战，在李广看来就是人生之中最后的机会了，他已经年过六旬，此次若是再不能有所作为，恐怕此生注定遗憾。但他没有意识到，在这场大战之中，刘彻并没有打算给他舞台，这是一场卫青与霍去病的战场较量。

汉军出塞之后，卫青从所俘获的匈奴兵口中得知单于驻地，于是决定亲自带兵追逐。回想起刘彻临行之前的交代，卫青便令前将军李广带领队伍与右将军赵食其的队伍进行合并，一同由东路出击。东路出击势必路途迂回，必定无法正面与匈奴单于队伍交锋，对于李广而言，这是他立功的最后机会，他自然不能同意。但当时，卫青一方面碍于刘彻的交代，另一方面也是出于自己的私心，坚决不让李广担任前锋。

公孙敖对卫青有救命之恩，两人又是至交好友，在此前的作战中，公孙敖因损兵折将而丢了爵位，此次再随卫青出征，卫青自然希望能给老朋友一个机会东山再起。对此李广心中也非常清楚，所以越发坚持己见，一定要出任前锋。但卫青毕竟是大将军，僵持之下，只要卫青不点头，一切也都是徒劳。

最终，李广心中有怨气，没有向卫青交代一声就带着军队出发去和右将军赵食其会合了。但没想到的是，右路军队因为没有向导，在茫茫大漠中迷失了方向,几经周折才抵达战场。而此时,匈奴单于已经逃走,卫青军队也已获得了胜利。李广彻底失去了人生之中最后的机会。

卫青并未责难李广,而是派人送去了干粮和酒,顺便打听迷路的详细情况,以便向刘彻汇报。但李广心中有怨,自始至终不发一言,不作任何解释。无奈之下,卫青只得令李广亲自向有关官吏说明情况。李广悲愤交加,说道:"广结发与匈奴大小七十余战,今幸从大将军出接单于兵,而大将军又徙广部,行回远而又迷失道,岂非天哉!且广年六十余矣,终不能复对刀笔之吏。"意思是说:"我自结发之时便与匈奴作战,大大小小算起有70多次,如今我有幸跟随大将军一起出征,但大将军却又将我调去走迂回的道路,途中偏偏又迷了路,这难道不是天意吗?我已经60多岁了,怎么还能再面对那些刀笔吏的侮辱!"

语毕,"飞将军"引刀自刎,全军将士无不悲痛落泪,普天百姓也都纷纷扼腕长叹。戎马一生的李广用自己的生命向命运的不公作出了无声的抗议。

李广确是天降奇才,然而他恃才自负,行军打仗随心所欲,涉险冒进,致使他的战绩大起大落,甚至可以说是胜少败多。漠北之战是刘彻等待已久的机会,从继位之始,刘彻就盼望着有一天能彻底打垮匈奴,因此,这场胜利刘彻志在必得。他需要的是必胜的把握,而不是一个发挥不稳定的将领。刘彻的眼光看向的是整个宏大的战场,是整个西汉王朝的走向和命运,他不可能用这一切来作为赌注,更不可能让这场战争成为李广的舞台。

李广死后,李广之子李敢对卫青充满怨恨,找了个机会偷袭卫青,致使卫青受伤。但卫青并没有责难李敢,甚至没有对任何人提起过这件事情。当时李敢是霍去病的部下,霍去病得知这件事情之后非常生气,为了替舅舅报仇,霍去病趁甘泉宫狩猎的机会将李敢射杀了。刘彻宠爱霍去病,不愿治罪于他，便隐瞒真相，对外宣称，说李敢是在狩猎过程中被鹿撞死的。

在刘彻着重于对匈奴作战的期间，朝野之中却依旧不得安宁，三个诸侯王相继叛乱，其计划又都"胎死腹中"。

"胎死腹中"的叛乱计划

汉武帝元朔五年（前124），刘彻收到了一封"告状信"，告的是淮南王刘安，而提起讼状的，则是淮南王的中郎，也就是其侍从雷被。

淮南王刘安是高祖刘邦的孙子，辈分比刘彻还要高上一辈。刘彻对淮南王一直颇为关注，其主要原因在于刘彻听从主父偃的建议向诸侯王颁布推恩令的时候，淮南王刘安就属于没有接受"推恩"的那些诸侯之一，因此，刘彻十分"关注"淮南王的动向。

雷被是淮南王的中郎，剑术非常了得，有"淮南第一剑客"的美称。淮南王的太子刘迁当时正在学剑，在众人的奉承之下自觉天下无敌，于是便想挑战挑战雷被这个"淮南第一剑客"。

雷被一听说太子要找自己比剑，顿时慌了。太子的剑术到底如何，雷被一清二楚，可是他是主，自己是仆，若是赢了他，往后日子恐怕就不好过了。但他若是故意输给太子的话，那不仅毁了自己一世英名，同时自己的自尊也是不允许的。

但雷被没想到的是，无论自己怎么回绝，太子刘迁都不依不饶，甚至放话出来："你雷被不参加比试，难道是看不起我刘迁吗？"话已至此，雷被骑虎难下，不得不同意。在比试中，雷被越是步步退让，刘迁越是步步紧逼，刀剑无眼，雷被一不小心把太子给刺伤了。

其时，卫青刚打赢了漠南之战，刘彻大喜，决定扩充军备，便下令全国，但凡想要从军的人，都可以直接到长安去报名，地方官员不得以任何理由阻拦。为了避开太子刘迁，雷被把心一横，决定干脆直接去京城报名参军。

可这刘迁对雷被怀恨在心，怎么可能顺利放他走人？于是刘迁开始在淮南王刘安面前对雷被百般诋毁，刘安听信了太子的谗言，把雷被的官职给免了，甚至还公开放话：不许雷被入京从师！

刘安父子的步步紧逼让雷被走投无路，最终一状告上了京城。这件事并非一般的小事情，刘彻曾特意颁布诏令，"任何人"不得阻挠有从军意向的人到京城报名参军，而根据当时汉朝的律令，但凡不执行天子诏令的人，犯的都是死罪。可这淮南王不是一般人，他不仅是刘彻的亲戚，还是刘彻的长辈，这件事情究竟该怎么办呢？

思前想后，刘彻决定先将此事的来龙去脉弄清楚，于是便下令让廷尉以及河南郡共同进行此次案件的审理。这个消息很快传到了淮南国，淮南王慌了，担心儿子出事，于是便和王后商量说，这朝廷要是真的敢来抓太子，那就立刻举兵造反！

此前说过，在汉朝，诸侯国的国相都是由中央直接任命的。当时，淮南国的国度是寿春，而管辖寿春的县丞则是由淮南王任命的，因此，寿春县丞也不敢违抗淮南王的命令将太子刘迁捉拿归案，于是，淮南国的国相便直接向刘彻上书弹劾了寿春县县丞。淮南王得知后非常生气，威逼国相撤销弹劾不成之后，便恶人先告状，向朝廷举报国相违法。刘彻将两件案子合并交给了廷尉审理，最终焦点又再次落到了淮南王身上。

对于刘彻来说，能够荡平任何一个诸侯国，都有利于中央集权和皇权的巩固，但刘安是他的长辈，自己若是贸然对长辈不敬，那么必然会引起众多闲言闲语。于是，刘彻委派了一名官员前往寿春向淮南王询问事情的来龙去脉。

该官员去到寿春之后，对淮南王和颜悦色，只询问了一些关于雷被的情况，绝口不提惩戒太子刘迁的事情，原本惴惴不安的淮南王才稍微缓和了情绪。调查归来后，众臣都认为刘彻应该处死淮南王，以正法纪。但刘彻以念及叔侄情谊为由，驳回了大臣们的意见。最终，经过协商之后，刘彻决定削去淮南国两个县，以此作为对淮南王的处罚。

刘彻的从轻处理让淮南王感到出乎意料，悬着的心终于落了下去，叛乱的计划也就不了了之了。

虽然在此次事件中，刘彻的处理已经是宽大为怀、仁至义尽，但淮南王刘安却并没有感恩戴德，反而在事后越发感到不安和郁闷。刘安认为，自己做人做事都讲究仁义，辈分也是如今刘氏宗族之中最高的，可竟因为一点点微不足道的小事情而被削去了两个县，实在是太不公平了！

据记载，刘安这个人非常孝顺且博学，喜好读书鼓琴，对打猎骑马却不感兴趣。按理说，这样的人应当是脾性温和且明白事理的，但刘安为何却对刘彻以及朝廷有着如此偏激且"不讲道理"的看法呢？这还要从刘安的父亲淮南厉王开始说起了。

淮南厉王刘长是高祖刘邦和当时赵王张敖的美人赵姬所生的儿子。张敖娶了刘邦的女儿鲁元公主为王后，因此，张敖也是刘邦的女婿。当年刘邦解了平城之围后，回京途中路过赵国，张敖十分恭敬地款待了刘邦，但刘邦非但没有感激张敖,反而对他呼呼喝喝,十分无礼。当时,张敖手下的大臣们对此非常愤怒,于是便生出了谋杀刘邦的心思,但遭到了张敖的反对。次年,刘邦征讨韩王余党,又路过赵国,张敖依旧非常恭敬,还将赵姬献给了刘邦。赵姬就是在这一夜怀上了刘长的。当晚,赵国国相贯高等人偷偷瞒着张敖在刘邦所住的地方埋伏了刺客,准备夜里将刘邦杀死。但那一夜,刘邦在临睡前却觉得十分不舒服,加之又打听到这个县的名字叫作"柏人",所谓"柏人",不就是迫人吗?太不吉利了!于是刘邦连夜便离开了,因此逃过一劫。

后来,贯高等人谋杀刘邦的计划曝光。刘邦大怒,将赵王张敖以及国相贯高等人统统押解上京,而其余家眷则就地关押。当时被关押的赵姬已经怀孕了,忙把自己怀孕的事情上报给刘邦。但当时,刘邦因对自己险遭谋杀这件事非常愤怒,因此根本不理会赵姬。赵姬无奈,只得转而向吕后求助。这吕后更是不可能出手帮助赵姬的,救她出来,岂不是给自己在后宫之中多添加一个敌人吗?

最终,赵姬在产下刘长之后羞愤自杀。刘长被守卫送到了京城。当时,张敖事件也已经告一段落,刘邦心中对赵姬感到惭愧,便将刘长交给了吕后,吩咐其好好抚养。刘邦死后,吕后开始迫害刘邦生前的宠妃以及各个皇子,刘长因为母亲早死,且与吕后有"母子"之情而免遭毒手。

刘长为人十分傲慢骄横,在文帝即位后,倚仗自己与文帝的兄弟之情目无法纪,甚至嚣张地在自己的封地设立自己的法律,任命自己的官员,全然无视朝廷的管制。发展到后来,甚至打算联合闽越以及匈奴发起叛乱,自己做皇帝。据记载,汉文帝六年(前174)的时候,刘长带领70人,并计划使用40辆大车,与闽越、匈奴一起发动叛乱。

70人、40辆车,这样的叛乱规模实在可笑,可见淮南王这人有多么天真自大、无才无德。结果，如此小规模的"叛乱"还没正式发动就已经东窗事发了，刘长立即被捉拿到了京城。文帝念及兄弟之情，不忍杀刘长，于是便将他流放到蜀郡去了。流放途中，刘长不堪忍受折磨，绝食而死。

刘长的死让文帝很伤心。两年后，为补偿弟弟，文帝将刘长的4个儿子全部封侯，而长子刘安则承袭了父亲刘长的爵位，成为了新的淮南王。

刘安是个非常孝顺的人，据说他母亲生病的时候，刘安每天都用泡好的黄豆磨豆浆给母亲喝，此后豆浆便在民间流传开了。杀父之仇大过天，对于孝顺的刘安而言，父亲的死永远都是心里一根难以拔除的刺。加之刘安所奉行的乃是黄老之术，主张无为而治，与刘彻的治国方针完全相反。种种的冲突使得刘安长久以来一直存有谋反之意，只是性格使然，刘安做事总是瞻前顾后，畏畏缩缩，因此始终没有实际行动。

雷被上京告御状这件事再次引燃了淮南王刘安谋反的火花。虽然刘彻对他已是从轻发落，但刘安心中却越来越觉得不甘和愤怒。于是，刘安将自己最为得力的谋士伍被给叫来了，告诉他自己谋反的心意。伍被一听，坚决反对。伍被认为，刘安的叛乱几乎没有任何成功的可能。首先，大汉朝如今国富民强，老百姓过得还算不错，几乎没有任何想要反叛的心思，所以，刘安谋反难以得到民众的支持。再者，淮南国与朝廷之间，实力悬殊实在太大，想当年吴楚七国联合叛乱，最终都没有取得成功，更何况只是一个小小的淮南国呢？

伍被所说句句在理，但却始终没能打消淮南王谋反的心思。就在此时，又一封"告状信"递上了京城，这次告的是淮南王太子刘迁，而"原告"则是刘安的亲孙子刘建！

刘建是淮南王刘安的庶长子刘不害的儿子，也就是太子刘迁的亲侄子。

刘不害是刘安的长子，但因为是庶出，因此并未能够继承太子之位。加之其性格窝囊懦弱，不管是淮南王还是王后都不喜欢他，跋扈的太子刘迁更是常常欺辱他。

刘建的个性与父亲完全不同，他有血性也有才华，对于父亲所遭受的不公待遇一直心存不平。汉武帝元朔二年（前127），刘彻采纳主父偃的意见颁布推恩令。刘建非常高兴，一旦父亲也能够封侯，那么，就再也不需要过这种受气的窝囊日子了，而自己也能够成为太子，最终成为呼风唤雨的诸侯王。但刘建没想到的是，早已有叛乱之心的刘安断然拒绝了推恩令。

失望的刘建当然不会向命运妥协，他开始极力结交那些有学识、有能力的贤士，企图暗中增强自己的势力，扳倒刘迁。但刘建的小动作很快就被刘迁察觉了，刘迁命人将刘建抓了起来，严刑拷打，这一下，叔侄二人结下了大梁子。

汉武帝元朔六年（前123），刘建也学雷被将一纸诉状递上了京师，告发太子刘迁。刘建的想法非常单纯，只要能把太子扳倒，自己的父亲就能成为太子，这样一来，自己以后的日子也就好过了。

刘建告发太子刘迁的事情主要有三件：一是刘迁迫害父亲刘不害；二是刘迁迫害自己；三是太子刘迁意图谋反，多次谋划要刺杀汉使。

这前两件事尚且有回旋余地，但这第三件事一捅出来，事情就大了，这可是谋反啊！淮南王刘安收到消息之后也立马就慌了，赶紧又把伍被给找了来，这回真是骑虎难下了，不起兵吧，这阴谋一旦暴露，肯定活不了；可这要是起兵吧，却又全无胜算。

形势逼迫下，伍被只得向刘安献上了一条谋反之计：先伪造皇帝的圣旨，逼迫四方豪强和有识之士充实边地，并且要逼得越紧越好，逼到他们走投无路。然后再伪造文件，声称朝廷要逮捕各个诸侯王的太子和所宠幸的臣子。

伍被这条谋反之计，重在先搅乱天下局势，煽动民众怨愤，诸侯恐惧，如此一来，天下一乱，刘安也好趁机举事。但刘安却不赞同伍被的计谋，他已经有了自己的打算。刘安决定首先伪造皇帝以及各个朝廷重臣的印信；其次安排卧底进入大将军府和丞相府，在起事之时刺杀大将军卫青，逼迫丞相公孙弘投降；最后谋杀国相等人，篡夺兵权起事，或假传战事消息，借此夺取兵权。武帝时期，诸侯国的兵权并非掌握在诸侯王手中，而是由国相、内史以及中尉三个人共同掌管的，要调兵遣将就必须要得到三个人的一致同意。因此，刘安想要掌握兵权，就必须要过了三人这关。

计划好一切事情后，刘安开始紧锣密鼓地准备，甚至因为担心刘迁的太子妃知道这件事情后走漏风声而授意太子不要和太子妃同床，找借口把太子妃送回京城。刘迁也有野心，一心做着皇帝梦，同意了父亲的要求。

就在此时，伍被向刘彻自首了，并把淮南王的一切计划和盘托出。伍被本就不赞成谋反，极力劝阻不成之后，只得为刘安出谋划策。可谁想刘安竟也完全听不进去，一意孤行。这一仗显然败局已定。

伍被的自首将刘安直接打入了万劫不复之地，刘彻随即派人捉拿了淮南王太子和王后，并将王宫团团围住，进行查抄。淮南王眼见事情败露，走投无路之下自刎而死。这起谋反事件因此而"胎死腹中"。

当年田蚡初入官场的时候，曾与淮南王刘安有过一段较为亲密的交往，为了奉承刘安屁，田蚡曾对刘安说："这皇上现在没有儿子，大王您是高祖的亲孙子，一生行仁义，天底下没有谁不知道的。如果哪天这皇上要是出了什么事，您就是最有资格继承皇位的！"刘安听后大喜，赠送了田蚡许多财物。

在彻查淮南王谋反事件时，这件事情也随之浮出了水面。刘彻大怒，说道："要是武安侯如今还活着，那就应该以灭族之罪论处了！"可见，刘彻对外戚弄权的深恶痛绝。

淮南王的谋反事件还没处理完，衡山王家里又有两纸让人哭笑不得的"诉讼状"递上了京城：衡山王的太子刘爽状告弟弟刘孝私自制造战车和弓箭，意图谋反，并且和衡山王的侍女通奸；而衡山王则状告刘爽不孝，企图废长立幼。

刘赐是淮南厉王刘长的第三个儿子，也就是淮南王刘安的亲弟弟。

文帝时期，刘赐被册封为庐江王。景帝时期七国之乱的时候，刘赐与闽越来往甚密，但并没有响应其他诸侯王的叛乱。后朝廷为防刘赐与闽越勾结，把刘赐北迁去做了衡山王。

虽然衡山王刘赐与淮南王刘安是亲兄弟，但是二人的关系并不融洽，反而常常抱怨彼此，几乎没有什么往来。但无论如何，两人毕竟是亲兄弟，因此，刘赐对兄长淮南王的动静一直都非常留意。当刘赐发现刘安有谋反的心思之后，他虽没有向刘彻举报，但却一直暗中提防，生怕刘安举事之后不顾念手足之情，将他的衡山国也吞并了。

可见，刘赐这人本是没有什么野心的，他守着自己的衡山国已经感到心满意足了，做事也只求明哲保身就够了。既然如此，那么衡山王家的"叛乱意向"又是怎么被挑起的呢？这关键其实都在一个叫作卫庆的人身上。

卫庆是刘赐手下一个负责手法传达的谒者，据说这人懂得方术。当时，刘彻对方术颇有兴趣，于是卫庆就想向刘彻上书自荐。这件事被刘赐知道以后，刘赐非常生气，对卫庆严刑拷打，逼迫他随便认了个罪名，打算将他处死。但是当时，衡山国主管民事的内史官比较正直，坚决不承认刘赐硬逼卫庆认下的罪名。刘赐一怒之下把内史告上了朝廷，内史也不甘示弱，坚决声称是刘赐冤枉了卫庆。

当时，正好有人向朝廷告发衡山王刘赐，说他抢夺民田，并且擅自毁坏百姓坟地，抢占其为自己田地。于是刘彻就将这起案子和刘赐状告内史的案子合并起来进行处理。为惩罚刘赐非法占用百姓田地，刘彻收回了衡山王任命二百石以上俸禄官员的权力，而至于刘赐与内史的事情，刘彻直接采取了忽略态度，不予处理。

西汉开国之初，诸侯国的国相和太傅是由朝廷直接指派的，但其余高官重臣都能够由诸侯王亲自指派。在吴楚七国之乱后，为了加强对诸侯国的控制，朝廷更改了规定，诸侯国二千石以上的官员都由中央来任免，其余官员才能由诸侯王自行任免。

而刘彻对衡山王的惩罚，使得他连二百石以上官员的任免权力都没有了，实际上这也就相当于将衡山王完全架空，令他身边再无自己的亲信。对此，衡山王当然是怀恨在心。于是，在汉武帝元朔五年（前124）秋天的时候，衡山王在朝见天子的途中，路经淮南国，便和哥哥刘安进行了一番长谈。这番长谈过后，两人重归于好，并约定共同举兵谋反。但没想到的是，谋反之事还没展开，衡山王家里却发生了一系列复杂的"家庭纠纷"。

衡山王刘赐原本的王后叫作乘舒，乘舒为刘赐生了两儿一女，分别是嫡长子刘爽，次子刘孝，以及小女儿刘无采。乘舒命薄，年纪轻轻就死了，乘舒死后刘赐的嫔妃徐来成了王后。当时，刘赐的另一个宠妃厥姬与徐来素来不和，因徐来争得皇后之位，厥姬怀恨在心，于是就偷偷告诉太子说，乘舒皇后是被徐来用巫蛊之术所害死的，以此挑拨太子刘爽与徐来之间的关系。

听信了厥姬之言的刘爽果然对徐来恨之入骨，常常与她作对。有一次，徐来的哥哥来探望徐来，太子刘爽在厥姬挑拨之下借酒耍横，用剑刺伤了徐来的哥哥，由此，徐来和刘爽结下了仇。

刘爽的妹妹刘无采十分刁蛮任性，出嫁没多久就被夫家休了。可刘无采回家之后，非但没有反省自己的过错，反而日益放荡，和家中奴仆以及前来做客的客人都做出了不轨的事情。对此，刘爽非常愤怒，多次和妹妹刘无采发生了冲突，发展到后来，两人甚至宣布断绝兄妹关系。

王后徐来趁机拉拢刘无采以及刘孝，想借他们来对付太子刘爽。刘孝和刘无采自小就失去了母亲，在生活上与徐来也比较亲近。加之刘无采愤恨刘爽处处管制自己，而刘孝则妄想依附徐来扳倒哥哥刘爽，以便自己能够取而代之成为太子。因此，他们很快就站到了徐来一边，与亲哥哥刘爽势同水火。在徐来、刘孝以及刘无采的轮番诋毁下，刘赐开始对太子刘爽产生了厌恶之情。

就在刘赐与刘爽的父子关系陷入紧张之际，刘赐的保姆突然受了伤。刘赐非常愤怒，认为是太子不满自己对他的多次指责而故意报复，于是不分青红皂白就把太子给打了一顿。刘爽因此对父亲越发怀恨在心。

不久之后，刘赐病倒了。当时刘爽心中还有怨气，于是就推说自己有病而没有去侍奉刘赐。结果王后和刘孝兄妹趁机对刘赐进谗说："太子根本没什么病，身体好得很，他一听说大王你生病了，马上就露出一副非常高兴的样子！"如果这话只是徐来一人说，或许刘赐还有所怀疑，但现在，刘爽的亲弟弟和亲妹妹都这么说，刘赐自然深信不疑，登时勃然大怒，决意要废黜刘爽的太子之位。

原本徐来拉拢刘孝和刘无采，为的就是除去太子刘爽，而非真心与他们结盟。因此在得知刘赐已经决定废黜太子之后，徐来的下一个目标就对准了刘孝。只有连刘孝也一并除去，自己的亲生儿子才能成为太子，这才是徐来真正的如意算盘。

徐来手下有一名侍女，长得非常漂亮，并且能歌善舞，刘赐非常喜欢她。为了激怒衡山王，除去刘孝，徐来便令该侍女前去勾引刘孝，与刘孝私通。当时，太子刘爽知道了这件事，非常愤怒，思前想后，竟想通过与徐来行不轨之事，以堵住徐来的嘴。于是，有一次，刘爽见徐来正在喝酒，便假意敬酒对徐来上下其手。徐来大怒，挣脱刘爽之后立即向衡山王告发了太子。

眼见事情已经一发不可收拾，刘爽心一横，直接把所有事情向父亲摊牌了：弟弟刘孝和侍女通奸，妹妹刘无采和奴仆以及客人通奸。刘爽还准备直接上京去向刘彻告状。刘赐一看这情况，急了，忙令人驾车去把刘爽抓回来囚禁在了宫中。

太子一倒台，次子刘孝很快就得到了刘赐的信任。刘赐将自己与淮南王约定谋反的事情告诉了刘孝，并给了他许多钱在外招揽宾客，铸造武器和战车。汉武帝元朔六年（前123），衡山王刘赐正式上书刘彻，要求将刘爽的太子之位废黜，改立次子刘孝为太子。被囚禁的刘爽得知这件事情后非常生气，千方百计让自己的亲信也上京告状。这才发生了父亲告儿子、哥哥告弟弟的荒唐事。

而就在此时，朝廷正在查处淮南王刘安谋反一事，该事件中的一名要犯陈喜在刘孝家中被抓获。如此一来，刘孝慌了，怕陈喜供出衡山王与淮南王约定共同谋反的事情，即便陈喜没有说出，太子刘爽派去京城里告状的人也可能揭露衡山王谋反罪行。于是，在经过复杂的思想斗争之后，刘孝决定，牺牲父亲，保全自己。

根据西汉时候的律法规定：主动认罪并揭露共犯罪行的人，可以免除罪责。因此，在关键时候，刘孝主动站了出来，向刘彻自首了，将衡山王谋反的事情清清楚楚地说了出来。最终，衡山王刘赐心灰意冷地自杀了；而刘孝因为检举有功而赦免其谋反罪责，但又因与父亲的侍女私通而被处死；太子刘爽对父不孝，同样处死；王后徐来巫蛊害人，处死；其余一切参与谋反者皆被灭族。

刘安和刘赐的事情才刚告一段落，又一个不怕死的诸侯王站出来闹事了，此人就是江都王刘建。

刘建是刘非的儿子，刘非是景帝刘启的儿子。汉武帝元朔二年（前127），刘非死后，刘建继承其爵位，成为了新的江都王。刘建十分荒唐，是个荒淫无度、无恶不作的人。他与父亲刘非的宠妃淖姬等人都有通奸关系，还常常干些草菅人命的事情。有一次，刘建在雷陂游玩。突然之间狂风大作，刘建便让两名郎官划着小船去了湖中央。结果小船翻了，两个郎官落入水中，大呼救命。刘建在一旁看得哈哈大笑，不许任何人进行援助，一直看着两人被活活淹死。他还大搞巫蛊活动，常常暗中对刘彻进行诅咒。后来，淮南王和衡山王叛乱的事情暴露之后，刘建非但没有引以为鉴，反而效仿他们大肆制造兵器，私自仿造皇帝和百官的印信，还秘密联络别的诸侯王准备造反。

刘建胡闹了几年之后，事情终于被人揭发出来。刘建畏罪自杀，其同党也被刘彻一一诛杀。汉武帝元狩二年（前121），江都国除，改为了广陵郡。

三个诸侯王接连叛乱，刘彻兵不血刃就将他们一一诛灭，一方面可见刘彻中央集权的成功以及其势力的强大，另一方面也可以看见，各个诸侯王所存在的"家庭问题"之严重。古人说"修身齐家治国平天下"，家不平又何以能够平天下？而要平天下，最重要还是要从"修身"做起。

北方有佳人

"北方有佳人,绝世而独立。一顾倾人城,再顾倾人国。宁不知倾城与倾国,佳人难再得!"宫廷宴会上,乐人李延年且歌且舞,曼声而唱,众人听得如痴如醉。

一曲毕,刘彻依然陶醉其中,不由得叹道:"唱得好!但这世上又去何处才能寻找到如此佳人啊?"

听到刘彻的叹息,平阳公主突然笑道:"这佳人不就远在天边近在眼前嘛,延年的妹妹正是这样一位倾国倾城的佳人!"

刘彻一听,惊喜交加,立即下令召见了李延年的妹妹。这一见,天姿国色的李夫人瞬间就打动了天子的心,成为了汉宫之中又一个充满传奇的女子。她没有在历史上留下名字,却以不可思议的美丽成为了后人念念不忘的绝世佳人。

李延年是刘彻一朝出色的音乐家,出身非常低微,年轻的时候因为犯了法被处以腐刑,在宫里负责养狗。李延年在音乐方面造诣很高,据记载,他尤其歌唱得非常好,"每为新声变曲,围者莫不感动"。而刘彻又热衷礼乐祭祀,因此李延年的才华很快就得到了刘彻赏识,刘彻也因为在音乐方面共同的兴趣而十分喜爱李延年。

李延年的妹妹,也就是历史上有名的李夫人是被刘彻姐姐平阳公主网罗到的美人之一，美艳无双，妙丽善舞。

此前说过，平阳公主试图效仿姑姑窦太主当年的做法，以"推荐"美女来巩固自己与天子弟弟的关系，从而巩固自己的地位。此前平阳公主就成功塑造了皇后卫子夫，但如今，卫皇后年长色衰，已经失去了刘彻的宠爱。恰逢其时，刘彻的宠姬王夫人又因病而逝，刘彻的身边出现了空缺，平阳公主和李延年或许都从中看到了机会。李延年的《佳人歌》究竟是自己有意为之，还是在平阳公主的指引下为妹妹的出场做引子，如今已经不得而知，但它确实成功吊起了刘彻的胃口，同时也将李夫人这位倾国佳人送到了刘彻的汉宫之中。

李夫人一入宫，立刻填补了刘彻身边的空缺，成为了刘彻荣宠一时的宫妃。刘彻原本就十分宠幸李延年，现在因了李夫人的关系，对李延年就更加宠幸了，一再破格给予他官爵和赏赐，并设立乐府，任命李延年为协律都尉，让司马相如等有才学的近臣负责作赋，而李延年则负责谱曲。刘彻甚至还常常和李延年同起同卧，通宵达旦地探讨乐律问题。刘彻对李延年兄妹的宠爱可见一斑。

李夫人入宫没有多久，就为刘彻生下了皇子刘髆。刘髆是刘彻的第五个儿子，被刘彻封为昌邑王。此后李夫人便染病不起，日益严重。在李夫人病入膏肓之际，有一次，刘彻前来探望她，李夫人急忙用被子把脸盖住了，不让刘彻看到她的样子，并对刘彻说道："妾身长久卧病在床，如今已没有娇美的容颜，不能再见陛下了，希望日后陛下能够照顾好昌邑王以及我的兄弟。"

看着昔日自己宠爱的女子如今这般娇弱，刘彻心中实在伤感，对李夫人说道："夫人你如今病势已危，已经不是寻常医药能够救治的了，为什么如此狠心不肯让朕再见你一面呢?"

刘彻说得情真意切,但李夫人却坚决不肯露出自己的容颜,并坚持道:"任何妇人,在貌无修饰的时候,都是不可以面见夫君和父亲的。妾身这副样子,实在不敢与陛下您相见啊!"

"夫人你只要愿意见朕,朕便赏赐千金,并封你的兄弟入朝为官!"刘彻开始抛出了利益。

可没想到,李夫人完全不为所动,淡淡地说道:"有没有封赏一切都在于陛下,与见不见并没有什么关系。"

刘彻一着急,直接伸手过去要扯掉李夫人的被子。李夫人把头转向了里头,开始掩面啜泣,无论刘彻怎么哄她,都不愿意转过头来让刘彻见她一眼。见李夫人实在不愿意见自己,刘彻心中非常不高兴,板着脸拂袖而去。

李夫人的姊妹正好入宫探望李夫人,看到刘彻怒气冲冲地离开,全都吓到了,一同责怪李夫人说:"你呀你!陛下想见你,你怎能不见呢?你想托付陛下照顾你的兄弟,可如今却违逆陛下的心意,这可如何是好啊?"

李夫人拭了拭泪,凄然一笑,叹道:"我正是为了托付陛下日后对我的兄弟有所眷顾,因此才不见他呀!我出身倡家,地位微贱,皇上对我的眷恋,不过因为我的容貌而已。以色事人者,色衰则爱弛,爱弛则恩绝。如今我久在病中,颜色已失,不及平时万分之一。若陛下见到我这副容貌,心中必然会感到嫌恶,如此一来,平日的恩情荣宠也就烟消云散了,在我死后,又怎会记得照顾我的兄弟呢?"

天子恩宠,富贵荣华,李夫人一切都看得通透,诗仙李白那句"以色事他人,能得几时好?"不正是李夫人在帝王身边所悟到的真理吗?

几天之后,李夫人就香消玉殒了。李夫人死后,刘彻对她充满无限的怀恋，并命画师将李夫人美艳无比的姿态形象画下，挂在甘泉宫中，日夜怀念，丝毫没有因为李夫人拒见其最后一面而有丝毫怪罪。

李夫人死后，刘彻为悼念她，曾亲手为李夫人写了一篇辞赋，最后几句是这样写的："既往不来，申以信兮。去彼昭昭，就冥冥兮。既下新宫，不复故庭兮。呜呼哀哉，想魂灵兮！"

刘彻对李延年的宠爱在李夫人死后持续了一段时间，但自古帝王多薄情，尤其像刘彻这样身边并不缺乏女人的君王更是如此，先有陈阿娇，后有卫子夫，再有王夫人，而李夫人之后，自然还会有别的绝代佳人填补上宠妃的空缺，李家自然也就渐渐失宠了。只可惜，李家的兄弟却没有李夫人看得那般通透，将自己一步步送上了绞刑架。汉武帝太初年间，李延年的弟弟李季淫乱后宫，刘彻大怒，下令诛灭李延年和李季兄弟宗族。当时，其兄李广利在外征战，因此逃过一劫。

宫闱与朝堂，朝堂与沙场，三者看似遥远，却又紧密联系。帝王的善变与无情左右着朝堂上下，宫闱内外所有人的命运让他们在历史的沉浮之中风雨飘摇。

第七章 / 内政的改革

"儒式"强权

汉武帝刘彻表面上的为政纲领是"独尊儒术",但实际上的统治策略却是崇尚法治。

西汉初年,在秦朝暴政和长期动乱的蹂躏下,为求休养生息,缓解协调阶级矛盾,汉初的统治者便以"黄老学说"的无为而治来统领国家。然而,从本质上来说,黄老学说是非常消极的,在大动乱的时期,这种消极统治能够起到一种缓冲作用,但若是将其作为长期的为政方针,必然可能导致国家无法前进,甚至呈现后退趋势。刘彻刚刚继位的时候,正是西汉王朝走向巅峰的重要时期,有着强大抱负的刘彻毅然决然摒弃黄老,尊奉儒术。

儒家学说强调的是温、文、稳的为政方针,以仁义治国,以教化统一,倡导民众统一思想,忠于封建王朝,恪守纲纪伦常。这样的学说是比较容易被大多数人所接受的，但完全的儒术治国却又与刘彻开疆拓土、加强中央集权的政治理想存在矛盾，因此，在尊奉儒术的同时，刘彻在内实际上一直崇尚法家学说。但在当时，秦朝的暴政统治扭曲了法家学说，使得人们提"法"色变，所以，任何一个统治者即便骨子里根本不可能摒弃法家的政治学说，也绝不会将自己的旗帜打上法家的标记。故而，刘彻的为政，实际上所展开的，正是以儒饰法、外儒内法的统治策略，换句话说，刘彻"罢黜百家，独尊儒术"的背后，真正提倡的是"德治"与"法治"的统一。

"德治"用于规范人们的思想和行为，提高自己的名声和说服力，同时从思想上对民众进行教化，使其从根本上效忠皇权；"法治"则用来约束被统治者，对违法者进行严厉制裁，以权术和严刑来驾驭臣下，以强硬手段维持社会安定。刘彻的这一统治思想实际上奠定了中国封建社会统治思想的基础格局，对中国两千多年的封建历史产生了不可估量的影响。

对于刘彻的这一真正统治策略，朝廷之中有三位非常重要的大臣都看出来了，一位是丞相公孙弘，一位是直臣汲黯，还有一位则是酷吏张汤。

公孙弘和张汤都非常精明，他们看出刘彻的心思，却从不说穿。公孙弘公羊派《春秋》创造性地与律法相结合，以此获得了刘彻的欢心，得以平步青云，官居高位。而张汤呢，则根据刘彻的需要发明出了以儒学来断案的新方法，得到刘彻极力赞赏。唯有汲黯，非但没有想法迎合刘彻，反而处处与之作对，毫不客气地指出刘彻的真意。

刘彻爱才，天下皆知，常常下令让全国举荐人才，但凡是不能按时举荐的，还要被治罪，唯恐人才不够任用。但同时，刘彻对臣下又非常刻薄冷酷，即便是平时非常宠幸的大臣，哪怕犯了点小错，也必定会严惩，若是发现有欺瞒行为，更是立即处死，毫不留情。以刘彻一朝丞相的任命情况为例来说，刘彻一朝共任命过13个丞相，除了第一任丞相卫绾是由景帝任命直接过渡到武帝时期以外，剩下的12人都是刘彻登基之后任命的。

按理说，西汉时期，丞相的地位是非常高的，为外朝官之首，不应轻易有所更替，但武帝一朝却偏偏频繁更迭丞相人选。我们想要弄清楚这一缘由，或许从"丞相们"的结局可以找出一些端倪。

武帝朝的第一任丞相卫绾是景帝所任命的，所谓一朝天子一朝臣，到了武帝时期被罢免也属寻常；第二任丞相窦婴因为得罪窦太后而被罢免，此后又与田蚡有了争端，刘彻为顾全母亲王太后，便将窦婴处死了；第三任丞相许昌为窦太后所任命，窦太后死后，遭到罢免倒也正常；第四任丞相田蚡因姐姐王太后的荣光得以保全，却在害死窦婴之后不久病死了；第五任丞相薛泽因无作为被刘彻罢免；第六任丞相公孙弘应是武帝一朝所有丞相之中官运最好的，晚成大器，在相位之上安然平稳，一直做到80岁寿终正寝；第七任丞相李蔡因盗取三顷景帝陵园冢地获罪下狱，被迫自杀；第八任丞相庄青翟受张汤事所累，获罪下狱，同样被迫自杀；第九任丞相赵周因没有将列侯上献的黄金成色不好或重量不足等事上报而获罪下狱，被迫自杀；第十任丞相石庆病死；第十一任丞相公孙贺因其子与公主私通，且陷于巫蛊被判死罪；第十二任丞相刘屈氂因巫蛊被腰斩；第十三任丞相田千秋病死。

单从武帝一朝身居高位的丞相们不同的下场便能看出，在驾驭臣下方面，刘彻绝对是十足的"酷帝"，执法严酷无情。

汲黯曾劝说过刘彻："陛下您渴求贤能的人才，但却又常常还不等他发挥才干，就因一些小事而将他处死。贤能的人才是有限的，怎能抵住陛下您无限的诛杀呢？恐怕这样下去，天底下的贤才都被陛下杀尽，那将来谁还能辅佐陛下您治理国家啊？"

刘彻却是笑着回应汲黯说："这天底下从不会缺少人才，只是没有人发现罢了。只要善于发现，又怎么会怕没有人才呢？所谓人才，其实就如同器物一样，再怎么漂亮却不能施展其用途，那就相当于没有一样，不杀他，还留着做什么呢？"

汲黯无奈，只得对刘彻说道："臣无法说服陛下，但心中依然不同意陛下所言。臣殷切地希望陛下从今往后能够有所改正，而不是认为臣愚蠢而不明白事理啊！"

刘彻对周围的大臣们说道："这汲黯若是说自己善于阿谀奉承，那当然是不可能的。但他说自己愚昧，那就真是说对了！"

可见，刘彻这人确实刚愎自用，一意孤行，对待臣下也都极其冷酷严厉。但从刘彻对汲黯一次次顶撞的宽容也能看出，刘彻并非是个不能包容臣下异议的君主。他所看重的，是臣子的忠诚而非服从，当然，即便对忠诚的臣子有无限的宽容，刘彻也绝不会因任何的意见而影响自己的判断。

汲黯的刚直使得他得罪人无数，因此没过多久，他便因为一点违法的小事被人咬住不放，最终免官回家。但刘彻一直没有忘记汲黯的存在，几年以后，因荆楚一带奸民私铸钱币的情况非常猖獗，严重破坏了社会经济，于是刘彻便任命作风严厉的汲黯为淮阳太守，专职整顿此事。汲黯收到传召面见刘彻的时候，涕泪横流，对刘彻说道："臣原本以为从此再也见不到陛下了，却没想到陛下如今还愿意再起用老臣。臣虽然期盼能够以犬马之心报效陛下，但多年疾病缠身，实在难以担当重任。太守一职臣实在不敢接受，唯愿能留在陛下身边，干一些力所能及的事情啊！"

刘彻应声道："你莫非是小看淮阳太守一职，所以不愿就任吗？淮阳百姓如今处境艰难，朕是想要以你的威望去威慑奸邪之徒，拯救百姓于水火之中啊！你只需和任东海太守时一样，卧而治之就可以啦！朕很快就会召你回来的。"

汲黯这才勉强答应担任淮阳太守之职，离开的时候，汲黯专门拜访了大行李息，并对李息说道："我如今被皇上弃逐到地方上去了，再也不能参与朝政议事。御史大夫张汤是个狡诈之人，对陛下曲意逢迎，常常制造事端，玩弄律法。你身居九卿高位，要尽早揭露张汤的真面目啊，否则日后可能会因此受到陛下的惩处。"汲黯这一忠告是非常有先见之明的，但可惜的是，李息却因惧怕张汤而始终未敢与他作对。到张汤倒台之际，正如汲黯所预见的一样，李息也因此遭到了刘彻的制裁。

汲黯担任淮阳太守之后，果然不负刘彻所望，刘彻给予了汲黯和诸侯国相相当优厚的待遇，汲黯在任7年之后病死淮阳。汲黯死后，刘彻提拔他的弟弟汲仁官至九卿，任命他的儿子汲偃为诸侯国相。汲黯的兄弟有10余人因为沾了他的光而官至二千石之职位，可见，刘彻对于汲黯的感情是非常深厚的。

作为一代"酷帝"，刘彻必然需要酷吏来为他实现严峻刑法统治臣下的策略。因而，西汉时期的酷吏非常出名。《史记》中专门有"酷吏列传"，描述了西汉时期十分有名的11个酷吏，其中，除了郅都以外，其余十大酷吏都是武帝一朝所任命的。

十大酷吏

酷吏是皇帝实现君主专制的产物，也是为了维护皇权统治的工具，但同时，酷吏往往也是皇权的牺牲品。酷吏往往都非常有才能，其政绩也都十分突出，其主要针对对象也是贵族豪强，因此，他们大多比较清廉。酷吏在官场之中一般都能平步青云，他们就如同皇帝的枪一般，皇帝想打谁，他们枪口头便朝向谁。皇帝不方便出面处理的事情，他们首当其冲去处理。因而他们往往能够博得皇帝的欢喜而越级升迁。但古往今来，酷吏们往往都不得善终，在需要的时候，皇帝往往会为了维护自己的"形象"而让他们成为巩固皇权的牺牲品。

司马迁的《史记》中记载了武帝一朝10个比较有名的酷吏，他们分别是：宁成、周阳由、赵禹、张汤、义纵、王温舒、尹齐、杨仆、减宣和杜周。而这10人中，最出名也是最有代表性的酷吏，非张汤莫属。

关于张汤，太史公记载了一件他儿时发生的事情：张汤小的时候，其父为长安县丞。一天，老鼠把家里的一块肉偷吃了，父亲回来之后以为是张汤所为，于是狠狠打了他一顿，以示惩罚。张汤没有为自己辩解，而是自己循着老鼠的踪迹，掘开了老鼠洞，将偷肉的老鼠以及没吃完的"证物"给找了出来，学着审案的样子，当堂判决了老鼠的罪状，将其分尸处死。父亲在一旁看得十分惊奇，于是便开始让张汤学习断案的文书，将他引上了刀笔小吏的道路。

　　武安侯田蚡当道的时候，张汤得到了田蚡的赏识，在田蚡的屡屡推荐下，张汤从小吏升官成了御史。而张汤真正引起刘彻注意，则是在审理陈阿娇"巫蛊"案件的时候。张汤摸准了刘彻的心思，对此案严加惩办，株连300余人。刘彻因此非常赏识张汤，升任他做了太中大夫。此后，张汤又在刘彻授意下与另一名酷吏赵禹一起共同制定了许多严酷的律法，比如"见知故纵"、"监临部主"等律法就是此二人所制定的。所谓"见知故纵"指的就是知道有人犯法不举报，犯故意纵容犯罪的罪责；"监临部主"则指的是，上级如果没有及时纠举下级所犯的罪责，便要承担共同责任，实行连坐。

　　张汤为人十分奸诈，知道刘彻弘扬儒学，每每判案便都以儒家观点牵强附会。而每次遇到疑难案件，他都会先上报给刘彻。刘彻认为对的他便采纳，刘彻认为不对的他便摒弃，因此常常判决的案件结果都深得刘彻欣赏。张汤也和公孙弘一样，从不和刘彻争辩，但凡奏报的事情，遭到刘彻反对的，立即俯首认错。在处理刘彻交代的案件时候，张汤也非常懂得察言观色，凡是刘彻想要从轻发落的人，他便交由那些执法公平的官吏负责；但如果是刘彻想要严惩的，他便专门让执法严酷的官吏进行审理。为了博得好名声，张汤往往对豪强的打击非常严厉，而对那些平民百姓则予以轻判。因此，即便张汤这人处世常常不算得公正，却也赢得了非常好的名声，很快便被刘彻升任为御史大夫。曾经有一次，张汤生病，刘彻甚至亲自前往去探视他，可见当时刘彻是有多么宠幸张汤。

　　刘彻对匈奴作战期间取得了辉煌战果，匈奴单于派使臣前来请求和亲。当时丞相长史任敞提出，匈奴方才被大汉所击败，正处于艰难之中，朝廷应当抓住机会迫使匈奴臣服，让匈奴成为大汉的属国。于是，刘彻便派任敞作为使臣前往匈奴，结果匈奴单于勃然大怒，把任敝给扣下了。而当时，博士狄山是主张与匈奴和亲的，狄山认为答应和亲对国家对百姓都是一大好处，于是刘彻便询问张汤对此的意见，张汤说："狄山这个愚笨的儒生什么都不懂！"狄山一听，驳斥道："我虽然愚笨，但却忠心，哪里像张汤，完全是诈忠。"

原本狄山支持和亲就不得刘彻的心，现在狄山还公然辱骂刘彻宠臣，刘彻自然不高兴，面色一沉问道："朕若是让你掌管一郡，你能够抵御匈奴进犯吗？"

狄山一怔，应声道："不能。"

刘彻又问："那若是一县呢？"

狄山还是摇头："不能。"

刘彻再问："一个要塞呢？"

狄山再也不敢摇头了，生怕刘彻一生气把自己问罪，于是硬着头皮说道："能。"

结果，刘彻当真把狄山调派去守要塞了。狄山一介书生，完全不懂行军打仗，只一个多月就被匈奴攻破斩首。从此之后，百官几乎都不敢再说张汤半句不好了。

大司农颜异向来以廉洁正直著称，与张汤素来有些嫌隙。一次，刘彻与张汤商议，想要发行"白鹿皮币"，令藩王列侯前来长安觐见时都必须购买。一张白鹿皮币价钱高达40万钱，这实际上是一种变相的勒索。刘彻提出此意见后，颜异却表示不赞同，认为皮币不过是衬垫之物，根本不需要做这么贵，以免本末倒置。刘彻因此非常不高兴。正在此时，有人向张汤告发颜异触犯法令。刘彻便将颜异的事情交给了张汤进行处理。颜异的一个门客曾在颜异面前议论过刘彻的某一条诏令,认为其有不恰当的地方,当时颜异听完后没有发表意见,只是微微动了动嘴唇。抓住此事,张汤向刘彻奏报说:"颜异身为大司农,位居九卿,看到诏令有不恰当的地方,竟不提醒陛下,反而在心中加以诽谤,应当处死!"刘彻应允。

所谓"腹诽之罪"正是从颜异开始的。此后,公卿大臣们为保全自己的身家性命,大多对张汤阿谀奉承。

宁成是穰县人,曾是景帝的侍卫随从,为人好胜,凶残狡猾,与郅都交好。郅都死后,宁成被景帝召入京城做了中尉,专门管制长安附近那些仗势欺人、无视法纪的皇宫贵胄。在刘彻继位后,宁成改任为内史,由于此前得罪了许多权贵,宁成被诽谤入罪,遭到了极重的刑罚。宁成认为自己的为官生涯已经结束了,于是便偷偷伪造假公文,逃回了家里。回家之后,宁成借钱买了1000多顷土地用来出租,几年之后便坐拥几千黄金的家产。由于其深谙官场之道,故而掌握了许多官吏的短处,成为了一方豪强。

周阳由的父亲赵兼是淮南王刘长的舅父,因被封为周阳侯,故而才改姓周阳。周阳由为人残暴骄纵,处理案件也常常随自己的喜好,而且极其仇恨豪强。只要他任职郡太守,就必然欺凌都尉;他做都尉,则欺凌太守,是极其强狠之人。后来周阳由做了河东郡都尉,和郡太守申屠公势成水火,常常互相状告对方。后申屠公被判处有罪,愤恨自杀,周阳由也被处以死刑。

赵禹为人廉洁,曾是周亚夫的手下,但周亚夫却因认为赵禹执法过于严酷而不愿重用他。刘彻时期,赵禹逐步升官做到御史之职,刘彻认为其有才干,又将他升任为太史大夫。正是他与张汤一起制定了各种法令,使得汉朝律法变得极其严厉。

义纵是河东郡人,他有个姐姐精通医术,得到了太后的宠幸,于是,沾了姐姐的光，义纵被提拔做了中郎，后又改任上党郡某县的县令。由于义纵执法非常严酷，因此县里治安很好，义纵很快就被改任为长陵和长安的县令。在执法期间，义纵不畏惧高官贵族，甚至曾逮捕过太后外孙的儿子，因此得到了刘彻赞赏，升任河内都尉。义纵一到任就立即诛除了当地豪强穰氏一族，使得河内道不拾遗。后义纵调任为南阳太守，当时宁成正在家中闲居，特意来迎接义纵，想要与他搞好关系。但义纵却完全不买账，一正式上任就立即拿宁成开刀，一举诛灭了宁氏家族。义纵此举震慑了南阳的官吏和百姓，使得人人自危，行事小心谨慎，不敢犯一点错误。之后，义纵又被改派成为定襄太守，到达定襄之后，义纵将狱中所关押的犯人以及那些入狱探视的亲友统统逮捕审讯，罪名是"为死罪解脱"。此次事件中，义纵一共杀了400百余人，致使郡中人人都不寒而栗，不敢不辅佐官吏治理政事。义纵为官非常廉洁，常常效仿郅都办事。汉武帝元鼎年间，因对外作战导致财政紧张，刘彻便发出了"告缗令"，发动天下百姓告发偷税漏税的人，并没收了大量的私有土地。义纵认为此举会扰乱社会秩序，于是便进行了干涉。后刘彻大怒，将义纵处死。

王温舒是阳陵人，曾在张汤手下做事，因善于处理案件被升任为御史，后逐步升任广平都尉。担任都尉时，王温舒从郡中选择10余个凶悍勇猛的人做他的帮手，并掌握这些人见不得光的罪行来控制他们。王温舒命他们抓捕盗贼，只要抓到人，让王温舒非常满意，那么王温舒就不会治他的罪；如果不听从吩咐，那么王温舒便根据其所犯过的罪行而处死他。因此，广平郡变得非常太平。刘彻听说后非常欣赏王温舒，就将他升职做了河北太守。到任后，王温舒依然采取了他的"恐怖统治"，杀人如麻。刘彻听闻王温舒治理下的郡县十分太平，误以为他非常具有才干，于是调任他做了中尉。王温舒在朝为官时非常势利，对那些有权有势的人极尽巴结，而对那些无权无势的人则如同对待奴仆一般。因此，朝中有权势的人往往对他称赞有加，而没有权势的人即便对他有所抱怨也都难以传达到刘彻耳中。

尹齐是张汤培养出来的后辈，在任关内都尉的时候，名声超过了宁成。刘彻认为尹齐很有才能，便升任他为中尉。但尹齐为人处世非常死板，不善于任用官吏，使得政事常常难以完成，因此被刘彻判了罪。

杨仆曾以千夫的身份做了个小官，后被河南太守推荐升任为御史，并派往关东督捕盗贼。杨仆做事非常有胆量，逐步升任成为主爵都尉，位列九卿，获得了刘彻的喜爱。

减宣是杨县人，曾在河东太守府任职。大将军卫青前往河东买马的时候发现了减宣，后将其推荐给了刘彻，刘彻便将减宣召到京城做了大厩丞。减宣做官非常公正，后逐步升任御史和中丞。减宣的为官生涯非常起伏跌宕，数次被刘彻罢免，却又数次被刘彻起用，在御史和中丞之间差不多换任了20年。后减宣因令人追杀其下属成信时，将箭不慎射在了上林苑的门上而获罪。负责此案的官员认为减宣对天子不敬，犯下了大逆不道的罪行，要将其诛灭，于是减宣便在牢狱之中自杀了。

减宣死后，杜周得到了重用。杜周原是义纵在做南阳太守时候的得力助手，后被举荐成为廷尉史，在张汤手下做事。张汤非常看重杜周，促使杜周升任成为御史。杜周执法严酷，上报的事情又都基本符合刘彻的心意，于是在减宣死后便接替减宣做了中丞。杜周处世非常谨慎，治理政事处处仿效张汤，善于窥测刘彻心意，因而也得到了刘彻的喜欢。后来杜周做了廷尉，审理的案件也就越来越多，每件大案子所牵涉的人多达百人以上，即便是小案子也能牵连数十人。在杜周任职廷尉的11年里，所逮捕到的人总数高达六七万,而在执法过程中祸及的更是多达10余万。刘彻非常欣赏杜周,认为他是个尽责尽职的忠臣。杜周晚年被刘彻升任为御史大夫,位列三公。其两个儿子也分别被任命为河内太守以及河南太守。

酷吏之所以能够当道,正是为了满足"酷帝"的需要。但酷吏的存在,必然引致周遭的怨恨,刘彻极为宠信的御史大夫张汤正是死于别人对他的怨恨。

长史斗张汤

汉武帝元鼎二年(前115),刘彻的第八任丞相庄青翟手下三位代理长史王朝、边通以及朱买臣共同上书告发御史大夫张汤,认为张汤将朝中颁布的经济政策私自透露给一些大商人,使得这些商人能够根据绝密的经济情报来囤积财货,而张汤也从中获利,赚得钵满盆满。

当时,张汤正深得刘彻宠信,对于三长史的告发,刘彻将信将疑,但还是将张汤找了来,询问张汤道:"朕有件事情实在是百思不得其解啊!每次朕颁布一些经济政策的时候,很多商人就已经做好准备,从中获利了,这到底是为什么呢?感觉就好像有人事先将朕的想法透露给他们知道了似的。"

张汤一听,心中微微一震,随即顺着刘彻的话说道:"陛下,臣认为,这一定是有人将朝廷机密泄露出去了!"

刘彻对此依然有所怀疑,但此刻还并未打算调查张汤。偏偏这个时候,又一个告发张汤的人出现了，此人正是刘彻的另一名酷吏减宣。减宣状告张汤与其亲信鲁谒居合谋冤杀御史李文，而证据就是鲁谒居抱病在家的时候，张汤竟放下身份，亲自到鲁谒居家里为他按摩双足。

不利的奏告接连而来，刘彻再也坐不住了，盛怒之下立即派人开始对张汤进行轮番审问，势必要把事情调查个水落石出。

三长史和减宣状告张汤的这些罪状究竟是否切实存在呢？三长史与减宣几乎在同一时间状告张汤，究竟是巧合还是预谋？张汤与他们又是否存在过节？

先说三长史与张汤。

三长史之一的朱买臣曾是刘彻的宠臣，并且还是刘彻内朝官的重要成员之一。当时，张汤还是个名不见经传的小官。可没想到的是，短短数年，张汤竟一路高升，还成了朱买臣的上级。在处理淮南王谋反案件的时候，张汤极力打压庄助，由此引起了朱买臣的不满。对于朱买臣来说，庄助如同他的恩人。当初，朱买臣能够获得刘彻的宠幸，庄助功不可没。几年之后，朱买臣因罪罢官，做了丞相府的代理长史，而张汤则位列九卿，成了御史大夫。曾经有一次，朱买臣去拜访张汤，张汤却对他十分无礼，一副高高在上的样子，由此引发了朱买臣对他更深的怨恨。

三长史中另外两位，一位是齐地人王朝，王朝因为懂方术而获得刘彻青睐，官至右内史；另一位是钻研纵横之术的边通，边通性情刚烈，曾两次官至诸侯国相。这两位长史的地位都曾比张汤要高得多，但也都因罪被罢免了官职，位居张汤之下。

张汤这个人人品非常差，他知道三长史曾经的地位都非常尊贵，因此，趁其落魄的时候，每每抓住机会，就要对这三人极尽羞辱。因此三长史都非常憎恨他，巴不得有一天能抓住机会整死张汤。

很快，三长史的机会就来了。一次，文帝陵园中陪葬的钱被盗。发生此事，丞相庄青翟和御史大夫张汤都脱不了干系，于是，二人商议后决定，一同向刘彻主动认错，以求刘彻能够从轻发落。可是，庄青翟没想到的是，一见到刘彻，张汤立马就变卦了，调转枪口指向了庄青翟，并宣称此次事件完全是丞相庄青翟失职所致，根本与自己毫无关系。因为根据职责划分，每个季度负责巡视陵园一次的人是丞相而不是御史大夫。

对于张汤的突然变卦，庄青翟非常愤怒，刘彻偏偏还将此事交给了张汤负责查办。而张汤抓住了这个机会，竟想一不做二不休，干脆把庄青翟治个知情不报、纵容犯罪的罪名，因此开始大肆查办陵园被盗的事情，意图将此事闹大。

眼见丞相与张汤结下了仇怨，三长史便对丞相庄青翟进言说："这个张汤实在太过分了，不仅出尔反尔，如今还大肆宣传陵园被盗案件，显然是想陷害丞相，取而代之！丞相您放心，我们三人抓住了张汤的把柄，他一定不会得逞！"

三长史所说的"把柄"，指的正是怀疑张汤泄露经济机密的事情。于是，三人秘密将张汤在商界的一些朋友抓了起来，并即刻向刘彻上书告发张汤的所作所为。

减宣告发张汤的事情，则要从被害者李文开始说起了。李文是河东人，曾与张汤不知道因什么事情闹得不愉快，于是双方有了嫌隙。后来，李文做了御史中丞，也就是御史大夫的属官，便常常利用自己的身份从文书之中刻意寻找张汤做得不光彩的事情，处处宣扬。张汤知道这件事情之后非常怨恨李文，就在此时，张汤的一个亲信鲁谒居为了给张汤出气，便偷偷令人写了一封匿名信给刘彻，告发李文违法乱纪。结果，刘彻将这个案子交给了张汤进行审理，于是张汤借机杀死了李文。

对于此事，刘彻也曾感到有些蹊跷，还曾召来张汤询问说："这告发李文的人，究竟是从何处得知李文的事情呢？"当时张汤故作惊讶地回答说："陛下您不知道吗？这告发李文的人是曾经和他相识并积怨已久的人，因此才能知道李文那些见不得人的事情！"

经过刘彻这么一盘问，张汤有些慌乱了，生怕此事被捅出去，牵连到自己。而此时，正好暗中帮张汤告发李文的下属鲁谒居生病在家。张汤便亲自去探望鲁谒居，还为他做足疗，想以此来收买人心，堵住鲁谒居的嘴。可没想到的是，这件事情居然被赵王刘彭祖给知道了！

说来奇怪，赵王怎么会关心朝中的御史大夫给下属做足疗这种小事情呢？这还要牵扯到刘彻施行盐铁官营的事情。

汉武帝元狩四年（前119），为充实国库，刘彻下令要将盐铁事务的经营权收归中央。但赵国一直以来都是以铸造冶炼作为其主要经济产业，因此，赵王刘彭祖对此非常不满，屡次反对刘彻的政策。而张汤为了讨好刘彻，便在朝堂之上极尽所能地打击刘彭祖。因此刘彭祖非常怨恨张汤，一直命人暗中搜集张汤见不得光的隐私。

得到张汤为鲁谒居做足疗的消息之后，刘彭祖非常高兴，即刻上书告发张汤，曰："汤大臣也，史谒居有病，汤至为摩足，疑与为大奸事。"意思是说："张汤可是朝中大臣啊，这下属鲁谒居生病，他居然亲自给他按摩脚，这实在太奇怪啦！一定是他们俩做了不可告人的奸恶之事！"

此事确实反常，于是刘彻便将这件事情交由廷尉进行审理。但此时，鲁谒居已经病死了，廷尉就把鲁谒居的弟弟给抓了。张汤知道了这件事情，想要暗中搭救鲁谒居的弟弟，但又不能让别人知道，于是只好装作对他漠不关心，也从来没有去看他，只暗自等待机会。可是鲁谒居的弟弟并不知张汤心中所想，以为张汤准备要牺牲自己，于是非常愤怒，立即派人上书自首，将鲁谒居和张汤合谋陷害李文的事情给抖了出来。当时负责审查这起案件的人就是酷吏减宣，减宣一得到鲁谒居弟弟的证词，便立即向刘彻上报了。

三长史告发张汤是出于私怨，减宣告发张汤则是基于事实，只是两件事在时间上有了惊人的巧合，因此才使得张汤一朝下狱。

此前说过，刘彻派出了八批使者对张汤进行轮番审问。张汤一直都不承认自己的罪责，直至轮到酷吏赵禹审问的时候，赵禹并不像其他人一样，一来就进入主题，而是意味深长地对张汤说："君何不知分也！君所治夷灭者几何人矣！今人言君皆有状，天子重致君狱，欲令君自为计，何多以对薄为？"意思是说："长兄怎么如此不明智啊！在你手上遭到灭族的人有多少你不会不知道！如今状告你有罪的人，可都是手握真凭实据的。皇上为何要将你打入牢狱之中，你难道真的不明白吗？又何必再作狡辩呢？"

张汤也曾是酷吏，而且还是悟性很高，工作很出色的酷吏，因此，一听赵禹的话，张汤顿时就开悟了，这是君要臣死臣不得不死的意思啊！支撑张汤的信念顿时崩溃了，张汤给刘彻留下了一封信，大致内容是："臣无尺寸之功，自文书小吏起家，因为得到了陛下的宠幸，才能够位列三公，尊荣无比。如今是臣辜负了陛下的期望，只能以死谢罪了。但是陛下，希望您知道，臣确实是被丞相的三位长史所冤枉的！"

写完信之后，张汤就在狱中自杀了。张汤死后，经过查处，张汤的全部身家甚至没有超过五百金，全部来自于自己的俸禄以及刘彻的赏赐。张汤的兄弟子嗣想要厚葬他，但张汤的母亲却不同意，张母说："张汤是皇上的臣子，因为遭到诬告而惨死，又何必厚葬呢？"

因此，在其母主张下，张家只为张汤置办了一副十分简单的棺木，用牛车将其拉到野外草草埋葬了。

刘彻知道后，心中一动，张母深明大义，张汤廉洁简朴，实在令人动容啊！想起张汤临死前留下的信，刘彻开始怀疑这起案件必然另有隐情。经过深入追查，这起冤案终于水落石出，而三长史也在张汤死后全部被判处死，丞相庄青翟被捕下狱，随即也自杀身亡。

张汤的死虽然是冤案，但同时也是其多行不义、自食恶果的结果。张汤虽然冤死，但其留下的短短一封信却为自己报了仇，不仅将三长史拉下黄泉路，顺带将庄青翟也逼得走投无路，狱中自杀。

对于这起案件，张汤原本可以不死，原本可以通过多种途径证明自己的"无辜"，但正是赵禹的一番话彻底摧毁了张汤的求生欲望，可见，他对于自己的身份地位有着清晰无比的认识。作为朝臣，作为酷吏，即便风光无限，备受荣宠又何如？终有一日，当天子不再需要你，当天子要你去死的时候，你便只能头也不回地赴死，这便是酷吏的悲哀。

在集权统治方面，刘彻任用酷吏作为武器，维护了君主专制的绝对权威。此外，我们知道，刘彻志在开疆拓土，但发动战争必定需要庞大的军费，造成国库的损耗。那么，刘彻又如何充实国家财政，获得庞大的经济收入来支持边疆连绵不绝的战事呢？

桑弘羊的"金算盘"

汉武帝元狩三年（前120），刘彻对匈奴的战争已经进入了一个高潮期，战争造成的花费多得难以计算。就在这时，崤山以东的地区突然遭逢水祸，该地百姓陷入了饥饿困苦的境地。于是，刘彻立即下令全国各地开仓放粮，支援灾民，但即便如此，也还是不能解决百姓的吃饭问题。于是刘彻又向官吏富豪甚至富裕的百姓们进行借粮，但却依然不能尽数解救灾民。于是，无奈之下，刘彻决定将70余万灾民迁徙到函谷关以西的新秦中地区，并由官府供应他们的衣食，这一举措在数年之中花费掉的费用数以亿计。

大规模的用兵与赈济灾民使得刘彻原本充盈的国库开始日益亏空，汉武帝元狩四年（前119），负责财政方面的有关官员上报刘彻，说："现在国家的经费实在太困难了，但在民间，那些有钱的商人们却通过盐铁等事务累积了黄金万斤，但他们却不肯拿出一分钱来资助朝廷。臣恳请陛下重新铸造钱币，以打击那些奸猾狡诈、侵吞别人财物的人！"

于是，刘彻答允了财政官的请求，下令用银和锡铸造了三种白金币，其中大币为圆形，雕饰有龙的图案，其一枚大币价值三百钱。然后又令地方官员废除半两钱，改铸三铢钱，并规定，但凡是有人敢私自铸造钱币，一律以死罪论处。但这个举措并未能够成功整顿货币市场，无论是官吏还是民众都是如此，私自铸造钱币的人依然数不胜数。

为了能够充实国库，刘彻还下令，但凡是藩王列侯进京朝觐，或者相互探望，甚至参加祭祀活动，都要将自己呈现的玉璧放在皮币之上才符合礼数。当时，刘彻的御苑里有一种非常珍贵的白鹿，这种皮币实际上就是用一尺见方的白鹿皮所制。刘彻令人在白鹿皮四周绣上精致的图案进行装饰，然后再"强制"卖给诸侯贵族，其售价高达四十万钱。这实际上是一种变相"勒索"的行为。

财政官还向刘彻推荐了山东的大盐商东郭咸阳以及南阳的大冶铁商孔仅，建议刘彻任用他们进行盐铁事务的经营，以此来增加国家财政的收入。于是，刘彻接纳官员建议，于同年颁布禁令，将盐铁事务的经营权收归朝廷所有，并任命东郭咸阳以及孔仅为大农丞，专门负责经营盐铁事务。同时获得刘彻重用的，还有一名叫作桑弘羊的侍中。

桑弘羊出生于洛阳一个富有的家庭，13岁就成为了皇帝的侍中。侍中在当时是一种加官，上至列侯将军，下至太医郎中，都可以加官成为侍中，以此来接近皇帝，获得皇帝赏识。但正常来说，只有富贵人家的子弟和名声在外的大儒方能成功加官侍中。13岁的桑弘羊当然不可能名声在外，也并非出身高官贵族家庭，因此，桑弘羊能够成为侍中，很可能是家里用钱财买来的。

桑弘羊自小就具备优秀的计算天赋，但在当时，对于喜爱音乐辞赋，同时又志在开疆拓土的刘彻来说，桑弘羊所擅长的东西并不能为自己提供什么帮助。因此，桑弘羊在刘彻身边整整做了20多年的侍中，却始终没有受到重用。直至此时，国库空虚，财政困顿，刘彻才终于想起了已经30多岁且精于计算的桑弘羊，便起用他作为东郭咸阳和孔仅的副手，与他们二人一同研究盐铁官营的规划。

桑弘羊和东郭咸阳以及孔仅用了整整一年时间才起草完成该规划，并迅速获得了刘彻的批准。刘彻将孔仅和东郭咸阳派往全国各地进行考察,并设立了盐铁官营的专门机构,挑选各地曾经营盐铁生意的商人作为主管官员。起初,这个规划在经济上很快就取得了成效。因此,该规划实行3年之后,刘彻就将孔仅升任做了大农令,而桑弘羊则被提拔成为了大农丞。大农令是掌管国家财政的最高官员,大农丞则相当于是大农令的秘书。此后,桑弘羊的理财能力越发突出,得到了刘彻的赏识和重用。

在成为大农丞之后,桑弘羊重申了告缗令,极力支持告缗和算缗的展开。所谓算缗指的是令从事工商业的人向朝廷呈报自己的财产,而朝廷就从中收取税款,二缗抽取一算为税,一缗是一千钱,一算是二百文钱。其中,小工商业者的税费能够减半。而除了官吏和战士之外,但凡是有马车的人,每乘马车要抽取一算税,如果马车是用来作为运货之用,则抽取二算;所拥有的船只,凡是五丈以上的则抽取一算。而所谓告缗,则指的是鼓励众人相互告发没有如实呈报财产数目的人,核查属实后,被告发的人财产将被朝廷全数没收,并戍边一年,而告发者则能够得到被告发者财产的一半作为奖赏。

在桑弘羊的支持下,算缗和告缗得以在全国推广开,很多中等以上的工商业者都遭到了告发,朝廷也由此得到了数以亿计的财物以及成千上万的奴婢。许多从事工商业的人都破产了,但同时,国库也日益充盈起来,为刘彻发动对外战争提供了强大的经济支持。

刘彻曾为了整顿财政进行过一个货币改革,但并未迎来预期的效果,于是第二年,刘彻就下令放弃了三铢钱而改铸五铢钱,并且在整顿过程中抓获了私自铸造假币的数十万人,但即便如此,也难以控制货币市场的混乱。对于此,桑弘羊在汉武帝元鼎四年(前113)向刘彻提出了一系列彻底整顿货币市场的建议。桑弘羊建议刘彻首先要将铸造钱币的权力收归朝廷,取消郡国能够制造钱币的权力，并且由中央直接指定铸造钱币所需的原料以及样式等等，将鼓铸、刻范以及原料挑选交由掌管上林苑的水衡都尉下属钟官、技巧以及辨铜三官分别负责；其次，令郡国将自己所铸造的钱币全部销毁，并将铸钱所用的铜尽数送到中央；最后，将过去所通用的一切钱币都废除，将三官所铸的五铢钱作为全国唯一能够流通的货币。

桑弘羊的这一次货币改革非常成功，一方面，他将全国的铜都集中到了中央，从铸造钱币的原料方面进行了垄断；另一方面，由中央统一铸币使得铸币技巧提高，工序变得更为复杂，同时钱币实际重量也得到了统一。这两方面的因素使得私自铸币的成本大大提高，且过程也更加困难，盗铸货币反而可能得不偿失。这是中国历史上第一次将铸币权收归中央的重大举措，既提高了货币质量，同时也稳定了货币市场和流通状况，从经济方面巩固了西汉王朝的统治。

盐铁官营原本由孔仅和东郭咸阳所负责，起初也见到了一定成效，但在用人方面，孔仅和东郭咸阳却出现了一些问题。东郭先生和孔仅在各地任命的盐官和铁官几乎都是从曾经经营盐铁生意的大商贾中选拔出来的。二人原本认为，寻找这些有经验且熟悉盐铁业务的人来管辖此事，更有利于生意的发展，但没想到的是，这些人却常常利用职权进行营私舞弊，从中谋取个人利益，以致所生产出的东西质量下乘，售价却定得非常高，甚至有些地方还出现了官吏强迫百姓购买产品的行为。由于东郭咸阳和孔仅管理上的疏漏，盐铁官营的名声越来越坏，刘彻盛怒之下将此二人罢官。为了将盐铁官营事业拉回正轨，刘彻任命桑弘羊为治粟都尉兼大司农，并全力对此进行整顿。

为了解决官员营私舞弊的问题，桑弘羊选派了数十名大农丞前往各个郡国，成为新增设的盐铁官，专门负责质量监督问题。铁的生产由于技术复杂，成本规模较大，因此从生产到销售都由中央全权控制；而盐的生产则是在盐官的监督下在各地进行生产，但生产出成品后，各地并不具备直接出售的权力，而是由中央进行回收，此后再统一进行售卖，以此来稳定市场价格。

桑弘羊代理大农令之后，还开始在全国推行均输法和平准法。所谓均输法，指的就是将各个郡国上交朝廷的贡品按照当地市价进行折合，然后再折算成为当地所出产的产品上交朝廷，并由均输官将其运往缺乏这些产品的地方进行售卖。这样的方式既减轻了百姓的负担，同时也增加了中央的财政收入，同时在一定程度上遏制了商人获取暴利的行为。

平准是桑弘羊在长安设立的一个机构，专门负责稳定京师的市场物价。平准官通过了解各地输进货物的情况来控制货物的买卖，从而解决了多余货物出售的问题以及政府部门采购货物的问题，对市场进行一定的宏观调控，稳定供需关系。

盐铁、均输以及平准，这三大法宝成为了桑弘羊整改财政经济的三大支柱。桑弘羊的"金算盘"为刘彻解决了大规模征战所造成的国家财政问题，同时也最大程度地减轻了百姓的负担。因此，桑弘羊一直得到刘彻的信任与支持，成为了武帝时期国家财政的主要负责人。

在桑弘羊理财期间，民间出了一个"报效国家"的楷模，这个人叫作卜式，是河南郡的牧羊人。

起初，卜式靠牧羊发家。在听说皇上对抗匈奴以致财政匮乏的时候，卜式就多次上书朝廷，要求将自己一半的家产捐出，用于援助边塞。刘彻觉得很奇怪，于是就派人去问卜式说："你是不是想做官？"卜式却摇了摇头说："我从小就放羊，没学过做官，也不想做官。"于是使者又问说："那你是不是家里有什么冤情想要申诉？"卜式回答说："我与人无仇无怨，不仅接济贫困的同乡，还教育那些不从善的人，无论到哪里，人们都愿意听从我说的话，我又何来冤情可诉？"使者越发大惑不解了："那你究竟想得到什么呢？"结果卜式答道："皇上讨伐匈奴，臣民都应出一份力。如果贤能的人愿意付出自己的能力，而有钱的人愿意捐献自己的钱财，那么攻灭匈奴也就指日可待了。"

刘彻听闻之后，心中大惊，乡野之中竟存有这般贤能的人！于是，刘彻将卜式召入京师，任命其为中郎，并将卜式的行为宣告天下，鼓励百姓向卜式学习。不久之后，刘彻又将卜式提拔做了齐国太傅。

第八章 兵锋向南国

张骞再次出使西域

博望侯张骞自汉武帝元狩二年（前121）与"飞将军"一同出战，贻误战机被贬为平民之后在家赋闲了足足两年，但在这两年时间里，刘彻并没有忘记他，时常会将他召入宫中询问有关西域的情况。

两年后，即汉武帝元狩四年（前119），汉军对匈奴作战取得了重大胜利，匈奴势力被驱逐出了河西走廊，因此大汉前往西域的道路变得通畅无阻。在这样的情况下，张骞向刘彻进言道："乌孙昆莫（王号，类似于匈奴单于）原本是匈奴的藩属，但后来乌孙国力日渐强盛，因此不愿再继续臣服于匈奴。匈奴曾出兵攻打乌孙，但始终不能取胜。现在，匈奴单于刚刚败于我朝，匈奴势力遭到了沉重打击。浑邪王归降之后，他过去所管辖的地方已经空旷无人，如果我们用丰厚的财物结交乌孙，说服他们东迁到这片空旷无人的土地，那么，他们势必将听从我大汉的调遣。如此一来，相当于断了匈奴的臂膀一般。只要能与乌孙顺利结盟，那么大夏等国必然也都会相继臣服，成为大汉的藩属。"

张骞一席话再次点燃了刘彻的勃勃野心，于是，刘彻再次起用张骞，任命他为中郎将，带领着300人，以及数以万计的牛羊和钱帛，展开了第二次出使西域的行动。

这一次，没有匈奴的骚扰，张骞一行人很快便顺利抵达了乌孙。乌孙昆莫接见了张骞，但由于他对汉朝并不了解，根本不知其实力如何，故而对张骞的态度十分傲慢。

张骞对昆莫说："我朝天子愿与贵国结成兄弟之邦，若是乌孙能够向东迁居回故土居住，那么大汉朝将把尊贵的公主许配给国王做夫人。如此一来，大汉与乌孙便能共同抵御匈奴，匈奴也就再难起事了。"

乌孙受匈奴欺压已久，如今好不容易才摆脱匈奴的控制，心中依然对其有所惧怕。若是东迁，那就意味着将要和匈奴比邻，况且东迁路途十分遥远，兴师动众，因此，无论是昆莫还是乌孙国的大臣们都不愿意进行东迁。

张骞在乌孙国待了很久，但始终都没有得到乌孙昆莫明确的答复。在此期间，张骞派遣自己的副手由乌孙出发，分别前往大宛、康居、大月氏、大夏、安息、身毒以及附近各个小国展开外交活动。张骞所派出的使者，最远一直抵达了地中海沿岸的北非和罗马帝国，足迹遍及中亚以及西南亚。

汉武帝元鼎二年（前115），张骞从乌孙启程回国。乌孙王派遣了翻译和向导，同时还派遣了数十名乌孙国使臣跟随张骞一同回国，这是西域人第一次走向中原。为表示对大汉天子的谢意，乌孙王挑选了数十匹好马送给刘彻。同年，张骞顺利抵达长安。虽然此次出使未能达成说服乌孙东迁的目的，但对于张骞出使的成果，刘彻依然十分欣喜。刘彻任命张骞为大行，专门负责接待各国前来大汉的使臣以及宾客。而张骞所派遣出的使者也都效仿张骞，陆续将西域各国的使者带向了长安。第二年，张骞去世了，但大汉朝与西域各国所建立的关系却持续发展起来。为取信各国，汉朝派出的使者都以"博望侯"的名义与诸国进行建交。足见张骞对汉朝外交关系的重大影响。

据记载，西域地区一共有36个国家，南北皆为高山，中部则有一条贯穿东西的河流，长6000余里，宽达千余里，东部连接汉朝的玉门和阳关，西部一直抵达葱岭。河流有两个源头，分别源于葱岭和于阗，汇合之后注入盐泽。盐泽离玉门和阳关约有300余里。从玉门以及阳关出发前往西域有两条道路，一条被称为南道，一条被称为北道。南道指的是由鄯善沿南山北麓而行，顺河流往西抵达莎车，而从南道向西行，越过葱岭之后便能抵达安息和大月氏；北道指的是从车师前王庭顺北山沿河西行直至疏勒，而从北道西行越过葱岭，则能抵达康居、奄蔡以及大宛等国。

由于张骞此次出使西域并未能够说服乌孙国东迁，于是刘彻便在此地设置了酒泉郡，并从内地逐步迁徙百姓前来定居。此后，刘彻又从酒泉郡划分出部分地区，设置了武威郡，以此切断了匈奴与羌人的联络通道。

在张骞出使西域之行取得巨大成功之后，曾跟随他的许多部下都争相上书朝廷，以各种各样的理由请求获得出使的机会，企图从中获得财富或者和张骞一样加官晋爵。西域路途遥远，一般官员都不愿意前往，因此，但凡是自愿请命前往西域的，刘彻大多给予批准。但这样一来，出使的使臣变得鱼龙混杂，不可避免地出现一些素质较为低下、偷盗礼品财物的人。但因为这些人熟悉出使的事务，因此刘彻虽将他们治以重罪，但往往更愿意让他们继续出使，戴罪立功。

这些自愿出使西域的人大多出身贫家,为了获得利益才争相踏上这条艰苦的道路。但由于自身才学限制,加之驱使他们出使的并非报效国家之心,而是个人的既得利益,因此在与西域各国交往的过程中,这些使臣往往信口开河,所说的事情也都轻重不一,使得这些国家开始对他们感到厌恶,常常故意拒绝提供粮食来阻碍他们前行。在这样的情况下,汉使常常和西域各国产生摩擦,甚至相互攻击。对此积怨甚深的使臣则开始争相上报朝廷,要求朝廷出兵攻打某些兵力单弱、容易攻击的城镇。

为保证出使西域道路的通畅与顺利,刘彻派浮沮将军公孙贺率领15000千骑兵出塞外2000余里,清扫匈奴势力,但一路上,公孙贺一个匈奴人都没有遇到,无功而返。此后,刘彻又将武威郡和酒泉郡进行分割,增设张掖郡和敦煌郡,并陆续将百姓迁往此二郡充实边地。

在大汉与西域各国的交往中,虽然一些妄言无行之徒大大拉低了汉朝使臣的素质,但出使成为一种潮流以后,许多人西出阳关,东归中土,大大增进了大汉朝与西域各国之间的了解与沟通,同时也促进了文化、经济方面的交流,冲破了一直以来的闭塞状态,对于整体的历史进程来说,是有重大积极意义的。

天威赫赫

当初在汉武帝建元六年（前135）的时候，南越王赵胡因闽越向其出兵而求救于刘彻，刘彻出兵解南越之围后，赵胡为表忠心，将太子赵婴齐送入汉宫给刘彻做侍卫。赵婴齐在前往长安之前曾娶了当地一名女子为妻，并生下了长子赵建德。而在去了长安之后，赵婴齐随即又在长安娶了邯郸女子樛氏，并生下次子赵兴。

赵婴齐在长安足足待了12年之久，直至汉武帝元朔四年（前125）时，赵胡病重，赵婴齐才向刘彻请辞回到了南越国。回国后不久，赵胡病死，赵婴齐继承王位，正式成为了南越王。

过去10余年中，与赵婴齐一同生活的都是邯郸女子樛氏以及次子赵兴，因此，赵婴齐对樛氏和赵兴的感情要远远胜过一别12年的南越妻子以及长子赵建德。所以，在成为南越王后，赵婴齐不顾朝中众臣的反对，坚决向刘彻上书，请求立樛氏为南越王后，次子赵兴为太子，刘彻批准了这一请求。赵婴齐废长立幼的举动在赵建德与赵兴之间埋下了权力争夺的种子。

赵婴齐是个暴君，杀人如麻，为所欲为。在他成为南越王之后，刘彻曾派遣使者前往南越，委婉地提醒他应按时到京城去觐见刘彻。但赵婴齐却担心自己一旦入朝，很可能会受到朝廷法令的约束，从而失去掌控生杀大权的自由，于是便一再推脱，说自己疾病缠身，坚决不去长安觐见刘彻，只效仿父亲赵胡,将自己其中一个儿子赵次公送去长安做了侍卫,以示对大汉朝的忠诚。

汉武帝元鼎四年(前113),赵婴齐病死,谥号为明王。太子赵兴继承王位,其母樛氏成为王太后。同年,刘彻再次派遣使者前往南越国,告谕赵兴母子效仿内地诸侯到长安对皇帝行朝觐之礼。此次刘彻所派出的使者是安国少季,以及辩士谏大夫终军和勇士魏臣等人。安国少季是霸陵人,在南越王太后樛氏嫁给赵婴齐之前,两人曾有过一段私情。

樛氏年轻丧夫,自然耐不住寂寞,安国少季到达南越国后,二人很快重燃旧情。由于当时赵兴年幼,樛氏本身又是汉人,加之与旧情人私通的事情私下传得沸沸扬扬,因此南越国大多数人都不拥护赵兴和樛氏。樛氏很清楚,自己在南越国不得人心,因此早有依附朝廷从而借其威势来震慑国人的心思,于是,借此次汉朝使臣到来的机会,樛氏多次游说儿子赵兴带领南越群臣归顺汉朝廷,并趁机怂恿儿子主动上书刘彻,请求参照内地诸侯的礼节,解除南越与汉朝边关的界卡,每三年到长安朝觐一次。刘彻很快批准了南越的请求,并赐给南越国丞相吕嘉、内史、中尉以及太傅等官员印信,同时废黜南越国原有的刑法,使其遵循汉朝法律,而此次前往南越的使臣也都留在了南越国,对该地区进行监督和安抚。

南越国丞相吕嘉是历经三朝的重臣,在南越国的地位举足轻重。吕氏一族在南越担任重要官职的就多达70余人,但凡是吕氏一族的男子,几乎都娶了国王的女儿,而吕氏一族的女子则几乎都嫁给了南越国的王公贵族。因此,吕嘉在南越国的地位甚至比南越王赵兴更为重要。当初赵婴齐废长立幼的时候,吕嘉就曾强烈反对,如今樛氏和赵兴意图归顺汉朝廷,吕嘉更是不可能同意。

起初，吕嘉多次劝谏赵兴不要内附于汉朝，但赵兴却一意孤行，不肯听从吕嘉的安排，几次之后，吕嘉顿生谋反之心。樛氏对吕嘉一直存有几分惧怕，便想利用汉朝使臣来除去吕嘉。于是，樛氏特意摆了一桌酒宴，下令群臣都要参加，一同来款待汉朝使臣。酒宴上，樛氏借敬酒的时机，故意问吕嘉说："南越内附大汉，这是对国家发展非常有利的事情，但是丞相你却不同意这样做，这其中究竟有何缘由呢？"

汉朝使臣一听，心中顿时盘算起来。这吕嘉是南越国的丞相，势力强大，若此际向他问罪，恐怕也捞不着好处，倒不如再观望一番。于是汉使犹豫一番后，决定暂且不表明态度。吕嘉听到樛氏的问话，顿时心中感到不妙，眼见气氛越来越紧张，便立即起身称病退席，匆匆离开了皇宫。樛氏大怒，本想用矛将吕嘉刺死，但在南越王赵兴的阻止下才未能行动。而吕嘉离开王宫之后便开始对外宣称自己有病，不肯再见南越王和汉朝使臣，暗中则开始拉拢朝中大臣，密谋准备造反。

刘彻得知南越国的情况之后，打算派庄参带领2000士兵前往南越，以助南越王和太后樛氏对抗丞相吕嘉。但庄参却不应允，而是对刘彻说道："陛下，若是此次前往南越，是带着友好的目的，那么几个人就足够了；但若此次前往南越是为了武力胁迫，那么2000人是远远不够用的啊！"见庄参推辞，刘彻大怒，直接下令将其罢官免职。

此时，曾任诸侯国丞相的韩千秋发话了，韩千秋说："一个小小的南越国，有国王和王太后的支持，对付区区一个丞相吕嘉，300人足矣！"于是，汉武帝元鼎五年（前112），刘彻下令，派遣韩千秋与樛氏的弟弟樛乐一起，率2000兵前往南越国。

韩千秋等人还没抵达南越，丞相吕嘉就发动了叛乱，并令人四处制造舆论，说："国王年纪尚轻，不能明辨是非，而王太后本就是汉朝人，还与汉朝使臣有不轨的关系，故而一心想要归附汉朝，将南越国值钱的东西都献给汉皇帝，以此来讨好他。并且还将把南越国大批臣民运送到长安去做奴隶，实在是罪大恶极，罔顾江山社稷。"

樛氏与汉使确有不正当关系，再加上吕嘉在南越国本就比樛氏更得人心，因此，朝臣很快就都站到了吕嘉的阵营。吕嘉与其弟率兵攻入王宫，杀死了南越王赵兴和王太后樛氏，以及留在南越国的一众汉朝使臣，并立赵婴齐的长子赵建德为南越王。

当韩千秋一干人进入南越国的时候，吕嘉已经独揽大权。韩千秋率兵攻破了几座小城，但最终在距离南越都城番禺尚有40余里路的时候，被南越军队全数歼灭。

当南越国造反、韩千秋全军覆没的消息传到长安后，刘彻对群臣说道："韩千秋虽然未能成功评判，但他却是军队中最有勇气的先锋！值得众人效仿！"于是，为嘉奖韩千秋敢于主动请缨，刘彻册封韩千秋的儿子韩延年为成安侯；而樛氏弟弟樛乐的儿子樛广德也被封为龙亢侯。

对于吕嘉的叛乱，刘彻十分震怒，派遣伏波将军路博德由桂阳沿湟水出军，楼船将军杨仆由豫章沿浈水出军，南越降将戈船将军自零陵沿离水出军，南越降将下濑将军则进攻苍梧，同时还调集了江淮地区10万水军，以及夜郎国军队，目标直指番禺。

当时，曾捐家产报效国家的牧羊人卜式正担任齐国丞相。听闻战事，卜式随即上书刘彻，请求刘彻批准他与儿子一同带领齐国懂得操作舰船的人前往参战。刘彻深感欣慰，封卜式为关内侯，并加以厚赏，宣告全国上下向卜式学习。当时，数以百计的列侯却无一人跟随卜式响应从军，刘彻非常生气。

恰逢祭祀活动，列侯按照以往惯例向朝廷进献黄金，刘彻对列侯不满，故而下令少府严格检查所有黄金，但凡是成色不足或重量不够的，一律严惩。此次事件，一共有106人因此丢去爵位，当时刘彻的丞相赵周也被牵连下狱，被迫自杀。

南越战场之上，楼船将军杨仆率先领兵攻入南越，挫其前锋，击破石门与伏波将军路博德成功会合，兵锋直至南越都城番禺。杨仆屯军番禺东南面，路博德则屯兵西北面，形成包围局势。黄昏时分，杨仆军率先突破防线，击溃南越军，并放火烧城。与此同时，路博德则令人四处招降南越官兵，并令其游说同伴投降。在杨仆与路博德的配合下，战至黎明时分，番禺城中兵士尽数投降，而赵建德和吕嘉已经连夜偷偷出城，逃往海上。最终，校尉司马苏弘生擒赵建德，而南越降将都稽则成功俘虏吕嘉。戈船将军和下濑将军的部队以及征调的夜郎军队尚未赶到，南越国已经被汉军成功剿灭。刘彻大喜过望，下令在南越国旧址上设立南海、郁林、苍梧、交趾、合浦、日南、九真、珠崖以及儋耳这9个郡。大军还朝之后，刘彻加封杨仆为将梁侯，都稽为临蔡侯，苏弘为海常侯，加封路博德食邑，同时，南越降将赵光等四人也相继被封为列侯。

起初，在刘彻下令征讨南越之时，东越王馀善曾主动上书，请求刘彻准许其率兵与楼船将军杨仆共同平定南越，但之后，馀善却以海上风浪大为借口拖延时间，采取观望态度，并暗中与南越国联系，试图坐享渔翁之利。杨仆大怒，在平定南越国后便上书刘彻，要求带兵转而攻打东越。但刘彻担忧军士疲乏，故而没有批准，而是命军队暂且屯驻在梅岭一带。但这一消息却被东越王馀善获知了，馀善见汉军已经屯兵边境，担心随时可能遭受攻击，于是干脆率先发起叛乱，杀死了汉军三名校尉，并率兵占领梅岭一带，自称武帝，并为东越军命名为"吞汉军队"。见馀善军来势汹汹，当时统领驻军的大司农张成和原山州侯刘齿因胆小怯懦而不敢迎战，反而将军队后撤到安全的地方。

刘彻震怒，下令处死了张成和刘齿，并命杨仆再次率军围剿东越。此时，杨仆正因为剿灭南越的战功而沾沾自喜，刘彻敏锐地觉察到了这一点。刘彻非常清楚，此时若对他有所纵容，必定会让他越发居功自傲，不服指挥，于是经过周全考虑之后，刘彻下了一道诏书责备杨仆，诏书内容是："你破南越的功劳仅仅在于先破石门、寻狭，既没有斩将之功，也没有夺旗之勇，这有什么可骄傲的！你攻破番禺之后，将早已投降的士兵抓起冒充俘虏，又将战场上的死尸挖出充当战果，这是一错。你率领精兵猛将，却让赵建德和吕嘉得到外援，这是二错。你不念及将士征战劳苦，乘坐车辇巡行边塞，私自回家向乡里夸耀战功，这是三错。你眷恋妻妾温柔乡，却谎称道路难行误了回营日期，这是四错。朕询问你蜀郡刀价，你却谎称不知，欺君犯上，这是五错。你接到出兵诏令，却不立即到兰池宫见朕，次日也不加解释，假若你的部下也如你一样，不回答你的问话，也不执行你的命令，你会如何处置？若是你到了战场之上也依然如此，你让朕如何再信任你？如今东越反叛，你是否能抓住机会，率领你的部队将功补过呢？"

收到刘彻诏令，杨仆大惊失色，原先飘飘然的感觉顿时烟消云散，急忙惶恐地向刘彻请罪，并表示："臣愿拼死以赎臣之罪过！"

刘彻遂令横海将军韩说、中尉王温舒以及南越降将戈船将军及下濑将军与楼船将军杨仆一同率兵攻打东越。其时，东越王已经占据险要，并令手下的徇北将军镇守武林。杨仆率兵猛进，其部下一名叫作辕终古的勇士将徇北将军斩杀，威慑东越。东越衍侯吴阳见汉军凶猛，难以阻挡，随即率领700

余人倒戈相向，反攻东越王。而东越建成侯与繇王骆居股也调转枪口，杀死馀善之后投降汉军。东越叛乱就这样在极短时间内平定。刘彻将东越归降的列侯以及立有战功的汉军将领一一封侯，并诏令军队，将东越百姓全部迁居到长江淮河一带，以便管制，从此，闽越地区荒无人烟。

当初，在攻打南越的时候，刘彻曾令驰义侯在南夷一带征兵。当时，且兰部落的首领担心若是率兵出战，必然使得部族中只剩余老弱之人，一旦周围部族对其进行抢掠，将会损失惨重。于是，且兰部族首领联合了其他几个部族，将汉朝使臣杀死，举兵叛乱。刘彻便将原本准备调去攻打南越的一支由巴蜀地区罪犯组成的军队调往南夷地区，令中郎将郭昌和卫广做统帅，一举击杀了且兰以及与且兰一同叛乱的邛、筰等部族首领，平定南夷之乱。在南越被灭、南夷平定之后，原本依附南越的夜郎归顺大汉，而其他临近部族也都纷纷来朝，自愿成为汉朝属国。

攻灭两越、平定南夷之后，刘彻军威大振，借此派遣使臣劝告滇国国王归附大汉。当时，滇王手下部众甚多，其东北方向又有劳深和靡莫两国作为盟友，故而并不惧怕汉朝军威，对刘彻的劝说也充耳不闻。汉武帝元封二年（前109），为了夺取滇国，刘彻派遣将军郭昌和中郎将卫广率巴蜀军队攻灭劳深和靡莫两国，并屯兵滇国边境，威慑滇王。滇王大骇，主动投降，并亲自入朝觐见刘彻。刘彻赐滇王印信，令其继续管理该地百姓，并在滇国设立了益州郡。

至此，刘彻先后攻灭了南越和东越，同时又平定了西南夷，为大汉朝新增设17个郡，西南大片地区从此纳入了大汉版图。连续征战所付出的代价是巨大的，但刘彻的举措促进了西南地区的开发，以及各民族之间的文化交流和经济交流，对于中国的统一与各民族的融合具有里程碑式的意义。

战火烧向朝鲜

收服西南地区并没有满足刘彻开边置郡的欲望，节节胜利反而让刘彻越发野心勃勃。汉武帝元封二年（前109），刘彻派遣使臣涉何前往朝鲜国，劝谕朝鲜王卫右渠接受朝廷诏令，加强与汉王朝的藩属关系。但无论涉何怎么说，朝鲜王卫右渠都不愿继续臣服大汉。此次出使没有取得任何成绩，涉何感到非常生气，回国途中抵达朝鲜边境时，涉何越想越不是滋味，便下令随从将护送他离开的朝鲜裨王长杀死了。回朝后，涉何上告刘彻，说自己杀死了朝鲜的一个将领。刘彻一听，非但没有责怪涉何，反而认为他因杀朝鲜人而立威，任命他做了辽东郡东部都尉。同年，朝鲜王卫右渠为报裨王长之仇，突然发兵攻打辽东，将涉何给杀死了。这便是历史上著名的"涉何事件"。

朝鲜在战国时期曾是战国七雄之一的燕国属地。燕国在朝鲜设置官吏，并且修筑了边防要塞。直至秦国灭燕之后，朝鲜地区成为了辽东郡的边界之地。汉朝兴起之后，由于朝鲜距离中原较为遥远，且难以进行防御，因此高祖放弃了朝鲜半岛，只重修了辽东地区的原有边塞，并将其交由诸侯燕王卢绾负责管辖。之后不久，燕王背叛高祖，投身匈奴，燕国人卫满也召集了自己的亲信，约1000余人，向东逃出辽东郡，进入了朝鲜半岛。

起初卫满率领部众到达朝鲜的时候，朝鲜王是箕准。箕准非常看重卫满，册封他做了朝鲜的博士，并将西部方圆百里的地方赐给卫满作为封地，希望卫满能够忠心为他守护西部边境，抵御外敌入侵。但箕准却没有想到，卫满非常具有政治野心，根本不可能安于为朝鲜守护一方土地。

利用朝鲜王的信任，卫满开始在自己的封地上招揽各种汉人流民，以充实自己的力量。公元前194年，卫满已经积蓄了足够的力量，于是便假传消息，称汉朝军队将要攻打朝鲜。箕准收到消息，大惊失色，急忙召卫满前来保护。卫满因此得以堂而皇之地率领叛军向朝鲜都城王险城（今平壤）挺进，并一举攻占都城。后卫满自立为朝鲜王，史称"卫氏朝鲜"。

原朝鲜王箕准战败之后逃往朝鲜半岛南部的马韩地区，而卫氏朝鲜在正式建立之后则控制了朝鲜半岛的整个北部地区，与西汉相邻。当时汉朝正是惠帝时期，在朝廷授意下，辽东太守向卫满抛出了橄榄枝，希望卫满臣服大汉，为大汉守卫边境，同时为塞外各族首领朝见汉皇帝以及通商往来提供方便，而作为回报，朝廷将会为卫满提供物资以及军队方面的支援。在达成协议之后，卫满开始依靠汉朝廷的支持一步步吞并征服临近的小部落，使得朝鲜统治地域扩大至方圆数千里。

卫右渠是卫满的孙子，卫右渠接任朝鲜王位之后，更是加大力度招揽汉朝外逃游民，扩充自己的军备以及经济等方面的力量。而卫右渠自成为朝鲜王之后，也从未到长安觐见过刘彻。甚至周围一些小邦的国君想要与汉王朝交好，朝见天子，也都受到了卫右渠的阻挠而不能成行。为加强并重申朝鲜与汉王朝的藩属关系，刘彻这才派出了涉何出使朝鲜，也因此闹出了"涉何事件"。

涉何被朝鲜出兵杀害的同年秋天，刘彻正式下令调集5万兵马征讨朝鲜，分别由楼船将军杨仆和左将军荀彘率领。杨仆军由齐地出发，渡过渤海前往朝鲜列口（大同江入海口附近）；荀彘军则从陆路出辽东，与杨仆水路军联合夹击朝鲜。

楼船将军杨仆带领7000余士兵率先进入朝鲜抵达王险城。卫右渠当时正据城坚守，当获知杨仆兵力单薄后，便带领一支军队出城偷袭。杨仆军不敌，兵败溃散，逃入山中才得以保全部分实力。楼船将军溃败之后，左将军荀彘兵马才赶到王险城，向朝鲜西面军队发动攻击，但久战之下始终未能攻破。

两军出师不利，刘彻又派遣卫山为使臣，前往朝鲜说降卫右渠。当时，面对虎视眈眈的两路大军，卫右渠实际上已经有了归降之心，于是在见到卫山之后，便急忙说道："我本早已有归降的意愿，但又怕是两位将军设下的陷阱。如今看到天子的符节印信，我也就放心了，愿再次向汉朝廷归降。"于是，卫右渠便派太子带领军粮和马匹前往汉朝廷谢恩。但当卫太子率领着大约10000士兵渡水之际，卫山和左将军荀彘突然阻止道："太子你既然已经归降，就该让手下解除武装，放下兵器。"原来，卫山和荀彘见太子率领的众人都手执兵器，担心太子诈降，实则打算兵变；但同时，太子对卫山和荀彘也不信任，担心他们用计杀他。于是双方僵持片刻，谁都不愿意相让，最后太子带人返回，拒绝渡水。此次归降作罢，卫山返回朝中，刘彻认为此次事件卫山处理不当，盛怒之下将其诛杀。

此时，楼船将军杨仆逃入树林中的兵士已经重新聚合起来，集结成军，于是便屯兵城南，与荀彘由西北方直逼王险城的大军形成包围之势。荀彘的军队中大多是燕、代之地的士兵，勇猛剽悍，作战呈现出猛攻之势，丝毫不留余地。而杨仆军由于此前的失败，无论是将领还是士卒都感到惴惴不安，更希望能够和平解决此事，因此，杨仆军与朝鲜使者往来甚密，一直磋商投降事宜。一方面，杨仆企图与朝鲜私自商定投降，以弥补之前兵败的罪状；另一方面，荀彘则怀疑杨仆与朝鲜往来甚密，有背叛汉朝廷的阴谋。于是，两军互相提防，互相猜忌，包围王险城已久，却始终没有达成一致展开决战。

见朝鲜之事没有丝毫进展，刘彻再次下令，派济南太守公孙遂前往朝鲜，并授予公孙遂"见机行事"的权力。公孙遂到达之后首先见了荀彘，荀彘将自己对杨仆的怀疑告知了公孙遂，并对他说："朝鲜久攻不下，完全是因为楼船将军不按照约定与我军会合。如今我们若不先发制人，只恐日后会酿成大祸！"公孙遂听完荀彘所说，对杨仆也心存怀疑，于是便利用皇帝赐予的符节将杨仆召来荀彘军中。杨仆一到，公孙遂一声令下，左右之人直接将其逮捕，并将两只军队合二为一。

在荀彘的指挥下，两军开始猛攻朝鲜。原本投降事宜已经商定得八九不离十，但如今，杨仆被抓，朝鲜王卫右渠又不愿意向荀彘投降，双方陷入了接连不断的激战之中。朝鲜几个重臣和将军一看局势不利，便私下密谋将朝鲜王卫右渠杀死后归降汉朝。

汉武帝元封三年（前108）夏，朝鲜王卫右渠被臣属所杀，王险城沦陷，卫氏朝鲜正式灭亡。刘彻在此先后设置了乐浪、临屯、玄菟以及真番四郡，史称"汉四郡"。自此，朝鲜半岛北部地区全部纳入了汉王朝的版图之中。

班师回朝之后，公孙遂因未查明真相便私自逮捕将领，被刘彻下令处死；左将军荀彘则因争功忌妒而被斩首；楼船将军杨仆也因起初擅作主张，损兵折将而被判斩首，后以钱赎身，贬为庶民。

朝鲜之战就这样落下了帷幕。汉王朝在朝鲜北部地区的郡县统治从客观上来说，大大促进了汉朝与朝鲜半岛在经济、文化方面的交流。在汉王朝的影响和支持下，朝鲜四郡呈现出一片欣欣向荣的景象。

公主出塞

博望侯张骞第二次出使西域归来时也带来了乌孙国的使者。乌孙使者在汉地考察之后，一回国便向昆莫报告了在汉地的所见所闻，其广大的疆域和繁荣的经济以及强大的军事实力让乌孙昆莫甚为震惊，对于汉王朝的交往愈发重视。

乌孙以及周围一些小国向来处于匈奴的控制和欺凌之下，虽汉朝廷大败匈奴，使得匈奴势力不断向北迁徙，西域各国对匈奴的畏惧却依然没有减轻，谁也不知道它会不会突然之间卷土而来，以凶猛的铁骑再次踏上这片满目疮痍的土地。因此，在张骞最初来到乌孙的时候，对汉王朝一无所知的乌孙王并不敢轻易与汉朝建立关系。

另外，当时乌孙国内部实际上已经分为三方势力，无论是和亲还是东迁，昆莫一人都难以做主。当时乌孙国的"分裂"实际上源于一桩"家事"。

昆莫本命叫猎骄靡，他有十几个儿子，次子担任大禄（乌孙的官名），善于带兵，性格强悍，手下拥有大约万余骑兵。猎骄靡的长子被立为太子，但年纪轻轻就死了，弥留之际曾千叮万嘱，要父亲猎骄靡将王位传给自己的儿子军须靡。猎骄靡心疼太子，于是便同意了，之后授予军须靡岑陬的官职，并宣布其为自己的继承人。大禄知道这件事之后非常不满，把其他几个兄弟都抓了起来，率领手下兵士准备攻打军须靡。无奈之下，猎骄靡为保护孙子，只得给了军须靡一万兵马，令他带领兵马屯驻别处。而猎骄靡自己也留存了一万兵马。因此，实际上此时的乌孙国势力已经一分为三。

就在此时，匈奴听说乌孙等国与汉朝关系日渐亲近，匈奴单于非常生气，于是便扬言要出兵攻打乌孙。乌孙昆莫猎骄靡已经年迈，国家又出现了分裂，外部还受到匈奴的威胁，内忧外患交加。猎骄靡思前想后，决定派出使者向汉王朝求亲，以此与汉朝结兄弟之盟，借汉朝的势力来解决内外问题。

汉武帝元封六年（前105），乌孙国向刘彻进献了千匹"天马"作为聘礼，并迎接汉家公主远嫁。当时被刘彻选出和亲的"公主"是江都王刘建之女刘细君。江都王刘建在汉武帝元狩二年（前121）就因谋逆而自杀，刘细君的母亲也因此受牵连而被处斩。当时刘细君尚且年幼，故而逃过一劫，不久之后被送入宫中生活。但实际上，从那时开始，她就已经失去了"翁主"的贵族身份，不过是一名孤苦无依的孤女罢了。

刘彻对此次和亲非常重视，据记载，此次送嫁，刘彻"赐乘舆服御物，为备官属宦官侍御数百人，赠送甚盛"。刘彻赐给刘细君贵重的饰物和车辇，将她装扮一新，为她配备的随从宦官、乐队、杂工以及侍女达数百人之多，随之送出的嫁妆也十分丰厚，刘细君出嫁的场面极为风光。

听说汉朝将公主嫁给乌孙昆莫，匈奴也不甘示弱，也提出要将匈奴一族的女子嫁给昆莫。乌孙昆莫虽企图依附大汉，但依旧不愿意与匈奴为敌，于是只能两边都应允婚嫁。且因为乌孙国与匈奴从地理上来说更为接近，于是昆莫便奉匈奴女为左夫人，而奉细君公主为右夫人。匈奴以左为尊，且匈奴民族又性格彪悍野蛮，可想而知，生于江南之地、纤弱娇贵的汉朝公主日子必然不会有多舒心。

细君公主深知，这场婚姻关系着两个国家之间的关系，她不仅仅是嫁到乌孙的公主，更是维系两个国家之间的脆弱纽带。她在乌孙为自己布置了汉朝风格的居所，并将从汉朝带去的金币、丝帛分赠左右收买人心。逢年过节，昆莫便会与细君公主相会，一同饮宴。但年龄的差距以及语言的不通，使得细君公主的婚姻并不幸福。细君公主精通音律，据记载，琵琶很可能就是细君公主所发明的。远离故土的细君公主对着茫茫大漠，思乡之情骤起，曾作了这样一首诗歌描述自己内心的悲怆，歌曰："吾家嫁我兮天一方，远托异国兮乌孙王。穹庐为室兮毡为墙，以肉为食兮酪为浆。居常土思兮心内伤，愿为黄鹄兮归故乡。"

刘彻得闻此歌，心中怜惜远嫁的侄女，每隔一年便派使者前往乌孙，赠送许多汉朝特有的东西给细君公主。但是再丰厚的赏赐，再精致的礼物，恐怕都无法抚平和亲公主内心的伤痛与苦楚。

细君公主出嫁的时候，乌孙昆莫年纪已经非常大了，因此，没过多久，昆莫便决定要将王位传给孙子军须靡。根据乌孙国的传统习俗，新昆莫继任之后将会娶上一任昆莫的妻子。匈奴也有类似的习俗，因此，对于再嫁军须靡，匈奴公主欣然同意。但这对于自小便在汉文化熏陶中成长的细君公主而言，却是有违伦常的事情。深受煎熬的细君公主上书恳求刘彻，能够在猎骄靡归天之后让她回到自己的故乡。接到公主的"求救"，刘彻非常难过，但考虑到两国之间的邦交，考虑到抵御匈奴的大业，刘彻只回复了11字给细君公主："从其国俗，欲与乌孙共灭胡。"遵从乌孙的国俗吧，大汉必须与乌孙结盟，共同攻灭匈奴！

一句话断绝了细君公主的希望，军须靡继位后，细君公主忍辱改嫁。不久之后，细君公主为军须靡生下了一个女儿，取名少夫。此后，细君公主一病不起，加上思念故土，心情压抑，没多久便在忧伤之中死去了。

细君公主死后,军须靡再次派遣使臣向刘彻求亲。这一次,被选中接替细君公主的是楚王的孙女刘解忧。刘解忧与刘细君的出身背景极为相似,楚王在景帝一朝因参与吴楚七国之乱而兵败自杀,解忧乃是罪人之孙。可见,"有幸"被皇帝选中,以尊荣的身份进行和亲的"公主",实际上都是没有身家背景、缺少权位庇佑的可怜女子,她们都是政治运作下的牺牲品。

　　但解忧公主与细君公主不同,她天性开朗,胸怀广阔,坚强地踏上异国他乡,继续细君公主没有演完的婚姻悲剧。解忧公主嫁到乌孙不过几年,军须靡就死了。军须靡死的时候,其子泥靡年纪尚幼,于是便传位于堂弟翁归靡。翁归靡按照乌孙传统,继承王位之后娶了军须靡的左右夫人,匈奴公主以及大汉公主刘解忧。解忧公主一连为新的乌孙王翁归靡生下了三个王子,其后数十年间备受荣宠,成为了乌孙名副其实的国母。可以说,大汉王朝与乌孙国的友好邦交,解忧公主功不可没。她以柔弱的身躯扛起了大汉与乌孙两国的邦交重任,以骄人的智慧活跃于西域的政治舞台,在险象环生的政治斗争中谱写下了让人惊叹的传奇。

千里征大宛

汉王朝与西域的往来日渐频繁,尤其是在与乌孙国建交之后,乌孙周围的小国,如大月氏、大宛等国也都相继与汉朝建立了外交关系。西域各国的使臣络绎不绝地来到长安朝见天子,并带来了各式各样的礼品,如安息国的大鸟蛋,精通魔术表演的黎轩人,等等。而刘彻也总会带领西域各国的使臣到沿海地区巡游,每到人口稠密的地方,便会下令赏赐财物、丝帛给众人,以向西域使臣展现汉王朝的富有和仁爱。刘彻还常常带领外国的宾客参观皇宫之中所储存的奇珍异宝,每每看到宾客倾慕惊骇的样子,刘彻就感到很高兴。

虽然西域各国深感汉王朝的强大,都争相与之建交,但百余年来,匈奴带给各国的恐惧并未消减。加之在地理位置上来说,西域各国离匈奴比离大汉要近得多,因此对匈奴的敬畏和恭顺更甚于对于大汉朝。

汉武帝太初元年(前104),一名从西域归来的使臣向刘彻报告说:"这大宛有宝马,全部藏在贰师城中饲养,从不让使臣前去参观。听说这宝马日行千里,跑动的时候,肩胛流出的汗水如同血一般鲜红,所以也被称为汗血宝马!"

刘彻一听,顿时来了兴趣。刘彻本就非常喜欢马,一听说这世上居然还有如此神奇的宝马,自然想要得到它。于是,他便任命期门勇士车令为使臣，带着一个金马和许多钱物出使大宛，向大宛换取贰师城里的汗血宝马。

车令带着黄金千斤和打造得栩栩如生的金马来到了大宛，向大宛国王提出了大汉天子的请求。大宛王召集了群臣商议此事，一位大臣说道："这大汉朝虽然国力强盛，但是离我们非常遥远。若是他们从盐中道来，由于道路艰险，常常会有人遇难死亡；如果是从北路来呢，又常常会遭遇匈奴的偷袭；从南路而来，则没有水草，缺少粮食。汉朝出使大宛的使臣，常常在路途之中因为各种艰难险阻而死伤过半，因此，他们的大军几乎不可能到这里攻打大宛。这贰师城中的汗血宝马是我们大宛国的宝贝，即便我们不愿交出，这汉朝廷也不能拿我们怎么样！"大宛国王一听，认为该大臣分析得非常有道理，于是一口回绝了车令的请求。这车令是个非常直爽莽撞的人，一听大宛国王不同意，胸口顿时升腾起一股怒气，对着大宛国王便破口大骂，还将带来的金马砸碎在大宛国王面前后愤愤离去。

车令的莽撞无礼激怒了大宛国上下，重臣权贵们气愤地对大宛国王说道："汉朝的使臣太过分了，竟如此轻视我们！"于是，大宛国王下令将车令一行人赶走，并暗中指使驻守东部边境的郁成王率兵拦截即将出境的汉朝使臣，将他们全部杀死后抢夺其所携带的财物。

这起"劫杀案"随即传到了京师，刘彻听后拍案而起，震怒非常，打算发兵征讨大宛。大臣姚定汉等人便奏告刘彻说："臣曾出使大宛，大宛的军力非常薄弱，臣以为，只要3000人，便能踏平大宛，将他们尽数俘虏！"汉武帝元封三年（前108）的时候，刘彻曾令将军赵破奴攻打西域的车师国，当时赵破奴仅率700余名兵士便大破车师，生擒楼兰王。赵破奴因此战功而被刘彻封为浞野侯。大宛和车师均为西域小国，有了大破车师的经验，刘彻自然对大宛也信心满满，因而认为姚定汉等人所说的非常正确，立即下令调兵遣将，远征大宛。

此次征讨大宛，刘彻选中了李广利作为将军，称贰师将军，并在全国各郡县征兵数万，在附属国征骑兵6000人，交由李广利进行统领，前往贰师城夺取汗血宝马。另又任命赵始成为军正，浩侯王恢为军前向导，李哆为军事指挥。

能够从汉武帝手中得到征战沙场的机会，说明刘彻正计划着给你建功立业、封侯拜相。想当年征战匈奴的时候，大将军卫青和霍去病都因刘彻的垂爱才获得功成名就的机会。那么，这个李广利又是何人？刘彻为什么愿意给他这样一个宝贵的立功机会呢？

此前说过，这刘彻的后宫之中有一位红颜薄命却倾国倾城的美人李夫人，这李广利实际上就是李夫人的长兄。李夫人死前曾托付刘彻照顾其兄弟，刘彻对此并未忘怀。李夫人出身寒微，若是贸然为她的兄弟加官晋爵必然会引起朝野议论，但若是她的兄弟能够有所功绩则不同，有功之臣自然顺理成章能够封侯，这样一来，既能规避流言蜚语，又能完成对李夫人的承诺。加之，在刘彻看来，这大宛兵力薄弱，打败它简直易如反掌，于是，刘彻将这个立功的机会给了李广利。

可谁知，这李广利不争气，刚出兵过盐泽就遇到了麻烦。从汉地到大宛路途遥远，汉军的粮食供应主要依靠沿途小国，但此时，这些小国家却都紧闭国门，据城自守，无论如何也不肯为李广利军提供粮食。无奈之下，李广利只得沿途带领军队进攻这些小城，若是成功攻破，便能从城中得到补给，但遇到久攻不破的，也不纠缠，数日之后就离开，转变阵线。结果，李广利军才刚进入大宛边境的郁成就已经伤亡过半，全军只剩下了数千人。士兵们更是因为粮食短缺，全都饥饿难耐，困苦不堪，结果在大宛初战郁成就伤亡惨重，全军溃败。

李广利一看这情况，慌了，找来李哆和赵始成等人商议道："我们现在连郁成都攻不破，怎么去打大宛的都城啊！要不，还是回了吧！"于是，大军无功而返，行到敦煌的时候，全军大约只剩余出征时候1/10左右的兵力了。李广利写了一封信给刘彻，说："皇上，这征讨大宛路途实在遥远，又缺乏粮食，士兵们饥饿难耐。虽然并不惧怕战争，但身体实在受不了啊。再说，出征的士兵实在是太少了，没有办法攻下大宛，倒不如暂且罢兵，等以后再派遣更多的士兵去征讨它吧！"

刘彻一收到李广利的奏章，顿时大怒。但这一出兵，哪有这样就回头的呢，况且这样就罢兵，大汉天威何在！刘彻于是下令道："军有敢入者辄斩之！"军队中谁若是胆敢退入玉门关，就给斩了！

刘彻号令一下，李广利吓到了，带领大军留在敦煌，不敢再提罢兵之事，一时之间进退两难，不知该如何是好。

就在此时，浞野侯赵破奴正带领大军与匈奴大战，结果不敌，全军覆没。因此，朝野上下均向刘彻上书，希望能够暂时终止对大宛的作战，将兵力集中对抗匈奴。但刘彻却认为，大汉朝若是连小小的大宛国都无法攻破，岂不是让西域诸国看笑话！最终，刘彻力排众议，下令重新增加武装力量，再度整军攻打大宛，但凡是再敢提反对意见的人都受到了严惩。

汉武帝太初三年（前102），刘彻在全国进行征兵，赦免监狱中的囚徒，招募地方上品行顽劣的恶人，并调集边塞地区的骑兵，仅一年多的时间，刘彻派往敦煌增援李广利的士兵就达到 6 万余人。此外，刘彻还为李广利军增调了 10 万余头牛，3 万余匹马以及数以万计的驴和骆驼等坐骑。由于大宛城里的用水主要依靠从城外河水进行引流，刘彻甚至征调了许多水工随军队一同出征，以便到时将大宛城外的河流引流到别处，而士兵则能够利用旧水道作为地道来攻城。此外，刘彻又增调了 18 万兵卒在酒泉、张掖一带候命，作为李广利的后备力量。同时刘彻还下令，将全国犯罪的官吏、逃亡的人、入赘的男子、经商的商贩或原本经商的人，以及那些父母或者祖父母曾属于商人的人（七科谪）都征调为士兵。刘彻还特别委派了两名相马的行家为执马校尉以及驱马校尉，准备在攻破大宛之后挑选好马。可以说，刘彻几乎事事为李广利军考虑周全，甚至发动了全国的力量支撑此次远征，致使全国上下人心惶惶。

见大汉朝如此兴师动众，且李广利兵马众多，沿途许多小国一改此前作风，主动打开城门，将粮食送给李广利作为军需。途中也遇到过一些抵抗，但在强大兵力支持下，基本上都轻易攻破了。

汉军抵达大宛，围城 40 余天，水工将大宛城外的河流改道引流，致使城中断水，以此来迫使大宛人屈服。大宛的一些权贵实在熬不下去了，便偷偷聚众起来商议说："这若不是因为国王舍不得宝马，又杀死了汉朝使臣，我们又怎么到此地步！倒不如将国王杀死，献出城中宝马，如此一来，汉军得到满足，或许就会离开。如果汉军依旧不依不饶，我们便杀死所有宝马，拼死抵抗吧！"众人达成一致之后，攻入皇城杀死了大宛国王，并将他的头颅砍下，令人带着去见李广利。

来使向李广利表明了大宛城中众人的意愿，并告诉李广利说："若是汉军不肯讲和，那么我们也只能将宝马全部屠杀，拼死抵抗。并且，康居国的救兵也快要来到了，到时恐怕胜负还难料，将军您考虑考虑，怎么样做才是最好的吧！"

既然大宛国王已死，而大宛也愿意献出汗血马，那么此次出征的目的也就达到了。况且，李广利又担忧，若真如来使所说，康居国的救兵将至，那么到时候，康居与大宛内外夹击，疲惫不堪的汉军只恐难以应付。于是，李广利便同意与大宛讲和，并与新的大宛王贵族昧蔡订立了友好盟约。此次出征，汉军获得了数十匹上等汗血宝马以及3000余匹中等及以下的雌、雄马。听闻汉军攻破大宛，沿途许多西域小国纷纷派遣使臣跟随李广利大军一同前往长安，觐见刘彻，并向汉朝进贡，此后更是自愿留在长安充当人质。

李广利带领大军归国时，进入玉门关的士兵只剩万余人。再回顾刘彻为李广利出征所配备的人马：第一次6000余骑兵以及数万士卒；第二次6万士卒；此后又发"七科谪"、征调水工，等等，至少也有10万余人。也就是说，从李广利受命出征，一直到大军返回的4年时间里，他所带领的大军由数十万伤亡到只剩万余人，这样的代价何其惨重！而事实上，在第二次出征的过程中，刘彻发动全国的力量进行支持，无论军粮还是军备都十分充裕，战死的人不可能达到这么多，死伤如此严重，完全是因为将领贪暴、虐待并抢掠士兵所致。此次征战，李广利只是战绩平平，甚至可以说罪大恶极。但刘彻非但没有对他施以惩处，反而以其万里征战为由，不计较他的过失，册封他为海西侯。而此次跟随李广利出征的人，也都获得了超出预期的丰厚奖赏。

征讨大宛给大汉朝带来了不可估量的损失，给百姓造成了深重的苦难，无数人的性命只换来了大汉王朝的面子，以及一颗大宛国王的脑袋，还有那数十匹的汗血宝马和3000余匹中等马。

司马光曾评价此事说"武帝有见于封国，无见于置将"，意思就是刘彻在处理封国事务方面是非常有见地的，但在任命将领方面却存在许多失误。卫青和霍去病都是由刘彻一手打造的将领，然而这一次，刘彻却因对李夫人的宠爱而将李广利置于将位，视军务大事为儿戏，不顾国家民众的生死存亡，实在令人心寒。

宋代诗人刘攽有诗云："自古边功缘底事，多因嬖倖欲封侯。不如直与黄金印，惜取沙场万髑髅。"自古以来，帝王用无数将士的性命去换取边地之功，不过是为了让自己宠幸的人能够得到封侯的资格。倒不如直接给他一个黄金侯印，以换取那些被黄沙埋没的千万条性命！

坚贞的苏武

自漠北之战后,汉王朝基本上已经解决危害边境百余年的匈奴之患。匈奴势力自此很少再对汉朝边地进行侵扰,而是迁往了北方休养生息,并多次向汉朝廷请求和亲。

汉武帝元封四年(前107),刘彻令北地人王乌为使臣出使匈奴,以窥探匈奴的情况,当时匈奴正值乌维单于统治时期。王乌到匈奴之后非常恭敬,遵从匈奴的习俗,将刘彻赐予的使臣符节放下后才进入单于的毡帐,因此单于非常喜欢王乌,于是便假意许诺王乌,说愿意派匈奴太子去汉朝廷做人质。

之后,刘彻又遣使臣杨信前往匈奴,但杨信却不肯遵从匈奴人的风俗,因此单于非常不喜欢他。杨信提起单于对王乌的许诺,单于便说道:"从前,汉朝与匈奴曾有盟约,汉朝廷将藩王家的翁主嫁到匈奴,并给予匈奴食物和丝帛作为陪嫁,以这样的方式进行和亲,而匈奴则不再侵扰汉朝边境。但如今,你们却要违反曾经的盟约,甚至还想让匈奴太子去做人质,这样一来,我们从中还能得到什么呢?"

杨信回朝后向刘彻报告了情况,刘彻于是再次派遣王乌前去匈奴。见到王乌,单于又表现得十分友好,甚至主动对王乌说:"我愿亲自前往汉朝面见天子,与他结成友好的兄弟。"王乌听信单于的话,非常高兴地回到长安上报刘彻,刘彻便下令工匠在长安修建宫邸,以供单于到长安之后住宿。

后来，匈奴又差遣使者前往长安，告诉刘彻说："汉朝应当派遣一个地位尊贵的人来匈奴，以显示其诚意。"使者来到长安之后没多久就生病了，刘彻十分重视，令医师为其治疗，但没想到，使者的病却越来越重，最后竟死在了长安。于是，刘彻便派遣大臣路充国佩戴二千石官员的印绶出使匈奴，并将匈奴使者的灵柩送回故土，并替刘彻送上价值高达数千金的"抚慰费"。但实际上，匈奴单于根本没想过到汉朝觐见刘彻，更不是真心想要将太子送到长安给汉朝做人质。于是，在路充国到达匈奴之后，匈奴单于便以汉朝杀害匈奴使者为由，将路充国扣押在了匈奴，并多次派兵进犯汉朝边境。得知匈奴单于的"求好"都是虚情假意后，刘彻便令拔胡将军郭昌和浞野侯赵破奴一同屯兵朔方郡以防备匈奴。

汉武帝元封六年（前105），乌维单于病死，其子乌师庐继位，因为年纪尚小，因此号称"儿单于"。儿单于暴躁无常，并喜好杀戮，加之匈奴连续遭遇天灾，使得人民生活非常困苦。汉武帝太初元年（前104），匈奴左大都尉无法忍受儿单于的暴虐，便偷偷与汉朝取得联系，上告刘彻说："我打算归降汉朝，杀死儿单于。希望到时候汉天子能够派兵前来接应我！"刘彻非常高兴，答应了左大都尉的请求，并立即派将军公孙敖在塞外为左大都尉修建受降城，并驻兵作为接应。

为保万无一失，刘彻又派遣浞野侯赵破奴率领2万骑兵到达浚稽山附近接应左大都尉。但没想到，左大都尉在打算发动叛变之前就被儿单于发现了，于是儿单于处死了左大都尉，并派军偷袭赵破奴。赵破奴军积极应战，但最终在距离受降城400余里的地方陷入了匈奴军的包围圈，全军覆没。

汉武帝太初三年（前102），匈奴儿单于去世，其叔父右贤王接替单于之位，称呴犁湖单于。但呴犁湖单于在位仅一年时间就死去了，其弟且鞮侯单于继位。其时，刘彻正成功征讨大宛，便想趁军威正盛时威慑匈奴，于是颁布诏书说："高祖皇帝当年在平城被匈奴围困，到高后时期，匈奴单于又以悖逆的书信侮辱天威。齐襄公当年报先祖之仇的事情，《春秋》中也予以肯定，认为此举符合大义。"刘彻言下之意显然是意欲为先祖"报仇"，攻打匈奴。且鞮侯单于听说之后，担心汉军袭击匈奴，便忙向刘彻示好，表示说："我只不过是个小孩子罢了，又怎么敢与大汉天子相比呢？大汉朝的天子可是我的长辈啊！"随即，还将被匈奴扣押的使臣路充国等人全部释放，并主动派遣使者向刘彻进贡。此时的大汉朝虽然刚刚取得征讨大宛的胜利，但在连年的征战后，国力实际上已经损耗严重，再难以承受大规模的战争，于是对于匈奴的示好也只能作出积极的反馈。

汉武帝天汉元年（前100），为嘉许且鞮侯单于释放朝使臣的义举，刘彻派遣中郎将苏武携带丰厚的礼物护送被扣留在汉朝的匈奴使臣回国，以表达对单于的谢意。苏武与副使张胜以及使团官吏常惠等人一同领命前往匈奴。见到且鞮侯单于之后，苏武等人才发现，他与汉朝君臣所想象的完全不同，依旧是如此地骄横野蛮。但好在双方并没有发生什么不愉快的冲突，就在苏武等汉朝使臣准备回国之际，却发生了一场意外。

缑王是匈奴浑邪王的外甥，曾跟随浑邪王一起投降汉朝，但后来，在与匈奴作战的时候兵败，于是又再次回归了匈奴。虞常原本是汉人，同样因为在对匈奴作战中失败而投降。这二人一直都很希望能再回汉朝，于是便在一起暗中商议想要劫持单于的母亲阏氏回汉朝，以求皇帝对他们网开一面。虞常在汉朝为官的时候曾与苏武的副使张胜关系非常要好，见苏武他们来到匈奴，虞常便私下联络张胜，告诉他说："我知道天子非常怨恨卫律，我可以杀死卫律，只希望你回去后可以将我的功绩告诉天子，让我在汉朝的母亲和弟弟能够得到奖赏。"张胜答应了虞常的请求，当即就将随身的一些财物送给了虞常。

这卫律之所以遭到天子的怨恨，还要从李夫人的哥哥李延年开始说起。乐人李延年因通晓音律而受到刘彻的喜爱，加之妹妹李夫人受宠，便更加得到刘彻的宠信。卫律的父亲是匈奴人，但卫律因为与李延年关系非常好，所以在李延年推荐下被刘彻任命为出使匈奴的使臣。但后来，李延年的弟弟李季淫乱宫廷，被刘彻判族诛之罪，李延年也因此受到了牵连。当时，卫律刚从匈奴出使归来，听说这件事情之后担心殃及池鱼，自己也因此而获罪，便急急忙忙地逃到匈奴。

之后不久，单于带领众人外出狩猎，王廷中只留下了少数人和单于的母亲阏氏。虞常等人便决定抓住这次机会发动叛乱。但没想到，叛乱还没开始内部就出了一个叛徒，将此事告发了出去。结果，劫持不成，缑王等人被诛杀，虞常则被活捉。单于打猎归来后非常生气，将这件事交给了卫律进行审理。

张胜一听到消息便慌了神，生怕自己与虞常的约定被查出，立即向苏武报告了事情的原委。苏武听完后心中非常忧虑，此事显然是凶多吉少了，于是便对张胜说道："发生了这样事情，我恐怕难脱干系。作为堂堂大汉使臣，却要被匈奴抓去审问，实在有损国体，倒不如我自裁以报国吧！"于是便准备自杀，张胜、常惠等人大惊，急忙劝阻了苏武。

不出所料，虞常果然将与张胜约定之事供了出来。且鞮侯单于听后非常愤怒，召集了众臣商议，想要将汉朝使臣全部处死。但其中一名大臣却不同意处死汉使，他对单于说道："这些人若是因为企图谋杀卫律而被处死，那以后遇到企图谋害单于的人，还有更重的刑罚吗？莫不如逼迫他们投降吧。"

单于觉得他说的话有道理，便令卫律前去说降苏武一行人。

见到卫律前来逼降，苏武便对众人说道："若是丧失汉节，即便活了下来，我们又有何面目回到大汉呢？"说完之后，苏武拔出佩刀便刺入了自己的身体。卫律大惊，急忙召来医生给苏武包扎伤口。苏武险些气绝身亡，昏睡了整整半日才终于有了意识。单于听说此事后非常敬佩苏武，日夜派人慰问苏武的病情，之后又令卫律继续劝降。

为了恫吓苏武，卫律在苏武面前杀死了虞常，又转而对副使张胜说道："你与虞常勾结，企图杀害单于的大臣，犯下了死罪。但是单于网开一面，只要你愿意投降，便能保留性命！"见卫律向自己举起了刀，张胜吓得脸色惨白，跪在地上连连表示自己愿意投降。于是卫律又对苏武说道："你的副使已经承认了自己的罪责，你若是不投降，便要因此而受到惩处！"说着，卫律也向苏武举起了刀，但苏武却面无惧色，不为所动。卫律无奈，只得又软语劝说道："苏先生，你看看我，自投奔单于之后受到了赏识，坐拥几世富贵！若你像我一样归顺，必定也能获得如此荣光。但苏先生你若是顽固不化，执迷不悟，那么必然白白横尸荒野，你这样做又有什么意义呢？你若是愿意投降，我们便结为兄弟。但你若是不肯听我的话，以后恐怕都不能见到我了！"结果苏武却骂道："你本是汉朝臣子，却罔顾仁义道德，背叛君主，投靠匈奴，你这样的人值得我见吗？你身为单于重臣，不劝他向善，反而挑唆单于杀死汉使，以此引发两国争斗，制造事端。你明知道我绝不可能投降，却想以此为借口挑起两国之间的战争，匈奴的灾难，看来就要以我作为开端了！"

卫律被苏武骂得狗血淋头，悻悻地走了。单于得知此事后非常敬佩苏武的忠心，越发希望他能够归顺了。当时正值冬季，白雪覆盖大地，为了逼迫苏武投降，单于就将他关在了一处地窖里，不给他吃喝。结果，苏武竟靠着吞食雪片和衣服上的毡毛，顽强地活了下来。几天后，匈奴人见苏武居然没有死，认为他有神灵庇佑，于是单于便将他放逐到了条件甚为艰苦的北海（今贝加尔湖）荒地，让他在此放羊，并对他说："公羊产出奶的时候，便是你重回汉地的日子。"

北海条件艰苦，粮食不足，很多时候，苏武都只能靠挖掘野草和野鼠来充饥。他唯一的精神支柱，就是对汉朝家、对天子的忠心。刘彻赐予他的使臣符节他一直带在身上，紧握手中，对他而言，这就是他的信念，是支持他活下去的力量。

苏武被扣留在北海牧羊整整19年，直至刘彻驾崩，苏武也始终没有投降匈奴。一直到汉昭帝始元六年（前81），早已白发苍苍的苏武才终于回归故土。整整19年的坚贞不屈让苏武的刚烈节义流传千古，他诚信忠勇的高尚情操也一直为人所称颂。而当时，与苏武相对的，则是另一名汉朝降将，他一生陷于国仇家恨的矛盾之中，由诈降到真降，历经了难以言说的苦楚与无奈。

李家的耻辱

汉武帝天汉二年（前99），刘彻令李广利率军3万攻打匈奴。李广利军在崐山一带与匈奴右贤王交兵，斩杀匈奴万余人后折返，但却在途中遭遇重兵包围，伤亡惨重。就在这场战争中，"飞将军"李广的孙子李陵却上演了一出令人唏嘘的悲剧。

李陵是李广的孙子，与将军李广一样精通骑马射箭，同时爱护士卒，礼贤下士。刘彻很喜爱李陵，认为他继承了祖父李广的风范，于是便册封他为骑都尉，在酒泉和张掖一带训练士兵，以防守匈奴的侵扰。在李广利奉命攻打匈奴的同时，刘彻也召见了李陵，希望他能够担任后勤工作，为李广利的军队押运物资。

一直以来，李陵都期望着能够在沙场建立功勋，以弥补祖父李广的遗憾。因此，对于刘彻所安排的后勤工作，李陵心中并不满意，于是便叩头对刘彻请求道："臣所率领的将士，全都是荆楚之地的勇士豪杰，人人都身怀绝技，徒手便能与猛虎相斗，射术更是精准无比。因此，臣请求陛下能够让臣率领一队兵马到前线，为贰师将军（李广利）分散匈奴兵力。"

刘彻一听，知道李陵对自己的安排感到不满，心中也不是很高兴，便回答说："看来你是不愿意成为别人部下。但此次朕调动的兵马众多，已经没有战马可以分给你了。"李陵没有因此而退却，反而更加豪气万千地对刘彻说道："臣不需要战马！只需5000步兵，臣便能带领他们直捣匈奴王廷！"刘彻非常赞赏李陵的勇武，于是便同意了他的请求，并下令让路博德率众做李陵的后援部队，在半途接应李陵。

路博德算是李陵的前辈，曾在征讨西域时做过伏波将军，他同样希望能够在沙场建功立业，而不是做一个后备军，于是便上书刘彻推托道："如今正值匈奴战马肥壮的季节，在这个时候与匈奴交战恐怕讨不了什么好处，不如让李陵暂缓出兵，等到明年春天的时候再战吧。"刘彻看到奏疏之后，却以为是李陵出军前畏惧匈奴势力，想要反悔不战，故而怂恿路博德上此奏疏，于是便立即下令让路博德率领一众兵马前往西河袭击匈奴；而李陵则于居延浙虏障出发，深入东浚稽山查探匈奴行踪，如果遇不到匈奴，便回受降城休憩。

李陵率领5000步兵抵达浚稽山后，便立即将行军情况绘制成图，吩咐部下将其送回长安，上呈刘彻。刘彻听闻李陵军队士气高涨，十分高兴，当即就册封了其部下为郎官。

李陵率部到浚稽山后不久就遇上匈奴单于亲自率领的大军，大约3万余骑兵，陷入了敌众我寡的不利境地。但李陵并未胆怯，他将兵士屯于两山之间，以大车围成营寨，亲自指挥部下列阵，一旦匈奴军逼近，便千弩齐发，待匈奴兵被攻退，便立即追击，片刻间便斩杀匈奴军队数千人。李陵率领众将士边战边退，逐步向着汉朝边塞靠近。匈奴军一直追击李陵军，然而却始终未能攻下，每日还要伤及2000余人。加上匈奴军发现李陵军正向着汉朝边塞靠近，担心汉军故意设下埋伏，引诱匈奴军步入包围圈，于是单于逐渐有了退兵之心。但就在这个时候，坏运气降临了。李陵军队中有一个叫作管敢的人，因为一直受到校尉的欺凌，便投奔了匈奴，向单于说出了汉军的实情：

"李陵并无后援，且箭矢将尽，军中最具战斗力的，只有将军李陵和校尉韩延年各自率领的 800 士兵，他们以黄白旗作为标志，只要用弓箭射杀，击破这两支部队，大军便可攻破。"单于一听，大喜过望，立即调动了精锐部队展开猛攻，将李陵军围困在了山谷之中。

士兵死伤无数，军中箭矢用尽，眼看败局已定，李陵心中甚是惆怅，入夜之后，便对左右部下说道："若是能再有数十支箭，我们或许还能逃脱，但现在，我们却连应战的武器都没有了。与其坐等被擒，大家不如各自逃命，侥幸逃脱的人，还能回去向天子禀明我们的战况！"语毕，李陵便下令让将士们每人携带二升干粮和一片冰，趁着夜色逃离。李陵则和韩延年一起带领十几名壮士突围。最终韩延年战死，李陵被擒，在生与死之间纠结许久之后，李陵选择忍辱投降。除去战死和投降的人以外，李陵军中约有 400 余人逃回边塞。而李陵兵败之地距离汉境边塞仅仅只有 100 余里。

刘彻听说李陵兵败的消息之后非常痛惜，尤其是听闻李陵竟投降匈奴，更是大为失望，怒不可遏。满朝文武见刘彻震怒，无一人敢为李陵说话，纷纷顺着刘彻的火头谴责李陵。而唯有太史令司马迁站出来为李陵分辩道："李陵将军平日孝顺父母，讲求信义，一听说国家有难，便奋不顾身奔赴沙场。如今遭遇不幸而失败，没有查清楚就被众人所诋毁，实在令人感到痛心！李陵率兵不过 5000 人，却深入匈奴腹地，抵御数万敌军，即使兵败，他的威名也足以震慑匈奴，传扬天下！李陵没有选择战死，绝非贪生，而是为了等待机会报效国家啊！"

司马迁本意是想安慰刘彻，但没想到，盛怒之下的刘彻却因此更加恼火，斥责司马迁口出妄言，为李陵开脱罪责，并下令将其打入大牢。

过了一阵子，刘彻气消了，这才开始对李陵感到痛惜，认为正是自己调度不当，才使得李陵陷入了孤立无援的境地。刘彻叹息道："若当初朕在李陵出塞之后，再让路博德前往接应，就不会发生这样的事情了！只怪朕预先下令，才让路博德生出奸计，以借口推托，不肯接应李陵啊！"随即，刘彻又令使臣慰劳奖赏了李陵军中逃脱归来的士卒。

汉武帝天汉三年（前98），刘彻令贰师将军李广利率领骑兵6万，步兵7万，强弩都尉路博德率骑兵1万，步兵3万，共同会合攻打匈奴。同时，刘彻还令公孙敖趁机率兵前往匈奴腹地去营救李陵。但最终，汉军与匈奴交战十余日后却无功而返，公孙敖也未能见到李陵。回朝之后，公孙敖便上告刘彻称："我军擒获匈奴俘虏，据俘虏说，李陵已经投靠匈奴单于，并教匈奴人制造兵器来与汉军作战。"

刘彻原本对李陵之事生出些许愧疚，如今听完公孙敖的奏报，不禁怨怒交加，立即下令将李陵的家属全部斩首，而当初为李陵说话的太史令司马迁也遭到迁怒，被刘彻判处腐刑。

很久之后刘彻才得知，当初公孙敖所带回的消息实际上并不准确。教匈奴人制造兵器、为单于训练士兵的人并非李陵，而是此前另一名投降匈奴的塞外都尉李绪。但此时，一切都已经晚了，含冤死去的李陵族人并不能获得重生，而莫名被牵连的太史令司马迁也已受命身残。身在匈奴的李陵原本只是诈降，期望着总有一天还有机会回到大汉，但当他得知刘彻竟将他的族人尽数诛杀之际，他的心中彻底绝望了。李陵痛恨为匈奴练兵的李绪，认为他间接害死了自己的家人，于是偷偷找人刺杀了李绪。单于的母亲大阏氏得知后非常生气，想要诛杀李陵。但单于却十分看重他，为了保全李陵性命，单于将其藏在北方，直到大阏氏死，单于才将李陵再次召回王廷，并将自己的女儿嫁给李陵，封他为右校王，对他信任有加。汉朝天子的冷酷与匈奴单于的信任形成了鲜明对比，久而久之，在国仇家恨的纠葛之中，李陵完全打消了回到汉室的想法，安心留在了匈奴，直至病死。

"飞将军"李广以来的贤德家风就此扫地，其家乡的士大夫都以李陵投敌叛国、丧失气节的行为感到羞耻。就这样，一个骁勇善战、一心报效国家的将军，成为了被钉在历史耻辱柱上的卑鄙小人，受尽世人唾骂。然而，纵观李陵的遭遇，又何尝不令人感到痛惜？一条未经查实的消息，葬送了李陵一家人的性命，让太史公司马迁受尽屈辱，饮恨终身。

在治理国家方面，刘彻与其先祖所尊奉的黄老思想完全背道而驰，他野心勃勃、穷兵黩武，完全摒弃了黄老清静无为、崇尚自然的理念。然而，对于黄老学说中求仙问药的玄妙之事，刘彻却情有独钟，深信不疑，怀抱着荒谬的"成仙梦"，雄才大略的武帝因此做出了许多令人哭笑不得的荒唐事。

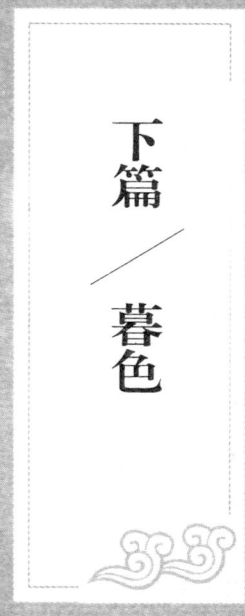

下篇／暮色

第九章 / 寻仙问药，方士得宠

崇神敬鬼

《史记·封禅书》开篇便说："自古受命帝王曷尝不封禅？盖有无其应而用事者矣，未有睹符瑞见而不臻乎泰山者也。"自古以来，哪个帝王不封禅？没有天降吉兆或祥瑞呈现就忙着开始行封禅大礼的尚且大有人在，而这世上还没有出现那种发现吉兆和祥瑞景象却没有到泰山举行封禅的帝王。

何谓封禅？"封"即为祭天，"禅"即为祭地，封禅指的就是古代帝王所举行的祭祀天地鬼神的重大典礼。当时古人认为，泰山是所有山中最高的，也是最接近天的，因此，古代帝王举行封禅大典往往会选择去泰山，以表诚意。但封禅大典并不是随随便便就能举行的，据记载，帝王想要进行封禅，必须满足一些条件：太平盛世或天降祥瑞。因此，帝王举行封禅大典来祭告天地鬼神，实际上是为自己歌功颂德。

汉朝建立之初，统治者便开始尊奉道家的黄老学说，因此，刘彻自小便是在这些学说的熏陶下成长的。登基之后，刘彻虽然尊奉儒术，但道家那些玄妙的学说同样对他造成了不可估量的影响。这种影响则主要体现在刘彻尊奉"迷信活动"这一方面。

汉朝时候的都城在长安（今陕西西安），和泰山相聚有千里之远。而根据史料记载，刘彻自继位30年后开始在泰山举行封禅大典，前后22年间，刘彻一共在泰山举行了8次封禅大典，平均下来，不足三年便有一次。在当时交通如此不便利的情况下，刘彻此举可谓空前绝后。由此也可看出，刘彻对于自己的功绩是相当沾沾自喜的，同时对于鬼神之说也深信不疑。

其实早在泰山封禅之前，刘彻就已经显露出浓重的"鬼神崇拜"倾向了。我们知道，刘彻16岁登基，君临天下，正是风华正茂的少年时候。然而，就在其登基不久之后，刘彻便开始建造自己的坟墓茂陵。而这座陵墓自建造开始，整整历时53年，是汉代帝王之中修建时间最长、规模最大的一座陵墓，有"中国的金字塔"之称。可见，刘彻多么重视"身后事"，鬼神之说对他的影响已经深入骨髓。

刘彻最先在民间发现并求拜的神被称为"神君"，这是汉武帝元光年间的事情，当时刘彻20余岁。

这位"神君"据说是京师附近的长陵县一个普通妇人，因为难产而死了。这个妇人的妯娌将她的牌位供在室内，奉若神明。后来流传出了许多关于"神君"显灵的流言，于是乡间的很多善男信女都纷纷去叩拜她。据说，刘彻的外祖母臧儿就曾去拜过神君，结果后来臧儿家显贵无比，生出了一个皇后、一个丞相。于是，神君的名声更加大了。刘彻在"发现"神君以后，便以隆重的礼节在上林苑设置专门祭祀的庙宇，迎来神君的塑像进行求拜。据说，刘彻每每祭拜神君的时候，都能听到她说话的声音，只是看不见她的形象罢了。

由于天子笃信鬼神，自诩懂得玄妙之术的方士们自然开始活跃起来。首先赢得刘彻"芳心"的，是一名叫作李少君的方士。

李少君原是深泽侯的一个门客，专门做些配药炼丹的事情。他从来不谈自己的年龄和籍贯，也不娶妻生子，很是神秘。李少君还向众人宣称，自己懂得长生不老之术，并且能与鬼神沟通。由于众人都不知道他的来历和出身，加之他的口才很好，常常天花乱坠胡诌一通。许多诸侯权贵都非常迷信他，馈赠给他不少财物。如此一来，李少君不置产业，却身家颇丰，更加让人相信他有通鬼神的能力了。

一次，李少君跟随武安侯田蚡一起参加一个宴会。当时宴会上有一个年逾90岁的老者，李少君便与老者开始攀谈，并对他说，自己曾和他的祖父在某地一同游戏过。结果，这位年事已高的老者在李少君花言巧语的糊弄下，竟挺身证明确有其事。众人大惊，对李少君懂得仙术且能长生不老的事情深信不疑。

李少君非常聪明，他先将自己的身份神秘化，然后再在诸侯权贵之间传播自己的名声，等积累到一定程度以后，再找寻一个容易被糊弄的证人，将一件他根本记不清楚的事情描述得绘声绘色，让这个证人成为证明他非同一般的"铁证"。

名声日著后，李少君终于引起了刘彻的注意。刘彻虽然对鬼神之事颇为相信，但也不至于昏聩无脑。李少君虽然声名在外，但刘彻也得用自己的方法试一试他。

刘彻召见李少君以后,就拿出了一件古铜器,问李少君说:"你看,这件东西是什么时候的啊?"

李少君微微一笑,对刘彻说道:"这件铜器乃是齐桓公十年时陈设于柏寝台上的东西。"

刘彻大惊,急忙让人查看了铜器上的铭文,居然真的是齐桓公时候的东西。齐桓公十年,距离刘彻一朝500多年,这说明李少君曾经见过啊!而且他记性还极好,不然怎么能一眼认出呢?想来他已活了数百年,必然是真神仙!经此一试,刘彻对李少君深信不疑。

获得刘彻信任之后,李少君开始用尽花言巧语向刘彻吹嘘他的"阅历"和"智慧"。李少君说:"祭祀灶神是非常重要的,若是成功,便能够驱使鬼神,将丹砂炼成黄金。以此道炼成的黄金若是用来制造饮食器皿,使用它进食便能延年益寿,长生不老。若能达到此境界,陛下便能在蓬莱仙境见到神仙,此后进行封禅大典,陛下便能得到永生。臣曾与仙人安期生一同于海上漫游,他招待臣使用的枣,比瓜还要大。他于蓬莱山中往来,只有遇见志同道合的人,才肯现身相见。"

李少君的胡吹乱侃却让刘彻听得心驰神往。他将李少君奉若神明,按照他的指示开始祭祀灶神,同时又派遣了许多人去海上寻访蓬莱仙人,并迷恋上炼制丹药等事情。过了一些时候,李少君突然病死了,但刘彻不但没有幡然醒悟,反而认为李少君是化身而去,已经修炼成了真正的神仙。甚至下令特意寻找方士前来学习李少君的法术,以继承他的"衣钵"。

刘彻尊奉李少君并没有学会炼金之术,当然也没有寻找到蓬莱仙人,倒是使得一批批满嘴胡言的方士相继兴起,大谈神仙鬼怪之事,以求获得刘彻的宠信和赏赐。

当时，一个叫作廖忌的亳县人上书刘彻，说："在天神之中，最尊贵的是太一神。古时候天子在春秋两个季节的时候，都会祭祀太一神，祭祀要在东南郊，并且需要建造神坛，在八个方向设立阶梯。"廖忌说得有板有眼，刘彻非常赞赏，便令人在长安东南郊修建专门祭祀太一神的庙宇进行供奉。后来，又有人上书说："古时候，天子每三年就要祭祀一次三一神，所谓三一神，指的就是天一、地一以及太一神。"刘彻又准奏，在太一神坛上追加天一神和地一神。再后来，又有人上书说："这古时候的天子在春季的时候都会举行一些清除灾难的祭祀典礼，祭祀黄帝要用枭和破镜；祭祀冥羊要用羊；祭祀马行要用马；祭祀太一、泽山君用牛；祭祀武夷君用干鱼；祭祀阴阳使者用牛。"刘彻又听信这一说法，下令主管祭祀的官员按照此规矩进行祭祀。可见，自李少君后，刘彻对于方士的尊崇和信任有增无减。

"文成将军"招魂

李少君死后两年,一个叫作少翁的方士出现在了刘彻面前。少翁之所以能够得到刘彻的青睐,还要归功于刘彻那个红颜薄命的宠姬王夫人。

王夫人是自卫子夫之后得到刘彻专宠的女人,可惜红颜薄命,年纪轻轻就死了。王夫人死了之后,刘彻非常伤心,常常怀念与她在一起的日子。就在这个时候,齐地人少翁出现了,自称能够通鬼神,可以施展法术为王夫人招魂,让刘彻能够与她再次相见。

少翁摆好"阵法",在入夜之后施展法术。这时,隔着一道帷幕,刘彻突然看到帷幕上出现了一个婀娜多姿的影子,像极了他日夜思念的王夫人。刘彻大喜,赏赐了少翁很多东西,还册封他为"文成将军"。后世人大多认为,当时少翁所做的法术,实际上是皮影戏,因此,也有人将少翁看作皮影戏的发明者。

少翁受封后留在了刘彻身边。为了进一步向刘彻邀宠,少翁对刘彻说:"陛下,您若是想与各路神仙相通,就要将您宫殿的居室以及所有的服饰用具都仿照神仙所用的来制造,只有这样做,神仙才会降临到您的面前。"寻访蓬莱仙人无果一直让刘彻很失望,如今听说竟有办法让神仙降临到自己面前,刘彻自然大喜过望。他急忙下令宫人按照少翁的话对宫殿以及车辇等进行布置,涂上象征五行的图案和颜色,并按照少翁所计算出的时间和方向进行出行，以此来趋吉避凶。在少翁的怂恿下，刘彻在甘泉宫里修筑了一个新的祭坛，用来迎接神仙的降临。少翁的鬼把戏折腾了一年有余，但却始终没有什么成果，刘彻也一直没有等到神仙降临，于是开始对少翁产生了怀疑。

察觉到刘彻对自己已经越来越不信任，少翁自己也急了。为了挽回刘彻对自己的信任，少翁偷偷用笔在绢帛上写了一些让人不明所以的话，然后偷偷将绢帛喂牛吞下。做完这一切之后，少翁再假装什么都不知道，神神秘秘地对刘彻说："陛下，这头牛的腹里，内有乾坤。"刘彻将信将疑地令人将牛宰杀，果然从牛肚子里找到了绢帛。少翁正沾沾自喜之际，刘彻却勃然大怒。原来，刘彻与少翁相处了一年多，早已熟悉他的笔迹，少翁邀功心切，却没有注意到这个细节，因此露出破绽。

刘彻此生最恨的就是有人欺瞒他，而少翁不仅用尽花招来欺骗他，甚至左右他做了许多"荒唐事"，刘彻越想越不是滋味，立即令人将少翁诛杀。但刘彻这人又非常好面子，断不能让天下人知道自己被一个妄言之士欺骗，因此，刘彻将诛杀文成将军这件事情隐瞒了起来，不许任何人再提起。

就在文成将军死后的第二年，刘彻突然生了一场重病，众人都束手无策。就在这个时候，有人向刘彻进言，说在上郡这个地方有一个非常厉害的巫师，因为有鬼神附在他的身上，所以他非常灵验。刘彻听说后急忙派人将这个巫师请来，并专门为附在巫师身上的鬼魂修建了庙宇，奉其为神君。刘彻遣人询问神君，自己的病会怎么样，神君回答说："陛下不需为病担忧，待陛下身体好转，请与我在甘泉宫里相会。"结果没多久，刘彻的病果然见好。刘彻急忙遵从与神君的约定，驾幸甘泉宫。不久后，刘彻的病就完全好了。刘彻非常高兴，急忙下令，为神君修建寿宫。此后，神君便住在寿宫之中，有什么话想传达给天子知道，便告诉巫师，再由巫师传达。随即，刘彻又令人为寿宫建造北宫，设置供奉的器具，以此来表示对神君的礼敬。

刘彻供奉神君的事情做得非常隐秘，不许任何人向外透露半句。就在刘彻深陷迷信活动中不可自拔时，又一个方士出现了。这个人叫作栾大，他以别出心裁的"表演"迅速虏获了帝王的信任。

驸马栾大

少翁的欺骗行为让刘彻对他痛下杀手，但是在少翁死后不久，刘彻就开始后悔了，觉得少翁的很多方术没能流传下来，甚是可惜。就在这个时候，乐成侯丁义突然上书，向刘彻推荐了一个叫作栾大的方士。

丁义的姐姐是胶东康王刘寄的王后，因为没有子嗣，因此在刘寄死后，其他姬妾的儿子继承了王位。丁王后作风淫乱，与新王关系素来不好，彼此间常常明争暗斗。丁王后知道刘彻迷信方术，于是便想借此讨好刘彻，为自己寻一个靠山。当时，栾大正好在胶东王手下做事，并且与文成将军少翁还是师兄弟，丁王后知道后，便怂恿自己的弟弟向刘彻推荐栾大。

栾大这个人长相非常俊美，身材高大挺拔，又特别会说话。刘彻向来喜欢俊美的男子，想当年老儒生公孙弘正因为长得十分英俊而博得了刘彻的好感，因此，见到俊美的栾大，刘彻自然也添了几分欣喜。

栾大一见到刘彻便吹嘘说："臣常常会与安期生、羡门、高誓这些仙人在海上相见。但因为臣地位低贱，因此他们都不相信臣所说的话。臣当时在胶东王手下任职，但胶东王不过是区区一个诸侯，这些仙人们也不愿意向他传授仙方。臣曾多次劝说胶东王诚心侍奉仙人，但胶东王却不相信，也不重用臣。当初，教授臣方术的师父曾说过，他所学会的方术能够炼成黄金，堵塞黄河决口，即便想要长生不老，修成正果也并不是什么难事。臣非常愿意为陛下效劳，求取仙术，但臣同时又担心，日后会像臣的师兄弟文成将军一样，稍有失误便死得不明不白。有了文成将军这个前车之鉴，恐怕再没有方士敢向陛下您说什么了！"

栾大非常狡猾，企图先从刘彻口中讨个"免责令"，以保住自己的小命。但刘彻也不笨，立即接口道："文成将军可不是朕杀的，他是吃马肝中毒而死。先生若是真能为朕求取仙术，朕自然不会薄待先生。"

于是栾大进一步要价道："陛下若想求取仙术，那么派遣而去的使者就必须要有尊贵的身份，最好能让他成为您的亲戚，并佩戴多种印信，以此证明自己的尊贵而崇高的身份。只有这样，神仙们才会愿意与他沟通，而最终是否能够成功，还要看神仙们是否高兴了。"

显然，栾大已经明目张胆地向刘彻索要荣华富贵了。对于栾大所想，刘彻又岂会不知？但考虑到此人或许能一偿自己求取仙术的心愿，刘彻便没有当场拒绝。为了进一步取得刘彻的信任，不等刘彻发话，栾大便自告奋勇要为刘彻表演一个小方术，让刘彻开开眼界。栾大所表演的是斗棋：将棋子置于棋盘之上，口中念念有词，棋子便如同活了一般，在棋盘上相互撞击。刘彻看得目不转睛，连声叫好，随即立即答允了栾大所求，册封他为五利将军。

一个多月后，刘彻又追封栾大为天士将军、地士将军、大通将军以及天道将军，栾大由此得佩五枚印信。此后不久，刘彻又册封栾大为乐通侯，赐给他童仆千余人，宅邸一座，甚至亲自做媒，将卫长公主嫁给了他，并赏赐黄金万两。一时之间，栾大显贵非常，朝中大臣贵胄也都不敢怠慢，对他礼遇有加。此后，刘彻又令人刻了一枚"天道将军"的印信，采用"仙家礼仪"来授给栾大：负责送印信的使者身穿羽衣站在白茅上，栾大也同样身穿奇特的羽衣站在白茅上，从使者手中接受印信。

　　短短几个月的时间里，栾大一跃成为了驸马，并且身佩六印，威震天下。但得到这些是必须付出代价的，栾大开始装模作样地收拾行装，准备去海上"寻访"仙术。刘彻偷偷令人跟踪栾大，结果发现他根本不敢入海，而是到泰山转了一圈，沿途更是吃喝嫖赌，穷奢极欲。等栾大回来之后，刘彻询问他寻访仙人的事情，栾大谎称已经见到了仙人，并学到了许多方术，结果，他所说的方术却一件也没有成功。刘彻非常愤怒，下令判处栾大腰斩之刑，而向刘彻推荐栾大的乐成侯丁义也因此被判处死刑。可怜的卫长公主刚出嫁便成了寡妇。

　　受尽欺骗的刘彻自栾大之后是否能够幡然醒悟？他对方士的迷信又要何时才能走到尽头？公孙卿的出现给出了答案。

三临东海

汉武帝元鼎四年（前113），河东郡汾阳县一个巫师无意中从地下挖掘出了一个大鼎。这个大鼎和以往人们所见的不太一样，上面又没有铭文刻字，因此难以确定是何朝代遗留下的。巫师将此事上报给了河东太守，太守不敢怠慢，即刻将此事上告给了刘彻。刘彻听闻之后，立即下令前往查访。在确定真有其事之后，刘彻便用隆重的礼节，将汾阳县的巨鼎迎接到了甘泉宫，并亲自主持祭祀仪式。

宝鼎出现之时正逢黄河决口，刘彻大惑不解，不知宝鼎的出现是否预示着什么。而就此时，一个从山东来的方士"识破"了天机，他宣称，宝鼎出现之时正是朔旦之日，与黄帝那时的情况有着不同寻常的巧合。这个方士又将自己的见解写成了书札，并在书中强调："黄帝于朔旦之日得到宝鼎，此后又活了380年，最终骑龙登天而去。"所谓朔旦，指的就是初一。

写成书札之后，这名方士又托人将其呈献给刘彻。刘彻看到此说后心情大好，急忙派人将这名方士传召来询问究竟，这个方士就是公孙卿。

见到刘彻之后，公孙卿说："这书中之言本是申公告诉臣的，但可惜，申公已经死了。"

刘彻问道："申公又是何人？"

公孙卿答道："申公是一位非常厉害的方士，他与安期生等众仙人往来密切。他曾对臣说过，黄帝得到宝鼎那一年的兴盛终而复始，而如今，则正是又到了开始之时，天子得鼎，大汉必将兴盛。天子得到宝鼎，便能够与神仙相同。当年黄帝正是因为得到宝鼎，才能够在明廷接待各路神仙。后来黄帝又采掘首山之铜，在荆山之下再铸一鼎。鼎铸成之后，忽然天空之中飞下一条巨龙，黄帝骑上龙背，群臣急忙跟随而上，黄龙忽然之间腾空而起，跃入苍穹。当时许多小臣来不及跟随黄帝而去，紧紧抱着龙须不肯放手，以致将龙须都扯断落下，黄帝的宝弓'乌号'也遗留下来。群臣百姓们看着黄帝腾空而去，全都号哭不止。正因为如此，所以后人又将黄帝骑龙升天的地方称之为鼎湖。"

公孙卿说得天花乱坠，刘彻听得如痴如醉，心驰神往地感叹道："嗟乎！诚得如黄帝，吾视去妻子如脱屣耳！"意思是说："朕若是能像黄帝那般骑龙升天，必然将妻子、儿子如同鞋履那般抛却忘记！"

随后，刘彻拜公孙卿为郎，令其前往太室山为自己等候神仙的降临。公孙卿在太室山待了一年多，却毫无建树。他担忧再这样下去，刘彻必然会喜新厌旧，将自己忘却脑后。于是，为了再次吸引刘彻的注意力，公孙卿便上告说，在缑氏发现了仙人的足迹，一个像山鸡一样的东西时常往来于城上。刘彻听说之后非常高兴，兴致勃勃地赶到，却什么也见着。刘彻心中不免有些怨怒，沉声问公孙卿说："你这是要仿效文成将军和五利将军吗？"听到刘彻这么说，公孙卿也不惧怕，淡然地说道："这仙人并非有求于陛下，而是陛下您有求于仙人啊。所以这事急不得，越急仙人越是不会降临。只有靠多年的诚心去感动神仙，神仙才可能前来与陛下相会啊！"刘彻一听，认为公孙卿说得非常有道理，便立即下令各郡国修建更多的神庙以及宫殿，等等，以诚意去感动天上的神仙。

自从得到宝鼎之后，刘彻便产生了封禅的念头，但由于西汉历代帝王都没有举行过这项典礼，因此有关封禅的资料早已绝迹。由于没有任何人知道封禅的详细情形，因此众儒生只能从书本中寻找资料进行拼凑。但因过于拘泥于古文记载，以致众口不一。刘彻亲自设计了封禅所用的器皿，但群儒却对其加以批评，刘彻一怒之下罢用了这些儒生，决定按照祭祀太一神的礼仪来进行封禅大典。

汉武帝元鼎六年（前111），刘彻带领众臣前往黄帝冢祭祀黄帝。次年三月，刘彻又带领群臣登上了太室山，据闻当时山下隐隐传来高呼"万岁"的声音。下山之后，刘彻便直接向东海而去，准备亲自寻访神仙的踪迹。当时山东一带的百姓对鬼神之说都如痴如狂，单自称见过海上仙人的就有几千人之多。为了寻到仙人的踪迹，刘彻对这些人所说的话也不加以辨别，而是派发多艘船只，将这些人全部带上，出海寻找蓬莱仙人。负责带领众人的正是公孙卿，为了哄骗住刘彻，公孙卿常常捏造一些关于神仙出没的"线索"。他曾对刘彻说在东莱见过一位巨人，高几丈，甚是威武，但靠近之后，那巨人却反而不见了，只留下一个大得惊人如同猛兽一般的足迹。当时，大臣中也有想要讨好刘彻的人，于是便向刘彻进言说："臣看到了一个牵着狗的老者，他对臣说：'我想要见见大皇帝。'话一说完，这个老人就不见了！"多重"迹象"让刘彻深信，这必然是仙人莅临了！于是，他便下令让众人都留宿海上，等待仙人的到来。但最终，刘彻依然没有等到他找寻已久的蓬莱仙人。于是，他只得将3000余方士大军留下，自己带领群臣先行回朝。

离开蓬莱后，刘彻于四月在泰山举行了准备已久的封禅大典。他先到梁父山举行祭地之礼，然后再到泰山以东设立祭坛，举行祭天之礼。之后，刘彻带领群臣登上泰山之巅，举行第二次的封礼。此次封禅，刘彻采用祭太一神的礼仪进行，祭坛共设置三层，四周为青、赤、白、黑、黄这五帝坛，以白鹿、白牦牛和猪等作为祭品，以一茅三脊草作为神藉，满山都放置奇珍异兽。刘彻身穿黄色衣服，在乐声之中向天地行跪拜之礼。为纪念此次封禅大典，刘彻改年号为元封，是时元封元年（前110）。

汉武帝元封二年（前109），公孙卿又上告刘彻说仙人在东莱山出现，并说想要与刘彻相见。刘彻一听，急忙披星戴月地赶到了东莱山，升任公孙卿为中大夫。但留宿数日之后，刘彻却依然没有得到任何仙人到来的迹象，于是公孙卿故技重施，又找了一些奇奇怪怪的事情来搪塞刘彻。当时，北方正遭遇干旱，粮食绝收，百姓生活十分困苦，刘彻开始担忧自己如此大张旗鼓地寻仙拜神会不会失去民心，惹人非议。公孙卿得知刘彻的想法之后，对刘彻进言道："古语有云：干封三年。意思就是说，封禅之后必然会遇到干旱，三年不下雨，实际上是为了让封土干燥啊。陛下不必担心这些事情。"刘彻一听，心里头的疙瘩顿时解了。但他也不能无视天下苦况，于是便又亲自前往神庙进行祭祀，祈求风调雨顺。

才刚回到长安，公孙卿立即又向刘彻进言，说仙人喜欢居住在高楼之上，并建议刘彻在长安城内修建高楼，并在楼中放置仙人喜欢的蜜枣、果脯等贡品，以此吸引仙人降临。对于公孙卿所提出的建议，刘彻几乎无不照办，于是，长安城内相继建起了桂观、飞廉观以及延年观、益寿观等高楼。此外，刘彻还在甘泉宫修建了高达五十余丈的通天台，以此来吸引神仙降临。

此后，刘彻对求仙问药之事依然极具热忱。直至汉武帝征和四年（前89年），年近七十的他又再一次来到东海，试图亲自入海中寻访蓬莱仙人，幸而当时狂风大作，波涛汹涌，群臣才终于劝阻了他。

对于刘彻的"求仙梦",公孙卿起了最大的推波助澜之效。为求见神仙,刘彻曾先后三次千里迢迢奔赴东海,并四处大兴土木,建造高楼。刘彻的求仙活动始终不曾有什么进展,但对飞升成仙的向往却让刘彻始终心存希冀,一次次陷入方士们所编织的美丽谎言中。

穷兵黩武,求仙问药,使得西汉王朝国库损耗,民穷财尽。然而,刘彻却始终没有醒悟,随之而起的"巫蛊"事件,更是成为武帝一朝挥之不去的阴影,酿造了一出父子相残、家破人亡的人间惨剧……

第十章 父子相残巫蛊祸

祸起

古时候的人大多迷信，认为用巫术进行诅咒，或将写有生辰八字的木偶埋在地下，都能用来报复加害别人，这被称之为"巫蛊"。古往今来，帝王家尤其忌讳巫蛊，因巫蛊而祸及的人更是难以计数。

汉朝统治者对巫蛊一事曾明令禁止，甚至规定，但凡行巫蛊之人，都要判处死刑，但这种迷信行为却始终屡禁不止。当年陈皇后的倒台正是源于巫蛊之事，因此事牵连而死的多达 300 余人。但巫蛊之事却并未因此而禁绝，刘彻晚年，巫蛊祸事又一次次地在宫廷之中掀起了滔天巨浪。

在陈皇后之后，第一个因巫蛊之事而遭殃的权贵就是战功卓著的公孙敖家族。公孙敖与大将军卫青关系匪浅，还曾是卫青的救命恩人。据记载，汉武帝太始元年（前96），公孙敖因为妻子行巫蛊之事而被灭族。史料之中未曾详述公孙敖之妻究竟缘何要行巫蛊之事。

而就在这个战功赫赫的抗击匈奴的名将出事之后不久，另一位公孙将军也出事了，他就是当时担任丞相的公孙贺。

公孙贺因随军打仗屡立战功而被刘彻相中做了太子舍人，之后又被刘彻封为太仆。卫皇后得宠之际，刘彻还做媒将卫皇后的姐姐卫君孺许配给了公孙贺，因此，刘彻与公孙贺不仅仅是君臣，同时还是连襟。

公孙贺曾多次参与抗击匈奴的战争，两次因获战功而被刘彻封侯。汉武帝太初二年（前103）的时候，刘彻拜公孙贺为相。我们知道，刘彻一朝的丞相大都是凶多吉少，不得善终，因此，拜相这件事情不仅没有令公孙贺感到开心，反而让他惧怕无比，生怕自己会步上此前同僚们的不归路，一脚踏进鬼门关。于是，当刘彻宣布要册封他为丞相时，公孙贺慌了，"扑通"跪在了刘彻面前，号啕大哭，坚决不愿接受刘彻的印绶。结果，刘彻拂袖而去。但天子的话，金口玉言，说出了自然就不可能收回。无奈之下，公孙贺只得战战兢兢地走上了丞相之位。

按理来说，这样一个胆小如鼠的人是坚决不可能与危险恶毒的巫蛊之事扯上关系的，可他却又为何因此而遭祸呢？这还要从他的儿子公孙敬声开始说起。

公孙敬声虽然是公孙贺的儿子，但与他性格却截然不同。公孙贺谨小慎微，胆小怕事，但公孙敬声却骄横奢侈，目无法纪。在公孙贺坐上丞相之位后，公孙敬声当了太仆，父子俱列公卿之位，公孙家族显赫一时。征和元年（前92），公孙敬声竟擅自挪用了北军军费1900万两，事情暴露之后自然锒铛入狱。

汉朝负责保卫京师的是长安城南的南军以及城北的北军两大部队。南军主要负责皇宫内部的治安，而北军则主要负责长安城内以及附近地区的安全。刘彻晚年的时候，由于连年征战和大肆修建宫室"迎接"神仙等行为，国家经济已经急剧萎缩，国库也因损耗而日渐空虚，这北军的军饷是刘彻用尽办法才从那些权臣贵胄之家弄来的，因此对于公孙敬声擅自挪用军费一事勃然大怒，下令必须要严惩。

公孙贺一看儿子出事了，急忙就跑到了刘彻跟前，哭着求着要替儿子赎罪。公孙贺提出，他愿意抓捕通缉犯朱安世，以此来抵儿子的罪过。

朱安世被称为"阳陵大侠"，但他究竟犯下什么样的罪而被刘彻通缉，史料中并未提及。

救子心切的公孙贺把朱安世给抓到了。朱安世落网之后，自然对公孙贺怀恨在心，对他笑道："丞相祸及宗矣。南山之竹不足受我辞，斜谷之木不足为我械。"意思是说："丞相，你抓了我那是把祸害引进你的家族。用尽终南山的竹子也不足写完我要告发的罪状，伐尽斜谷里的树木恐怕也不够制作被祸及的人所用的桎梏。"

朱安世所说并非危言耸听，他在狱中直接上书刘彻，告发公孙敬声与刘彻的女儿阳石公主私通，并且还在刘彻前往甘泉宫的路途中令巫师埋藏了木偶，对刘彻进行诅咒。

汉武帝征和二年（前91），刘彻令人查处朱安世所告发的巫蛊事件，结果还真挖掘出了蛛丝马迹。丞相公孙贺被捕下狱，与儿子公孙敬声一起死在了牢狱之中，而显赫一时的公孙家族也因此而被灭族。

朱安世只是一个通缉要犯，但他说的话却引起了武帝刘彻的重视，这大约源于两方面的原因，一是这事涉及巫蛊，二是刘彻早已怀疑有人在背后诅咒他。

刘彻是个极其迷信的人，从他对求仙问药的执着程度就可以知道，对于鬼神之事，他是深信不疑、难以自拔的。巫蛊也是迷信行为的一种，因此，对于巫蛊之事，刘彻自然不会掉以轻心。

刘彻之所以怀疑有人在背后对他施行了巫蛊之术，还要从汉武帝征和元年（前92）时候的一桩事开始说起。

那一天，刘彻居住在建章宫，突然看到一个男子拿着剑闯了进来。刘彻大惊，这皇城防守如此严密，怎么会有人如此轻易就闯了进来？刘彻忙下令左右捉拿刺客。结果，这男子弃剑而逃，士兵们也始终没有将他抓获。盛怒之下，刘彻下令斩杀了掌管宫门出入的人，并将长安城门关闭，在城中一连搜寻了11日，最终却一无所获。

之后不久，刘彻大白天打瞌睡，竟梦见几千个木头人手执棍棒蜂拥而来。刘彻顿然惊醒，已经是一身冷汗。在这之后，刘彻便常常感觉到身体不舒服，精神也有些恍惚，记忆力似乎也下降了。对于身体状况的改变，刘彻的第一反应就是有人暗中用巫蛊对他进行诅咒！

这个时候的刘彻已经年逾六十，身体不好、记忆力下降等问题实际上都是正常的生理现象，但迷信的刘彻却因此认为必然有人正在施行邪术。恰恰此时朱安世揭发了公孙敬声，这不是正好印证了刘彻的推测吗？刘彻能不重视吗？于是，丞相公孙贺果然如他所担忧的那般，一脚踏入了鬼门关。

然而，公孙贺一族的诛灭实际上只不过是巫蛊事件的前奏，更加血腥残忍的屠戮正排山倒海般压向汉室皇廷，书生意气的太子与搬弄是非的宠臣正疾风骤雨般纠缠在一起，为这场令人扼腕叹息的悲剧拉开了序幕……

子不类父

　　太子刘据是刘彻的嫡长子,他出生的时候,正是卫皇后最受荣宠的时候。

　　刘彻还在做太子的时候就娶了窦太主的女儿陈阿娇,专宠十余年却始终无子。直至遇到卫子夫,她为刘彻一连生下了三个女儿。虽然刘彻不说,但心中必然也是有些失望的。一直到刘彻29岁,他的皇长子刘据才出生。可以想象,刘彻在盼望已久之后终于喜获麟儿的那种心情,加之这个儿子还是自己当时心头深爱的女人所生,喜爱之情更是不言而喻。

　　刘据才刚满7岁,刘彻便已经确立了他的太子之位,并开始令人教导他习读《公羊春秋》和《谷梁春秋》。刘彻向来是最讨厌臣下私自豢养门客的,当年窦婴与田蚡广招门客的行为就曾令刘彻十分不满。但太子刘据刚满20岁,刘彻便为他建立了博望苑,甚至破例允许他招揽天下贤士为门客。可见,刘彻对太子的喜爱溢于言表,父子间的关系更是亲密无间。

　　刘彻对太子的喜爱是毋庸置疑的。但在陪伴太子成长的过程中,刘彻心中也生出了一些芥蒂,他发现太子刘据和自己非常不相像,不仅没有和他一样的才干,连性格都与他南辕北辙。刘彻是个极其强悍霸气的人,但太子刘据却仁慈敦厚,温柔谨慎,这截然不同的个性让刘彻心中甚是不满。司马光在《资治通鉴》中是这样记载的:"上嫌其材能少,不类己。"

　　"不类己"这三个字在帝王之家是非常严重的,当年高祖刘邦曾存有废长立幼之心，就是因为太子刘盈"不类己"，于是想立"类己"的如意为太子。更重要的是，刘彻对卫皇后的宠爱已经逐渐消退，他有了新的宠姬，而这些新的宠姬也逐渐为他诞下新的子嗣，越来越多的孩子分走了刘彻对太子的专宠。

刘彻的转变引起了卫皇后和太子刘据的不安，母子二人深刻地感受到刘彻对他们的宠爱已经越来越少。而在这宫廷之中，若是失去了皇帝的宠爱，那么不管你的地位有多么尊贵，最终也可能摔得粉身碎骨，陈皇后就是一个极佳的例子。

刘彻逐渐察觉到了卫皇后和太子的异样，虽然此刻的他心中已经对太子越来越不满，但还没有生出废黜太子的心思。于是，刘彻便将大将军卫青给找来了，语重心长地对卫青说道："大汉建国虽然已经数十年，但许多事情依然没有尘埃落定。加之匈奴侵扰，边境始终不太平，朕作为一国之君，责任是非常重大的，若不对制度进行一些改革与变更，那么后世将无章可循；若不出兵征讨匈奴，那么天下将永远不得安宁。连累天下苍生受苦，朕的心里非常沉痛，同时也在日夜反思，若后世继承人依然如同朕一般，那么汉王朝无疑会步上暴秦的后途，自取灭亡。幸好太子为人温柔稳重，是安定天下的君主。国家需要一个能够守住基业的仁君，太子无疑是最适合的人选！朕近来听说皇后与太子心中感到不安，认为朕不再宠爱他们了，这怎么可能呢？你就将朕的意思传达给他们吧，让他们不必为这种事情而感到忧心。"

敦厚的卫青急忙叩头感谢刘彻，并将刘彻的意思转告给了姐姐。卫皇后听说此事之后，特意摘除了身上的首饰来向刘彻请罪。

刘彻虽然嘴上这么说，但心中对太子的不满却日益加剧，这主要源于太子与他政见上的不和。刘彻是典型的铁血帝王，对外，他穷兵黩武，征讨四方；对内，他任用酷吏，锐意用法。而太子刘据却走的是"仁义路线"，刘彻要兴兵作战，太子便进言反对；刘彻要严惩官吏，太子便为之求情。虽然太子的宽厚仁慈赢得了众多百姓的好感，但却让刘彻手下那些严酷执法的重臣们日渐感到不安。卫皇后曾劝太子不要自作主张，应该顺着皇上的意思去做事，而不要擅自宽恕臣下的罪责。刘彻知道这件事情之后，责怪皇后过于谨小慎微，夸赞太子忠直善良。

表面上来看，刘彻似乎对太子极为宽容，但事实上，面对一个总是与自己政见相左的儿子，刘彻心里又怎么可能没有任何嫌隙？只不过在刘彻看来，太子的所作所为还不足以威胁到自己，没必要采取什么行动。实际上，刘彻此时的心态与当初的窦太后正是如出一辙，面对初登基的刘彻，窦太后曾给予了他宽容，任由他在朝廷中大行儒术。但这种宽容却并不是无限的，当触及自己利益的时刻，窦太后毫不留情，以迅雷不及掩耳之势摧毁了他的建元新政。此时的刘彻，实际上正是当时的窦太后，他所能宽容的，仅仅是太子无关大局的动作，一旦太子触及他的威严与利益，刘彻必然会毫不犹豫地摧毁父子之间的亲密联系。

刘彻用法严厉，铁血强悍，因此朝中官员大多是善于用法的酷吏。他们非常担忧与刘彻全然不同的太子刘据成为将来的天子，这显然意味着他们的为官生涯将会走向尽头。汉武帝元封五年（前106），大将军卫青去世了，卫皇后与太子失去了朝廷之中最重要的支柱。卫青死后，这些平日里慑于卫青权势的官员开始争相中伤太子，企图将他拉下高位。

宫闱之中的情况也十分不利，卫皇后的失宠直接影响到了刘彻对太子的态度。而那些曲意逢迎的宦官又大多是趋炎附势之辈，眼见皇后失宠，朝中无人，竟相继在刘彻面前诋毁太子来邀功。

一次，太子到宫中探望卫皇后，母子两人促膝长谈，许久之后太子才离去。刘彻身边的宦官苏文得知后便跑到刘彻面前，对刘彻说："太子在皇后的宫中与宫女嬉闹。"刘彻听完之后没有说什么，不动声色地令人为太子宫新添了200名宫女。对于刘彻的行为，太子感到莫名其妙，多番打听之下才知道，原来是宦官苏文去告状了。卫皇后得知后非常生气，便想要诛杀苏文一干人。但太子却劝阻卫皇后说："我并不会去做什么不好的事情，又何必怕他们告状呢？再说了，父皇是如此聪明的人，绝不会轻易被他们的谗言所蒙蔽，所以根本不需要担心！"

可见，太子刘据确实天真，他不仅忽略了刘彻身上存在的人性弱点，同时也高估了他与刘彻之间的父子情谊。

宦官们对太子的诋毁并未因太子的宽容而有所减少。有一次，刘彻身体抱恙，便令宦官常融去把太子找来。常融回来之后又对刘彻说："这太子一听说皇上您病了，就面露喜色。"刘彻依然没有说话，但心里的怒气顿时上来了。结果太子来了以后，刘彻却发现，太子显然一副强颜欢笑的样子，脸上还挂着哭过的痕迹，询问之下才得知，原来太子听说自己生病，担忧出什么意外，所以哭了一场。面对如此敦厚善良的儿子，刘彻顿时有些惭愧，下令斩杀了挑拨离间的常融。

帝王之家的亲情永远臣服于政治之下，刘彻与太子虽是父子，但更是君臣。君与臣之间，永远横着一条难以跨越的鸿沟。刘彻首先是皇帝，是天子，其次才是父亲，但天真的刘据却始终没有认识到这一点，以致让自己一步步走向万劫不复的深渊。

惑乱朝纲

公孙贺因巫蛊之祸被灭族，这对于刘彻来说是非常巨大的刺激。为公，公孙贺是万人之上的丞相；为私，公孙贺是刘彻的连襟。这样一个与自己关系亲近的人，却纵容儿子做出如此大逆不道的事情，怎么可能不让刘彻感到痛心疾首？公孙贺的倒台又给了卫子夫沉重的一击，公孙贺的夫人是卫子夫的亲姐姐，卫君孺受牵连对于卫氏家族而言又是一记重创。

而就在这个时候，心怀叵测的江充站了出来，他对刘彻说道："陛下，您一向身体康健，现在却突然病了，依臣看，这一切都是巫蛊所引起的。如果不严加惩治，那么恐怕难以去除陛下您的病根啊！"

江充一番话说到了刘彻心坎里。对于巫蛊之事，刘彻原本就十分嫌恶，如今自己却也成了巫蛊的"受害者"，自然不能轻易放过。于是，刘彻便任命江充为绣衣使者，将整治巫蛊的大权交到了他的手中。如愿以偿的江充开始率领一众巫师在京师各处挖掘木偶人，并将那些夜间私自祝祷，或自称能看得见鬼的人统统抓了起来，并令人事先在某些地方洒上血污，并诬蔑被逮捕的人正是在那些地方施行害人的巫蛊之术。一时之间，京师上下人心惶惶，而民间那些互相有仇怨的人，为报私仇便纷纷告发自己的仇人行巫蛊，官员之间也借此机会弹劾政敌，江充一律严惩。自长安到全国各郡县，因巫蛊之事而死的人前后共有数万。

江充闹得人心惶惶之后，终于转向他真正的目标。江充知道刘彻对巫蛊事件的厌恶与疑惧，便利用这一点指使手下的一名巫师向刘彻进言说："这宫里头有蛊气，如果不彻底清除，陛下您的病就不会好。"刘彻一听，大惊失色，这皇宫里头难道有人胆敢诅咒他？于是，刘彻二话不说，立即下令命江充、宦官苏文、按道侯韩说以及御史章赣专门负责在宫里清查巫蛊之事。得到这项权力之后，江充带领着众人将这皇宫挖了个遍，连刘彻的御座都没有放过。江充等人先由不受宠的妃嫔宫殿开始着手，依次进行搜寻，一直搜到了卫皇后和太子的寝宫。

最后，江充等人在太子宫中挖出了许多的木偶人。这些木偶人身上还缠着许多写满大逆不道文字的丝帛，江充对众人说道："太子宫里竟发现了这么多的木偶，还有这些写满了忤逆之言的丝帛，此事实在重大，不得不尽快向皇上奏明啊！"

闹出这么大阵势，兜了这么大一个圈子，江充终于暴露出了自己最终的目标——太子刘据。

这江充究竟何许人也？又为何与太子有如此深仇大恨，以致赔上这么多人的性命也要将脏水泼在太子身上呢？

江充原名江齐，是赵国邯郸人。江齐年轻时候是个不务正业的小混混，有个能歌善舞、长得特别漂亮的妹妹。后来，江齐的妹妹被赵国太子刘丹看上了，江齐因此摇身一变成了太子刘丹的大舅子，被赵王奉若上宾。

太子刘丹是个无恶不作的淫乱之徒。他仗着自己的太子身份于各地豪强勾结，目无法纪，为祸民间。刘彻一向最恨这样的人，因此，刘丹在无恶不作的同时也总是提心吊胆，生怕自己的所作所为被人揭发。而刘丹最怕的人有两个，一个就是自己的父亲赵王刘彭祖，另一个就是自己的大舅子江齐。

在江齐的妹妹得宠时,刘丹与江齐关系也特别亲密,很长一段时间都形影不离,因此刘丹的那些龌龊事,江齐知道得一清二楚。赵王是自己的亲爹,刘丹不能把他怎么样,但江齐就不同了,只不过是邯郸一个街头混混,要封住他的嘴还不简单?死人的嘴是最可靠的。于是刘丹便派人把江家上下都给抓了起来,全部诛杀,不留后患。可没想到的是,江齐不知从何处听到了风声,早就跑了。刘丹自然不能放过这个最大的漏网之鱼,派出重兵要追杀他。江齐就这样与太子刘丹结下了血海深仇。

为了躲避追杀,江齐改名为江充,逃到了长安,并孤注一掷向刘彻告发刘丹。

江充一个赵国通缉犯想要扳倒赵国太子刘丹,这几乎是不可能的事情,但江充却做到了,这倒不是因为他有通天的本领。西汉自建国以来,皇帝与诸侯之间的关系就是相当微妙的,尤其在武帝一朝,已经赤裸裸地显露出中央集权拿诸侯王开刀的意向。因此,江充这一纸状书实际上正是刘彻一直所盼望的东西,若是没有人告发,若是没有人检举,刘彻还真不好找借口向诸侯王发难。于是,刘彻即刻命令进行查证,将太子刘丹判处死刑。赵王刘彭祖急了,立即上书刘彻,表示愿意带兵攻打匈奴,以此来赎太子的死罪。最后在赵王的哀求下,刘丹免除死罪,但同时也废黜了太子之位。

给了赵国致命一击,刘彻心情大好,便突然心血来潮,想要见见这个"帮助"他扳倒赵国的人。江充接到刘彻诏令之后,心中一动,若是能够博得刘彻欢心,那么自己的前途可就无限光明了!左思右想之后,江充给刘彻写了一封"信",说:"陛下,草民家境贫寒,实在没有什么体面的衣服可以面见您。如果陛下您同意的话，请容许草民穿自己平时的衣服觐见。"刘彻随即就同意了。

刘彻好俊美的男子，江充又是一个因长相漂亮而受到刘彻喜欢的男子。这一面，刘彻对身着套装异服的江充留下了深刻印象，不断向左右大臣夸赞道："这燕赵之地，果然多奇士啊！"

江充见刘彻，为的就是能赢得刘彻的欢心，打开富贵之门。江充很清楚，刘彻此时最看重的就是与匈奴之间的关系。因此，此次面见刘彻，江充便主动请缨，希望能够出使匈奴。刘彻便问他："你出使匈奴可有何计划？"江充答："因变制宜，以敌为师，事不可豫图。"意思是说："局势瞬息万变，制定计划是没用的，只能随机应变，根据敌人的反应作出应对。"对于江充的回答，刘彻非常满意，当时他也正为寻找出使匈奴的使臣而头疼，于是便应了江充的请愿。

自匈奴归来后，刘彻便封江充做了直指绣衣使者。直指绣衣使者是西汉侍御史的一个官职，是皇帝直接委派做事的特别专使，权力非常大，能够调动郡国的军队，甚至可以决定地方官员的赏罚，是专门负责为刘彻打击地方豪强的官员。

江充很聪明，也非常懂得揣摩刘彻的心思。当时，国库正因为连年征战而损耗空虚，军饷成了让刘彻特别头疼的问题。长安城有个北军，就是被公孙敬声挪用军饷的那个北军。北军平时负责维护京师地区的治安，如果有战事，则作为战争的预备部队，刘彻一直为北军的军饷感到头疼。江充一上台就敏锐地感知到了刘彻心中所想，于是便向刘彻建议，将京城里的权臣贵胄都彻查一遍，但凡是有犯过奢侈越制之罪的人，统统充军去北军军营，送他们上前线打匈奴。

实际上，江充这一请求目的倒不在这些"征兵"，而是为了逼迫这些有钱人自愿拿出钱来赎罪，如此一来，北军军饷问题解决了！刘彻大喜，越发信任江充，认为他是个正直有能力的人。

得到刘彻嘉奖之后，江充更加卖力了。他知道刘彻最喜欢别人打击贵族豪强，并且好大喜功，特别注重"天子威严"，于是他将主要的注意力放在了整顿驰道方面。

驰道始建于秦始皇，指的是专门供皇帝的车马使用的道路。自秦朝开始，律法便有规定，臣子和百姓是不能使用驰道的，即便得到了皇帝的特许，也只能走驰道的两边，而不能在路中间行走。汉朝也沿用了这一律法。虽然律法明令禁止，但时常会有一些皇亲国戚以身试法。发现这一现象的江充敏锐地意识到，这正是他向皇亲贵胄发难、博取刘彻欢心的重要机会。

最先以身试法的是窦太主，刘彻的姑妈，窦太后的长女。江充在驰道上截住了窦太主的车队，厉声责问窦太主为何违法律法。窦太主愣住了，急忙解释说："这是太后亲自下诏，允许我走驰道的。"经过询问后，窦太后在世时果真有过此诏令。但江充并未因此就放过窦太主，而是说道："既然如此，那么，窦太主您可以走，但其他的车马不能过，它们并未得到太后的特许！"

之后没多久，江充又在驰道上发现了太子刘据的车队。江充循例拦住车队，并令人将车马没收。太子知道这件事情后担忧刘彻责罚，赶紧派人找到了江充，温言软语地说道："我并不是舍不得车马，实在是不希望父皇知道这件事情，责怪我对下属管教不严。希望您高抬贵手，饶过我这一次吧！"太子都已经低声下气了，但江充却不为所动，还立即将此事奏报给了刘彻。刘彻非常欢喜，大赞江充曰："人臣当如是矣。"做臣子的，就应该是这个样子！

江充与太子的梁子便是由这件事结下的。这件事实际上并未到"深仇大恨"的地步，或许仁慈敦厚的太子并未将此事放在心上，但江充自己却心虚了。刘彻如今年迈多病，行将就木，将来继承皇位的人是太子，可江充却得罪了太子，这让江充感到忧心忡忡，将来太子登基做了皇帝，自己还有活路可走吗？

就在江充对未来充满无限担忧的时候，公孙贺家族的巫蛊之事骤然而起。聪明的江充早已经意识到刘彻与卫皇后、太子之间存在的嫌隙，只是苦于没有由头挑起事端打压太子，但如今，巫蛊之事一出，便是千载难逢的机遇。江充抓住时机，刻意将巫蛊之事闹得满城风雨，从而巧妙地将太子牵涉其中，为这场"父子相残"的悲剧点燃了导火索。

难以弥补的遗憾

巫蛊事一出，太子刘据顿时吓蒙了，根本不知道这些东西为何会出现在自己宫中。加之江充态度嚣张，肆无忌惮，更是让太子一时之间六神无主。

其时，刘彻因身体抱恙正在甘泉宫中休养避暑，对宫中发生的事情一无所知。太子不知如何是好，便询问少傅石德应当如何行事。石德是太子的老师，生怕太子出事之后自己会受牵连，于是便进言道："先前公孙家因巫蛊祸事而被灭族，如今太子宫中莫名出现这些东西，实在是无法解释清楚啊！倒不如先假传圣旨，将江充一干人等捉拿下狱，彻查他们的阴谋。再说，皇上如今有病在甘泉宫，什么情况我们都不得而知，甚至皇上究竟是否还在人世都是个未知数。这些奸臣显然是想趁机加害太子您，他们的意图已经不言而喻。当年秦始皇死，赵高不正是这样杀死公子扶苏而扶立胡亥的吗？"

太子一听，虽然觉得石德所说有一定道理，但始终拿不定主意，踌躇许久后说道："我怎么可以擅自诛杀父皇的大臣呢！倒不如我主动前往甘泉宫向父皇请罪，兴许还能逃过一劫！"直至此时，太子对于父子之间的情分都是心存希望的。但江充费尽九牛二虎之力方才制造出这一事端，又怎能让太子轻易见到皇帝？于是，江充百般阻挠，根本不让太子离开太子宫半步。无奈之下，太子决定铤而走险。

汉武帝征和二年（前91）七月，太子令门客假传圣旨，捉拿江充等人。

按道侯韩说在反抗中被太子门客所杀，江充被抓，而御史章赣和宦官苏文则侥幸脱身，即刻逃往甘泉宫。

江充被带到了太子面前，太子痛骂道："你这个卑鄙的赵国奴才！先前祸害赵王父子还不够，如今竟又来离间我和父皇！"语毕，刘据亲自监斩江充，并令人一把火将上林苑里的巫师全部烧死。

杀死江充等人后，太子非常惊慌，令人前往未央宫向母后卫子夫说明一切。巫蛊之祸究竟有多严重，卫皇后一清二楚，无论是陈皇后也好，公孙家也罢，不都是前车之鉴吗？在维护江山社稷与保护亲生儿子面前，卫皇后选择了后者。她即刻将宫中所有车马征调出来，集合长乐宫中所有侍卫，并打开了兵器库，全力支持太子刘据。长安城里火光冲天，一片混乱，大家都奔走相告，说太子造反了。

苏文等人逃到甘泉宫之后立马就向刘彻告发，说太子谋反了。刘彻一听有些吃惊，随即沉下脸说道："太子必然是因为太害怕，又忿恨江充他们，所以才有这样的变故。"此刻的刘彻对于自己温良敦厚的儿子尚且还有一丝信任，于是他便下令，让身边服侍的内侍官去长安城里将太子召来甘泉宫问话。

这内侍平日里也没少告太子的状，生怕太子趁机杀了自己一解心头之恨，愣是不敢进长安城，但这皇命难违，若不去见太子，皇上这边也不好交代啊。结果，这内侍只在长安城外晃了一圈，便惊慌失措地跑了回来，对刘彻奏告说："太子造反了！要杀死臣，臣好不容易才逃回来啊！"这一下，刘彻彻底怒了，对太子仅存的一丝信任也荡然无存。

公孙贺被判死罪之后，刘屈氂接替他成为了大汉朝第十二任丞相。刘屈氂在听说太子叛变之后连官印和绶带都来不及拿就逃跑了。刘彻听说出了这等事情，丞相居然像缩头乌龟一样躲了起来，不敢发兵平叛就罢了，竟还将消息封锁,顿时怒不可遏,斥责道:"事情已经到了这样的地步,丞相还躲什么?他不懂何谓周公的风范吗?当年周公诛杀乱臣管叔和蔡叔,不正是为了守护天下的安宁吗?"随即,刘彻下令离开甘泉宫,准备摆驾回长安亲自指挥士兵平叛。为了让众人心无旁骛地与太子军作战,刘彻还昭告所有兵士:"勇猛作战,将叛贼捕杀的人,朕自会有赏!作战之际避免与谋逆者短兵相接,要用牛车作为掩护!紧闭城门,绝不能让叛军逃离长安!"随即,刘彻又调遣了京城附近所有郡县的士兵,拨给丞相指挥。

刘彻此举无异于与太子断绝父子情谊,大有势不两立的兆头。

而太子则先是向文武百官发布了假诏令,称:"皇上因病在甘泉宫中休养,但近日来却发生了一些变故,奸臣想要乘机叛乱。"随即又颁布了假圣旨,将长安城里所有囚犯释放,发放武器给他们,将其组成一支军队,由石德以及太子门客张光所统率,前去对抗丞相刘屈氂的军队。太子还令使者拿着符节前往征调胡人骑兵团,但没想到,就在太子的使臣刚到达胡人骑兵团时,刘彻的侍郎马通也来了。马通将太子派遣的使臣逮捕,并拿出了真正的符节给胡人看,告诉他说:"太子叛乱,使臣所带来的符节是假的,绝不能上他的当!"于是,胡人骑兵调转枪头开始攻击太子军。

太子本想借助北军护军的力量来与丞相军对抗,但北军使者任安接受太子的符节后却返回大营闭门不出。任安知道,这场祸乱无论他帮谁,最终都不会有好结果。若他帮太子,太子一旦兵败,他就是乱臣贼子。而若他不帮太子,那么太子战死,平反之日,他也难逃干系。因此,他接受太子符节,但却不出兵,本想两边讨好,谁知最终却是两边都不得好。刘彻知晓此事之后,认为任安首鼠两端,生有异心,最后依然将其处死。

起初,许多民兵知道太子诛杀了江充一干人,都认为太子忠义,愿助他一臂之力来抵御奸臣。然而，当刘彻昭告天下之后，众人顿时才明白原来太子是在作乱。于是一哄而散，太子顿时陷入了孤立无援的境地，兵败无疑。

是夜，太子偷偷带着两个儿子踏上了逃亡之路。当时守城门的是司直田仁，田仁与太子相对，许久之后默然为太子打开了城门，目送太子携两个儿子策马而去，消失在夜色之中。丞相刘屈氂赶来，知道此事后举刀便要诛杀田仁，御史大夫暴胜急忙拦住丞相，说道："田仁是皇上的臣子，即使要杀，也应该由皇上下令，丞相你怎么能擅作主张呢？"

田仁放走太子，何尝不知是将自己逼上绝路，但作为父亲，他深知若刘彻今日斩杀太子，将来必定后悔；暴胜劝阻刘屈氂，不过是担忧丞相枉杀好人，将来受到牵连。但被愤怒冲昏头脑的刘彻怎么会考虑这些？他听说田仁放了太子，暴胜阻止刘屈氂杀田仁，痛骂暴胜一通之后将他打入大牢，田仁也被处死。之后，暴胜也于狱中自杀。

在刘彻亲自指挥下，太子的"叛乱"很快就得到了平息。太子门客但凡是曾出入过太子宫的，全数诛杀；跟随太子发兵的以谋逆罪论处，尽数灭族；而听从太子号令的普通士兵则全部发配边关。

未央宫内，刘彻派遣而来的使臣从卫皇后手中收缴了印信和绶带，卫皇后悲不自禁，深知与天子从此夫妻恩情绝。一袭白绫越过梁头，卫皇后悬梁自尽，在悲怆中结束了自己的生命。

叛乱虽平，但刘彻心头的愤怒与痛苦却始终没有平复。群臣皆惶恐，唯有壶关三老令狐茂冒着触犯天威的风险上书刘彻，说："臣听闻，父亲就好像天，母亲就如同地，儿子则好比世间万物。唯有上天平静，大地安然，万物才能欣欣向荣，繁茂生长。因此，父慈母爱，才能令儿子孝顺。太子是陛下您的嫡长子，是大汉朝未来的继承人；但江充呢，不过一介平民，市井中不值一提的奴才，可陛下您却尊宠江充，令他得以迫害太子，挑唆陛下与太子之间的父子关系。太子独自蒙冤却无从申诉，因此才会做出这样的事情。依臣所见，太子并没有险恶的用心，只是为了自保而已。陛下不加以调查，就对太子过分责备，甚至征调大军前去追捕太子，使得重臣都不敢对陛下进言，臣实在感到非常痛心。臣希望陛下能放宽心怀，原谅太子的错误，结束对太子的征讨，让太子得以回归！臣一片忠心可鉴日月，臣以做好被降罪的准备，时刻候于建章宫外。"

令狐茂一番话让刘彻幡然醒悟。但事已至此，刘彻也难以立即转变态度。然而就在刘彻举棋不定的时候，噩耗却传到了京城——太子被迫自杀。

那夜，太子逃亡到了湖县，藏匿在一户贫穷的人家，日子非常艰难。于是，太子便想求助湖县一位比较富裕的老朋友，却不想在送信的时候暴露了行踪。官吏悄悄跟随信使找到了太子，这户人家的主人为了保护太子而被杀死，绝望之下，太子于房中悬梁自尽，太子的两个儿子也全部遇害。

一场巫蛊祸事，一个心怀叵测的小人，竟搅得大汉王朝掀起一阵血雨腥风，让刘彻顷刻之间失子丧妻，痛何以堪！卫后自杀，太子下世，储君之位的空缺必定在大汉皇城之中掀起轩然大波。

第十一章 / 垂暮不忘谋身后

轮台罪己诏

太子刘据死后，巫蛊祸事也逐渐平息下来，刘彻开始下令彻查所有巫蛊祸事中的血案和检举，但竟发现其中大多数都是没有切实证据的冤狱。刘彻越是调查得深入，心中就越是感到懊悔和痛苦，他终于相信太子是无辜的。可是此时，太子已经死去，一切都已经晚了。刘彻心中感到对不起太子，但却又苦于没有台阶下去为太子平反。

汉武帝征和三年（前90）九月，一封为太子鸣冤叫屈的奏疏呈递到了刘彻面前。呈递此诏书的是守卫高祖刘邦祭庙的郎官，名叫田千秋。田千秋在奏疏里是这么说的："儿子擅自盗用父亲的兵马，应该鞭打以示惩戒。那么，皇上的儿子因过失而错杀人，又该判处什么样的罪责呢？臣曾经在梦中见到一个白发老翁，是他教我这么说的。"

这个田千秋相当聪明，他想为太子鸣冤叫屈，却又不直斥刘彻的错误。他以父子情来将太子的"谋反事"进行淡化，将这场兵戎相见的对抗偷换概念，变成儿子擅自盗用父亲的东西玩一玩。更为重要的是，他抓住了刘彻的迷信心理，利用自己的身份和地位，以"梦中的白发老翁"代自己发言。田千秋是守卫高祖刘邦祭庙的，这显然是在暗示刘彻，说这话的不是别人，正是汉高祖刘邦！

看到这封奏折之后，刘彻顿时感觉豁然开朗，急忙召见了田千秋，对他说道："这父子之间的事情，外人又怎么明白，但只有你却最懂得其中的曲折啊。高祖显灵让你告知朕这一切，说明高祖是在向朕昭示，你应当成为辅佐朕的人！"

于是乎，因这一句话，田千秋顿时成为了刘彻的心腹，立即官拜大鸿胪，即专门负责管理诸侯国以及少数民族事务的官吏。

紧接着，刘彻开始了为太子平反的工作：下令将江充灭族；判处告发太子谋反的宦官苏文火刑；诛杀当初因追杀太子而受到封赏的人。就这样，当初帮助太子的人在太子兵败之后因忤逆上意而被诛杀，如今太子得以平反，那些遵从刘彻号令对太子穷追猛打的人同样也被诛杀。这场巫蛊之祸中没有任何赢家，有的只是一桩接一桩的血案与冤屈。

刘彻怜惜太子无辜遭祸害，同时又对自己的武断和冷酷追悔莫及，便在太子兵败之地为太子修建了"思子宫"，此后又令人在太子悬梁自尽的地方建造了"归来望思之台"。天下人听闻这件事情之后，都感到十分伤心。

丧子之痛让刘彻开始幡然醒悟，以另一种心态开始审视自己的一生。征和四年（前89）三月，刘彻到钜定县进行视察，并亲自与农夫们一起下地耕田。回到京师之后，刘彻召集群臣，对他们说道："朕自即位以来，干过许多荒诞狂谬之事，让百姓陷入了愁闷与苦痛之中而不自知，朕感到十分惭愧啊。从今以后，但凡是伤害百姓、虚耗国库的事情，朕再也不会做了！"

听了刘彻的话，田千秋随即上奏道："那些讲述神鬼之事的方士实在太多了，但大部分却都没有什么功效，臣恳请陛下将他们全部罢免遣散了吧。"

刘彻苦笑着回应道："大鸿胪说得有理啊！从前朕过于愚昧，总是被这些方士所欺骗，天底下哪里会有什么仙人呢！节制饮食，服食丹药，这些不过是能为身体减少些病痛罢了。"随即下令将神仙方士都尽数遣散了。

六月，刘彻擢升田千秋为丞相，封富民侯。田千秋的出现对于刘彻垂暮之年的朝堂来说简直是个奇迹，他既没有惊人的才干，也没有辉煌的战绩，他仅仅因为一句话让刘彻醒悟自己的过错，便从此扶摇直上，官拜丞相。他本只是个平凡的守墓人，却因为这起巫蛊祸事走向了人生的转折点。更为重要的是，他出现的时机恰恰也正是刘彻晚年走向自我反省道路的转折点，可以说，田千秋的出现预示着刘彻的为政纲领和执政方略进入了一个重要的转折期与调整期。

桑弘羊是刘彻极其信任的财政官，他所提出的每一项意见刘彻都十分重视。但就在这一年，桑弘羊等人上书刘彻，提出招募士兵和百姓到西域轮台一带进行垦荒灌溉，以威震西域各国，却遭到了刘彻的反对。刘彻甚至专门为此事下了一道诏书，这正是历史上有名的《轮台罪己诏》。

诏书说："此前曾有大臣奏请说要增加百姓的赋税，每口三十钱，用来补助军需，但这却加重了老弱妇孺们的负担，让他们生活得越发困难。如今，又有大臣奏请说要派兵去屯垦轮台。当初派兵攻打车师国的时候，虽然获得了胜利，但因为路途遥远，补给困难，士兵死伤无数，轮台离大汉，却比车师还要远上千余里，又怎么能再让士兵和百姓因此而涉险受苦呢？过去的种种事情都是朕考虑事情不够周到，才会让天下百姓烦扰困苦。眼下最重要的事情，应当是废除那些残暴的刑法，减轻百姓的赋税，至于边塞之地的防务工作，只要不缺乏军备也就足够了。"

刘彻这一封反思自己罪状的诏书在历史上有着举足轻重的地位，它是中国历史上第一份帝王反思己过写下的罪己诏，对整个西汉王朝，乃至整个中国历史有着重大而深远的影响。

自罪己诏后，刘彻果然不再派兵出征，将所有工作重心都放在休养生息、发展农业方面。刘彻任命了农学家赵过为搜粟都尉，专门负责研究土地耕耘技术以及改良制造农具，并将许多耕种技巧传授给老百姓，以提高国家粮食生产率。刘彻晚年在政治方面的改革挽救了西汉王朝的颓势，因此后人评价刘彻有"亡秦之过，而无亡秦之失"。

穷兵黩武、不可一世的帝王开始反思自己的罪过，用一封罪己诏向天下人昭示了自己人生之中的过错与追悔。但失去的东西却永远也不可能再回来，含冤而死的太子也只能成为刘彻记忆中一抹不忍触碰的伤痛。

储君位的角逐

汉武帝征和三年（前90），太子刘据死后第二年，匈奴大举入侵汉境，刘彻令贰师将军李广利挂帅，率7万人出兵攻打匈奴。当时，丞相刘屈氂为李广利送行，两人依依惜别，窃窃私语了一番。却不想，正是这番临别前的谈话，将李广利送上了一条不归之路，而这一切，也拉开了储君之位的角逐。

李广利的妹妹李夫人曾是刘彻最宠幸的女人，可惜她红颜薄命，年纪轻轻就撒手人寰。虽然李夫人死得早，但也为刘彻留下了一个儿子：皇五子昌邑王刘髆。

当初太子在世的时候，李广利并未动过什么歪念头，太子是长子，同时又是嫡子，自然是刘彻名正言顺的继承人。但如今，太子已经死了，储君之位的空缺不免让李广利有些蠢蠢欲动。丞相刘屈氂与李广利是儿女亲家，李广利的女儿是刘屈氂的儿媳妇，有了这层关系的牵绊，让李广利和刘屈氂之间宠辱相连。因此，不论是李广利还是刘屈氂，内心都希望昌邑王刘髆能够坐上储君之位，这对于他们二人而言都是非常有好处的。

首先将话挑明的人，是李广利。出征临行前，刘屈氂来为他祭祀路神，并一直将他送到了渭桥。依依惜别之际，李广利突然低声对刘屈氂说道："如今我出征在外，却不知何日才能归返，希望您能早日奏请皇上，将昌邑王立为太子。只要昌邑王登上储君之位，往后您也就再没有什么事情需要担忧了！"刘屈氂心中其实早有此念头，如今李广利说出，他自然也欣然应允。

结果，李广利前脚刚离开长安，后脚就有人前去找刘彻告状了。这人就是内者令郭穰。郭穰对刘彻说："丞相和贰师将军私下商议，要立昌邑王为太子。并且丞相夫人还在背后偷偷诅咒皇上。"

刘彻最痛恨的就是臣子越级干涉自己不该干涉的问题，况且，两个大臣私下议论拥立太子，这本就是大逆不道的事情。于是，刘彻便令人前去查探是否真有其事，结果一查下去，连刘屈氂夫人所行的巫蛊之事都证据确凿。最后，刘彻直接将刘屈氂夫妇送上了断头台，并且将李广利一家也逮捕入狱。

当时李广利正在前线与匈奴打仗，听说这一消息后顿时六神无主，不知该如何是好。这时，李广利身边的一个幕僚便向他进言说："将军，如今您的夫人和家眷都被抓捕入狱，若是您回去，必然会被牵连。倒不如干脆归降匈奴算了！"虽然幕僚这么说，但李广利依然非常犹豫，此刻他的心中还抱持着一种期望：若自己能够深入匈奴内地为刘彻立军功，那么得胜而归的时候，刘彻或许会回心转意，赦免自己的罪过。

怀抱着这样一种期望，李广利带领军队孤军深入，追击匈奴，但却不想，因为急功近利而中了匈奴的埋伏，兵败被俘。于是，李广利只得选择了投降。匈奴单于此前就曾听过李广利的大名，因此，在李广利投降之后非常看重他，甚至将自己的女儿嫁给他做了妻子。得知李广利投降的消息后，刘彻非常生气，立即下令将李广利全家处死。

此后，由于李广利在匈奴受到了单于非同一般的礼待，同样作为匈奴降将的卫律心中非常不满。当时，单于的母亲大阏氏突然生病，卫律便偷偷指示匈奴的巫师宣称："我看到已故的老单于非常生气，他说：'我们匈奴曾在出征时向天起誓，若有一日能生擒李广利，必定要用他来祭祀祖先。如今，为何你们却食言了呢?'"于是,在卫律的陷害下,李广利被单于斩杀,用于祭祀天神。

皇子刘髆呢,在舅舅李广利和丞相刘屈氂双双族灭之后,朝野之中也再没有支持他的势力。就这样,第一个向储君之位发起进攻的皇子刘髆铩羽而归。

汉武帝后元元年(前88),第二个向储君之位发起进攻的皇子登场了,他是刘彻与李姬(非李夫人)的儿子,燕王刘旦。

刘旦是刘彻第三个儿子,刘彻长子刘据在巫蛊之祸中蒙冤而死,次子刘闳同样英年早逝,于是刘旦便成了所有皇子中辈分最大的兄长。刘旦一看这情况,心中便开始思忖,依照年龄辈分来说,应该轮到自己做太子了吧!于是,不等刘彻有任何表示,刘旦便主动派使者上书,要求到刘彻身边为他守夜。

刘彻如此精明,又怎么会看不出刘旦心里头的小算盘,但可惜,刘旦并非是他心中理想的继承人。因此,为了让刘旦死心,刘彻直接下令斩杀了燕王使者,并对刘旦严加惩戒,削除了三个县的封地。

燕王的弟弟是广陵王刘胥,刘胥对储君之位同样也有想法,但由于他平时骄横野蛮,常常做些出格的事情,以至于他甚至没来得及竞争就已经被刘彻排除了继承资格。当皇子们一个个被排除之后,刘彻的目光落到了小儿子刘弗陵身上。

钩弋"悲歌"

刘弗陵的母亲是钩弋夫人，钩弋夫人是刘彻晚年时候的宠妃。

传说刘彻是在一次打猎时遇到钩弋夫人的。当时，刘彻带领众人游猎，路过河间的时候遇到了一个会占卜的人。这个人告诉刘彻，在河间这个地方有一个奇女子。刘彻甚为好奇，不知这所谓的奇女子究竟奇在何处，便令人将她找了来。结果，刘彻一见这女子，便为她的美貌所倾倒。刘彻发现，这女子不知为何一直双手紧握，于是便走向前亲自为她掰开了双拳。刘彻这才发现，这女子手中竟握着一枚玉钩。钩弋夫人的称呼便是由此而来，也正因这个传说，钩弋夫人也被称为拳夫人。

刘彻遇到钩弋夫人的时候已经年逾60岁，他曾经所宠爱的嫔妃，不是年长色衰，便是已经溘然长逝，而年轻貌美的钩弋夫人则正好填补了这一空缺。汉武帝太始三年（前94），钩弋夫人产下皇子弗陵，号称钩弋子。据记载，钩弋夫人怀孕整整14个月才生下皇子，而这与当年尧的传说有着惊人的一致。因此，刘彻非常兴奋，并将刘弗陵所出生的门命名为尧母门。可见，自出生之始，刘弗陵就已经有幸得到了刘彻的偏爱。

刘弗陵长到5岁的时候就已经非常高大魁梧，并且还十分懂事，刘彻那时起便常常会对别人说："钩弋子非常像我！"此前说过，刘彻对太子刘据不喜爱，其中一个重要原因就是，刘据"不类己"，和他不像。但现在刘彻发现了和他极为相像的刘弗陵，自然青睐有加。

刘彻想立钩弋子为储君，这是个非常大胆且充满忧虑的决定。此时刘彻已经年近70岁，进入了日薄西山的年龄段，而刘弗陵呢，此时不过是个六七岁的孩童，刘彻已经没有过多的时间来培养钩弋子弗陵了。而弗陵的母亲钩弋夫人又正值如花般的年岁，弗陵若继位，钩弋夫人起初必然会干政。吕后弄权的历史教训早已让刘彻不寒而栗，况且，遥想自己继位之初，窦太后的干预、王太后的面子，这一切错综复杂的外戚势力无时无刻不在对他形成掣肘之势。建元新政的崩塌以及违背意愿斩杀自己所欣赏的臣子，这一切仿佛还历历在目。

于是，经过多番思索，刘彻作出了一个非常重要的决定。

一次，钩弋夫人在甘泉宫陪伴刘彻，不知无意中犯了什么错，刘彻突然勃然大怒，并对钩弋夫人严加斥责。一直备受宠爱的钩弋夫人哪里见过这种阵势，吓得花容失色，赶忙除去身上的首饰，跪拜在刘彻面前叩头认错。但刘彻却丝毫没有心软，下令将钩弋夫人关进了宫廷中的监狱里。钩弋夫人惊慌失措，怎么也想不到，平日里对自己宠爱有加的皇上为何今日却突然这般狠心。宫人架着钩弋夫人，将她带出甘泉宫，钩弋夫人苦苦哀求，哭得梨花带雨，让人动容。刘彻看着这个自己宠爱的女人，无奈而又惋惜，咬了咬牙，声色俱厉地说道："你必须要死！"

钩弋夫人死后，刘彻非常伤心。有一天，在与左右侍臣闲谈时，刘彻突然问道："钩弋夫人的死，朝中上下都有什么看法啊？"侍臣大着胆子对刘彻说道："其实，朝中上下都非常不明白，陛下您马上就要立皇子弗陵为储君，却为何突然对钩弋夫人痛下杀手呢？陛下的行为，臣下始终难以参透啊。"刘彻无奈地摇了摇头，叹息道："你们这些人，又怎么懂得朕心中的考量呢？

自古以来，国家的内乱往往源于政治权力的混乱与不明朗，而这一切又正是源于主少而母壮。况且年纪轻轻的太后寡居深宫之中，难免不会因寂寞而做出秽乱之事，但太后位高权重，又有谁能管制得了呢？再者，吕太后的事情，难道大家都忘记了吗？"

不得不说，吕太后独霸朝纲对于后世皇子而言，确实是个挥之不去的噩梦。刘彻虽未亲身经历过一切，但仅仅受到窦太后的掣肘，就足以让他深恶痛绝，因此，他要彻底为他的继任者扫清这些障碍。自钩弋夫人死后，刘彻陆陆续续将所有为他诞下孩子的嫔妃都赐死了，无论生男生女，下场都一样。

刘彻"立子杀母"之法对后世影响极深，这种做法虽然实在过于残酷无情，但作为帝王，他不得不考虑到国家王朝的未来和命运。立幼子刘弗陵，不仅仅因为他深得自己喜爱，更重要的是，在刘弗陵之上，几个哥哥都骄纵不法，实在并非为君良人。

汉武帝后元二年（前87），刘彻病重，正式立弗陵为皇太子。二月，刘彻驾崩，葬于茂陵。

刘弗陵即位之时方才8岁，高瞻远瞩、雄才大略的刘彻为太子清除了外戚干政的隐患，但同时，由于弗陵年幼，刘彻也不得不为他安排一批足以辅助他治理国家的贤臣。

顾托得人

刘弗陵深得刘彻喜欢,因此在生命最后的时光里,刘彻作出了一个大胆的决定:立弗陵为太子。但弗陵尚且年幼,又怎么能够担此重任?因此,刘彻必须为年幼的太子安排好能够辅助他统领国家的左膀右臂。

刘彻将身边所有宠幸的大臣都在脑子里比较了一遍又一遍,终于眼前一亮,目光停留在了霍光身上。刘彻坚信,唯有霍光足以担此大任!于是,刘彻找来画师,令他画了一幅周公背着成王接见四方诸侯的画,并将此画赐给了霍光。遥想当年,周武王临终之际,儿子成王年幼无知,考虑到国家的稳定和发展,周武王将成王托付给了他的弟弟周公姬旦,由姬旦辅佐成王完成大业。刘彻言下之意正是要让霍光学周公,完成辅佐幼主的大业。

汉武帝后元二年(前87),刘彻病危,当时霍光正随侍左右,哭着问刘彻说:"若是陛下遭遇不测,该由谁来继承大统呢?"刘彻答道:"难道你还不理解朕赐你那幅画的含义吗?弗陵为太子,你便是周公。"霍光忙推辞道:"陛下,辅佐幼主,臣不如金日磾啊!"一旁的金日磾一听,也急忙接口道:"臣不是汉人,怎么能担此重任!还是霍光最为合适!"刘彻此刻心中其实早已有了安排。不日,刘彻便正式颁布诏令,册封刘弗陵为太子。随即又任命霍光为大司马、大将军；金日磾为车骑将军；太仆上官桀为左将军，搜粟都尉桑弘羊为御史大夫。同时，田千秋继续担任丞相之职。就这样，刘彻为弗陵安排好了辅助重臣。

田千秋不用说，他一言便得以拜相，是刘彻晚年时候非常信任的臣子，辅佐幼主自然少不了他。桑弘羊是有名的财政大臣，他的"金算盘"解决了国家最为重要的经济问题，经济问题解决了，国家才可能走向强盛，因此，辅助幼主，又怎么能少了他！

接下来，我们就来说说金日磾。此前曾说过，金日磾乃是休屠王的儿子，因浑邪王投降汉朝而被带来，一直在黄门署负责饲养马匹。后来刘彻看到金日磾，觉得他英武不凡，十分喜爱，于是就将他留在了身边。此后金日磾官运亨通，一直做到了光禄大夫之职。金日磾是一名胡人，却深得刘彻喜欢，这当然与他自身的才干和素质脱不了干系。

首先，金日磾确实是个聪明而有才干的人，自从被刘彻提拔之后，一直随侍身边，从未有过任何过失。虽然受到刘彻宠幸，但金日磾却处处小心谨慎。刘彻赐给他宫女，他却不亲近。刘彻想和他结亲，纳他女儿为嫔妃，他也总是推却，时刻谨记自己的身份，从不逾越君臣界限半分。在这个良好印象的基础上，金日磾还做了两件非常关键的事情，让刘彻最终决定对他委以重任。

金日磾有两个儿子，非常活泼可爱，是刘彻逗乐子的弄儿。刘彻十分喜欢他们，便常常将他们带在身边玩。小孩子本就不分轻重，在刘彻的纵容宠爱下难免比较随性。一次，弄儿和刘彻玩耍，突然从后面亲昵地围住了刘彻的脖子。金日磾一见，顿时脸色一变，横眉立目地瞪着弄儿。弄儿吓得哭着跑开了，一边喊着："爹爹生气了，爹爹生气了！"刘彻便责怪金日䃅道："做什么！为何生我弄儿的气！"后来，弄儿长大了，由于刘彻的纵容而有些骄横。一次，他竟在宫中公然与宫女嬉戏打闹。金日䃅看到之后非常愤怒，竟令人杀了弄儿。这个弄儿正是金日䃅的长子。刘彻知道后大怒，将金日䃅召来问罪，金日䃅将为何杀死弄儿的缘由一一说出。刘彻顿时深感震惊，心中为弄儿感到伤痛，同时对金日䃅倍感尊敬。这第一件事让刘彻对金日䃅的人格和品德做出了肯定。

太子刘据被卷入巫蛊之祸的时候，侍郎马通因阻止胡人骑兵团为太子出战，并带领他们奋力追杀太子而立下功劳，得到封爵。马通有个哥哥叫马何罗，马何罗与江充关系十分要好，并且因为弟弟的功劳而被封为侍中仆射。汉武帝征和二年（前91），刘彻为太子平反，将那些曾因诛杀太子有功被封官晋爵的人全部诛杀。当时，马何罗兄弟二人非常恐惧，生怕大祸降临在自己头上，于是便密谋要造反。金日䃅在此时发现了他们的异样，心中产生怀疑，于是对他们格外注意。而马何罗似乎也感觉到金日䃅对他们的提防，所以迟迟没有下手。

一天，刘彻在林光宫休息，金日䃅当日因身体不适便留在了殿内。深夜时，马何罗兄弟带着一些人假传圣旨外出，并将使者杀死，试图起兵造反。第二天一早，刘彻还没起床，马何罗就闯入了宫中，袖子里藏着刀，企图刺杀刘彻。正在这个时候，金日䃅和马何罗撞个正着。马何罗一惊，正想跑却不小心摔倒了。金日䃅奋不顾身地扑了上去，死死抱住马何罗，并高声呼喊道："马何罗造反了！快来人啊！"刘彻顿时从梦中惊醒，侍卫们也蜂拥而至。金日䃅奋不顾身的护主行为让刘彻大为感动，也因此进一步肯定了金日碑忠诚笃敬的节操。

太仆上官桀是陇西人,年轻时候是刘彻的羽林期门郎,因膂力出众而获得刘彻的赏识,被任命做了未央厩令,专门负责给刘彻养马。有一次,刘彻突然抱病,休息了很久,痊愈之后到马厩去视察,却突然发现原本膘肥体壮的马匹竟都变得瘦弱不堪。刘彻顿时大发雷霆,呵斥道:"厩令!为何如此怠慢这些马匹!难道你认为朕再也没机会看到这些马了吗?"上官桀当即便在刘彻面前叩头道:"臣听闻陛下圣体欠安,日夜担忧,故而才没有心思照料这些马匹。"他说完之后,两行清泪流了下来。刘彻顿时感觉此人对自己确实忠心耿耿,于是便赦免了他的罪责,并将他留在身边,逐渐升为太仆。刘彻最爱忠臣,对于刘彻来说,臣子最重要的品格便是忠诚,当年他之所以能够一次次宽恕容忍汲黯,不正是因为认定他是个忠臣吗?

在刘彻的托孤众臣里,最为重要的人显然正是接受刘彻赐画的霍光。

霍光是霍去病同父异母的兄弟。霍去病的父亲霍仲儒在与卫少儿私通生下霍去病之后,因害怕受到平阳公主的责备,便和卫少儿断绝了往来,重新娶妻生子,霍仲儒和正室妻子所生的孩子便是霍光。

汉武帝元狩二年(前121),霍去病得到刘彻赏识,出任骠骑将军之职,在出击匈奴的途中路经平阳侯国,这才首次拜访了自己的父亲霍仲儒。霍去病非但没有责怪父亲抛弃自己,反而为他置办田地、奴仆。后来,霍去病凯旋时又再一次去拜见了父亲,并将同父异母的弟弟霍光带到了长安。在霍去病的帮助下,方才十几岁的霍光开始进入朝堂,先是担任郎官,后来又担任了曹官、侍中等职。在霍去病去世之后,霍光逐步升任为奉车都尉、光禄大夫，侍奉刘彻左右。刘彻对霍光的喜欢一方面是因为霍去病，另一方面也是由于霍光为人谨慎，出入禁宫20年间，竟从未犯过任何错误。因此刘彻对他非常有好感，并认为他能够托付大事。

汉武帝后元二年（前87）二月十四日，刘彻溘然长逝。次日，霍光等人便奉诏立皇子刘弗陵继承帝位，是为汉昭帝。

刘彻就这样走完了他无比辉煌且充满争议的70年人生路，也为后世留下了数不尽道不完的故事。有人说他雄才大略，有人视他好大喜功，有人赞他文治武功，也有人嫌他穷兵黩武。两千多年来，对于汉武帝刘彻的评价众说纷纭，他继承了一个国富民强的太平盛世，并将它最终推至了辉煌；他开边拓土，虚耗国库，险些一手摧毁汉帝国的繁荣昌盛；他轮台罪己，悬崖勒马，顾托得人，为后世开启了繁荣肯明的另一个传奇……

千秋功过

在长达半个世纪的统治时间里，汉武帝刘彻为西汉王朝建立起了一套完整的高度中央集权统治方略。他任用酷吏，穷兵黩武，曾为臣民带来深重的苦难，但同时，他平定四夷，开边拓土，也让西汉王朝成为了真正意义上的强国。刘彻生前，众人皆谨小慎微，不敢有半句言语；而在刘彻身后，排山倒海的舆论开始涌来。

汉宣帝时期，宣帝打算为曾祖父刘彻建立庙宇来表彰他的功德。当时长信少府夏侯胜表示强烈反对："武帝虽有攘四夷广土斥境之功，然多杀士众，竭民财力，奢泰亡度，天下虚耗，百姓流离，物故者半。蝗虫大起，赤地数千里，或人民相食，畜积至今未复。亡德泽于民，不宜为立庙乐。"

作为宣帝时期著名儒学家的夏侯胜对刘彻的评价直接而犀利，丝毫不给皇帝留面子，而夏侯胜也因此被宣帝判处"毁谤先帝"的罪责，抓入牢狱中关了几年。

虽然夏侯胜对刘彻的评价未免有失公允，但事实上，在那个时候是非常具有代表性的。刘彻的严酷统治曾让儒生们苦不堪言，他虽尊崇儒术，但却任用酷吏，刑法严苛。博士狄山因言获罪，发配边塞，惨死匈奴毒手；大司农颜异更是未发一言，也能因"腹诽"之罪身首异处。武帝时期的官员几乎时时处于恐怖统治之下，谁也不知道哪一天灾祸就降临在自己头上。

东汉初年，史学家班固在《汉书·武帝纪赞》中写道："……孝武初立，卓然罢黜百家，表章《六经》，遂畴咨海内，举其俊茂，与之立功。兴太学，修郊祀，改正朔，定历数，协音律，作诗乐，建封禅，礼百神，绍周后，号令文章，焕然可述，后嗣得遵洪业，而有三代之风。如武帝之雄材大略，不改文、景之恭俭以济斯民，虽《诗》、《书》所称，何有加焉！"

班固肯定了刘彻罢黜百家、独尊儒术的行为，赞他兴太学、修郊祀等功绩，并用了"雄才大略"四字充分肯定了刘彻的才能。但同时我们也发现，在班固对刘彻的"赞"中，却唯独不曾提到他开边置郡、平定四方的功绩。可见，在班固眼中，刘彻的"文治"无疑是值得肯定的，但他的"武功"更多地却带给了人民深重的苦难。

宋代的司马光在《资治通鉴》中对刘彻的评价毫不留情，说他"穷奢极欲，繁刑重敛，内侈宫室，外事四夷，信惑神怪，巡游无度，使百姓疲敝，起为盗贼"，其所作所为与秦始皇没有什么不同。但司马光同时也指出，秦朝之所以灭亡，汉朝却得以兴盛，则是因为刘彻"能尊先王之道，知所统守，爱忠直之言却恶人欺蔽。好贤不倦，诛赏严明，晚而改过，顾托得人"。可见，司马光对于刘彻晚年的轮台罪己诏给予了相当高的评价。

无论是夏侯胜还是班固或者司马光，他们都是从"仁政"与"养民"的儒学观点来看待刘彻的，因此每每提及汉武帝，必定批评其穷兵黩武、暴虐为政。但随着时间的推移，人们对事物的看法逐渐发展深入，许多有识之士也对刘彻开边拓土的行为有了新的认知和评价。

明代著名史学家郑晓就在《古言》中写道:"三王以后,人主有大功于天下后世者,莫如武帝。表彰《六经》于秦火之后,罢斥苏、张、申、韩之术,又开拓华夏,今之辽东、宁夏、四川、云贵、两广、福建,以及浙东列郡,皆为武帝所取,变夷为夏……"

此后,思想家李贽也在《藏书》中有此一言,曰:"孝武帝乃大有为之圣人也。当是时,拓地几二万余里……虽民劳伤财,四海凋敝,然迄于元成,边城不闭……有为之功业大矣哉!"

清代史学家吴裕垂对刘彻"武功"方面的评价相比前人则更为公允,吴裕垂认为"武帝雄才大略,非不深知征伐之劳民也",之所以这么做,是为了"削平四夷,尽去后患",从长远来看,让国家得到长治久安。

汉武帝刘彻是中国历史上第一个奠定了中国辽阔疆域的帝王。秦始皇统一六国,功绩非凡,但实际上,当时秦国的版图不及武帝时期的1/2。汉武帝刘彻雄心勃勃,大事武功,打破了西汉王朝一直以来对匈奴忍辱和亲的国策。张骞出使西域,促进东西文化与经济的交流,刘彻眼光之长远,战略之雄伟,无不令人惊叹非常!

汉武帝是一名革命者,他敢于改变祖制,开拓创新,其魄力与勇气实在令人叹为观止。他将西汉王朝推向鼎盛,造就了一个真正的世界强国!然而,任何事情都具有两面性,旷日持久的战争确实劳民伤财,刘彻在实现其宏伟志愿的同时,也让西汉王朝付出了沉痛的代价。

而在雄才大略之余,刘彻也因一己私欲而犯下不可饶恕的罪过。刘彻曾因宠幸李夫人而重用无才无德的李广利,致使百万军士埋骨沙场,这又是何等地草菅人命！

　　汉武帝是中国历史上第一个将儒家思想作为中国统一思想文化的帝王。西汉之初统治者尊崇黄老，刘彻继位却勇于陈旧革新，将儒术推上政治舞台，将政治之事理想化、伦理化，以崇高的道德准则教化民众，为中国几千年的封建社会统治思想奠定了基础。

　　在统治方面，汉武帝完成了中央集权统治，肃清了困扰西汉王朝数十年的藩王势力。同时，刘彻致力于打击豪强权贵，贪官污吏，虽然酷吏当道，致使人心惶惶，但在众臣为官清廉方面，却取得了值得称颂的成绩。

　　汉武帝也是中国历史上第一个以"罪己诏"自我反省、自我批评的帝王。可见，刘彻胸襟之广阔，爱憎之分明。古人云"浪子回头金不换"，一个懂得自我反省、自我批评并能够改正错误的人，是一个真正有智慧、有远见的人。

　　汉武帝刘彻是一个有头脑的政治家，是一个具有远见的封建帝王，是一个敢于创新的革命者。但同时，他也是个无法脱离人类劣根性的普通人，他任用臣下难离亲疏，他论功处世不离喜怒。他在私欲的驱使之下荒唐行事，为夺宝马折损万千军士，为封宠妾兄长为侯，轻率战事。作为丈夫，作为父亲，他有许多诟病，他多情而又薄情，无论是对骄横无比的陈皇后、含冤屈死的卫皇后，或者成为江山社稷牺牲品的钩弋夫人，他无疑都是有所亏欠的。

　　直至今日，历史也无法给予他一个公允的定论。但实际上，这世间又有何人能够被简单地评定为好与坏呢？刘彻是一个拥有复杂人性的人，同时又是一个身处高位、掌握一个王朝兴衰的帝王。他的所作所为，既是人性的选择，同时又受制于责任的枷锁。他的人生、他的思想、他的经历，又有谁人能够说尽？我们唯一知道的是，这个谜一般的帝王，在历史的长河中掀起了一道狂风巨浪，缔造了一个何其伟大的时代！